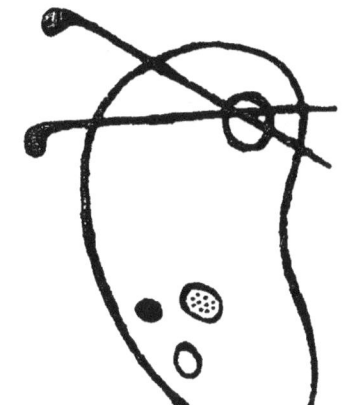

Début d'une série de d
en couleur

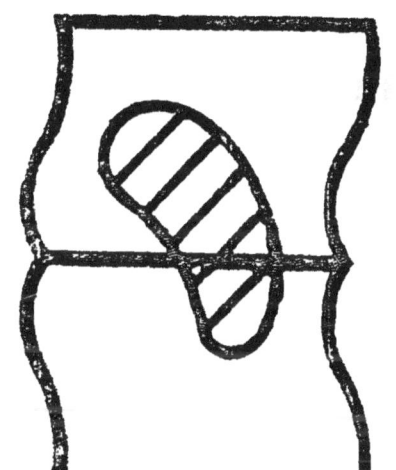

Illisibilité partielle

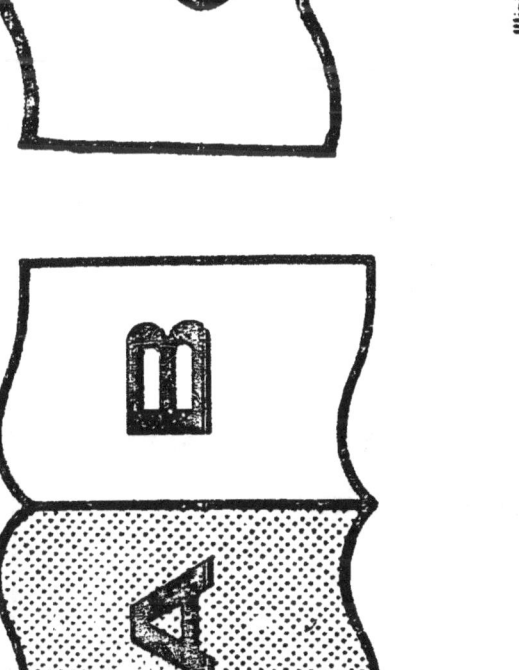

Contraste insuffisant
NF Z 43-120-14

VALABLE POUR TOUT OU PARTIE
DU DOCUMENT REPRODUIT

NOUVELLE COLLECTION A UN FRANC LE VOLUME

ERNEST CAPENDU

LE
ROI DES GABIERS

FLEUR-DES-BOIS

I

PARIS
LIBRAIRIE MONDAINE
CHARLES GAUSSE, ÉDITEUR
9, rue de Verneuil, 9

A LA MÊME LIBRAIRIE

LES VIERGES FIN DE SIÈCLE, par Jean Barno, 1 fort volume de 390 pages environ, in-18 jésus, couverture illustrée : 3 francs.

NOUVELLE COLLECTION A 1 FRANC LE VOLUME

CAPENDU (Ernest)

Marcof le Malouin	1 vol.
Le Marquis de Loc-Ronan	1 —
Le Chat du bord	1 —
Blancs et Bleus	1 —
Mary Morgan	1 —
Vœu de haine	1 —
L'Hôtel de Niorres	4 —
Le Roi des Gabiers	3 —
Le Tambour de la 32ᵉ demi-brigade	3 —
Bibi-Tapin	4 —
Arthur Gaudinet	2 —

CHINCHOLLE (Charles)

Le Joueur d'orgue	1 vol.
Paula, roman parisien	1 —
La Grande Prêtresse	1 —

MONTÉPIN (Xavier de)

Pivoine	1 vol.
Mignonne	1 —

DAUDET (E.)

Tartufe au village	1 vol.
L'Envers et l'Endroit	1 —

FOUDRAS (Marquis de)

Suzanne d'Estouville	2 vol.
Lord Algernon	2 —
Madame de Miremont	1 —

LANDELLE (Gustave de la)

Les Géants de la mer	4 vol.

NOIR (Louis)

La Banque Juive	1 vol.
Le Médecin juif	1 —
Le Colporteur juif	1 —
Le Roi des chemins	1 —
Le Ravin maudit	1 —
La Coupeuse de têtes	2 —
Le Lion du Soudan	2 —

PIGAULT-LEBRUN

Le Citateur	1 vol.

COLLECTION SPÉCIALE, LITTÉRATURE, ROMANS

D'HERVILLY (Ernest)

Aventures d'un petit Garçon préhistorique, illustré par Frédéric Régamey, 1 vol.	7 fr.

MONTET (Joseph)

Hors des Murs, illustré par Frédéric Régamey, 1 vol.	5 »

BERTHET (Élie)

Mᵐᵉ Arnaud, directrice des Postes, 1 vol.	3 fr.

FOUDRAS (Marquis de)

Les Gentilshommes chasseurs, 1 vol.	3 »
L'Abbé Tayant, 1 vol.	3 »

BIBLIOTHÈQUE DES BONS ROMANS ILLUSTRÉS

AIMARD (Gustave)

Les Maîtres espions, complet	9 »
Le Loup-Garou	1 80
Pris au piège	1 80
Les Fouetteurs de femmes	1 80
La Revanche	1 80
Une Poignée de coquins	1 80

BERTHET (Élie)

Mademoiselle de la Fougeraie	» 60
Paul Duvert	» 60
M. de Blangy et les Rupert	» 60
Les Trois Spectres, complet	3 60

CAPENDU (Ernest)

La Mère l'Étape	1 80
L'Hôtel de Niorres	3 »
Le Roi des Gabiers	3 »
Le Tambour de la 32ᵉ demi-brigade	3 »
Bibi-Tapin	3 50
Mademoiselle La Ruine	1 80
Siége de Paris, complet	5 »

CHARDALL

Trois Amours d'Anne d'Autriche	1 20
Capitaine Dix	1 20

DUPLESSIS (Paul)

Les Boucaniers	3 »
Les Étapes d'un volontaire	3 »
Les Mormons	2 40

NOIR (Louis)

Jean Casse-Tête	3 »
Le Trésor d'Ousda	3 »
Mort et ressuscité	1 50
Le Corsaire noir	2 40
Les Mystères de la Savane	1 50
Le Pacte de sang	1 »
Le Roi des Chemins, complet	5 »
Le Roi des Chemins	1 50
Le Trou de l'enfer	2 »
La Ville fantôme	1 50
Les Goélands de l'Iroise, complet	3 »

Imprimerie Paul Schmidt, Paris-Montrouge (Seine).

Fin d'une série de documents
en couleur

LE
ROI DES GABIERS

I

FLEUR-DES-BOIS

DU MÊME AUTEUR

A LA MÊME LIBRAIRIE

L'Hôtel de Niorres . . . . 3 vol.

Le Tambour de la 32ᵉ demi brigade . . . . . 3 vol.

Bibi Tapin . . . . 4 vol.

Les Rascals . . . . 1 vol.

Le Mat de fortune . . . . 1 vol.

SAINT-AMAND (CHER). — IMP. DESTENAY, BUSSIÈRE FRÈRES

LE
ROI DES GABIERS

PAR

ERNEST CAPENDU

I

FLEUR-DES-BOIS

LIBRAIRIE MONDAINE
Ancienne Maison d'Édition DEGORCE-CADOT
GAUSSE, ÉDITEUR
9, rue de Verneuil, 9
PARIS

LE
ROI DES GABIERS

PREMIÈRE PARTIE

FLEUR-DES-BOIS

I

LES CARAÏBES ROUGES

Saint-Vincent, cette île des petites Antilles, placée entre le groupe des *Grenadines* et *Sainte-Lucie*, est divisé, par une chaîne de gigantesques montagnes, jadis volcans et, depuis un siècle, boisées, en deux parties : la *Basse-Terre*, qui a des ports, et la *Cabesterre*, le pays le plus riche de l'île, mais qui n'a aucune communication, car le côté de la mer est bordé de rochers.

Les planteurs s'étaient installés dans la Basse-Terre et les Caraïbes noirs se retirèrent dans la Cabesterre qui était, elle, plus vaste, plus fertile et plus salubre, mais qui, entourée complètement par des bancs de corail, ne permettait l'abordage qu'aux pirogues légères.

Ce fut la cause de la tranquillité dont jouirent les Caraïbes noirs. Ne pouvant être attaqués par mer, ils s'occupèrent de défendre les défilés de montagnes et ils les rendirent imprenables.

Les Caraïbes rouges, eux, vivaient en bonne intelligence avec les colons français.

En 1763, huit cents blancs et trois mille esclaves étaient occupés à la culture de l'île, lorsque les Anglais s'en emparèrent et en obtinrent la cession par traité. Les colons français se réfugièrent à la Guadeloupe et à la Martinique.

Les Anglais, installés dans la partie qu'ils avaient obtenue, songèrent aussitôt à conquérir les terres des Caraïbes noirs, mais ceux-ci se levèrent en masse, et les Caraïbes rouges accoururent, aussitôt, au secours de leurs frères menacés. Des troupes considérables furent appelées de l'Amérique pour les soumettre, mais les deux peuplades réunies opposèrent à toutes les tentatives un courage indomptable. Les Caraïbes avaient les Anglais en haine et regrettaient les Français.

En 1779, le marquis de Bouillé, gouverneur de la Martinique, voulut profiter de ces bonnes dispositions des Caraïbes. Des troupes françaises débarquèrent dans l'île, furent reçues à bras ouverts par les habitants de la Cabesterre, et les Anglais, surpris, entourés, capitulèrent sans brûler une amorce ; pendant quatre ans, Saint-Vincent demeura au pouvoir des Français, mais le traité de 1783 remit les Anglais en possession de l'île. Alors les Caraïbes reprirent leurs armes, la guerre se ralluma entre eux et les Anglais, plus terrible et plus acharnée, et la Cabesterre demeura impénétrable pour les nouveaux possesseurs de la Basse-Terre.

En 1793, les choses étaient toujours en cet état.

D'énormes bancs de coraux, des récifs rocheux, ceignaient entièrement la partie principale de l'île demeurée au pouvoir des deux races caraïbes. Cette muraille naturelle, qui défendait la terre de toute tentative faite par mer, si elle s'opposait à l'invasion était aussi un obstacle infranchissable à tous moyens de secours. Çà et là cependant, en contournant certains blocs de rochers qu'il fallait connaître, en se hasardant dans une passe étroite hérissée de brisants, on pouvait aborder avec une embarcation tirant peu d'eau, comme les pirogues des sauvages.

À l'extrême est de l'île, en côtoyant la chaîne de récifs, on trouvait l'une de ces ouvertures dangereusement praticables.

Le jour où nous commençons notre récit, au printemps de l'année 1793, une pirogue de guerre caraïbe, venant du large, se dirigeait hardiment vers cette passe, dont le remous rendait l'approche encore plus dangereuse.

Ornée, sculptée, incrustée avec un art merveilleux et construite d'un bois léger, la pirogue contenait facilement les six hommes embarqués, avec les instruments de guerre, de chasse, de pêche et de navigation.

Quatre ramaient avec cette adresse des sauvages américains ; le cinquième, assis à l'arrière, demeurait immobile comme s'il eût été en proie aux plus sombres réflexions.

Deux des rameurs appartenaient à la race noire, les deux autres et le personnage assis à l'arrière étaient de la race rouge. Tous cinq avaient l'air grave, digne et fier.

On devinait au premier coup d'œil des gens qui n'avaient jamais été avilis par l'esclavage et qui se croyaient bien fermement les égaux de qui que ce fût. Leurs regards étaient assurés et on y lisait le courage indomptable dont ils avaient fait preuve depuis plus de trois siècles.

Les Caraïbes rouges étaient, comme tous ceux de leur race, d'une taille moyenne, robustes et bien faits. Il était facile de constater, sous leur peau rouge de cuivre et fort semblable à la couleur que prennent en automne les feuilles de certains arbres avant d'être desséchées, une agilité de muscles remarquable et une force corporelle peu commune.

Une particularité singulière dans la race caraïbe, c'est qu'aucun homme n'est blond, ni roux, ni chauve, ni châtain, ni barbu, comme parmi nos populations.

Tous ont uniformément les cheveux noir de corbeau, relevés en touffe au sommet de la tête, soigneusement peignés et attachés. Nul n'a de barbe. Au reste, cet attribut de la virilité est à peu près étranger à l'espèce humaine originaire du Nouveau-Monde.

Quant aux Caraïbes noirs, ils n'avaient de commun avec les nègres que la couleur de la peau ; aucune autre ressemblance n'existait entre eux. Ils avaient les traits des Abyssins : des cheveux plats, longs, noirs, analogues à une crinière.

Leur nez était droit partant du front, légèrement recourbé vers la pointe, et leur bouche était garnie de lèvres minces découvrant la beauté des dents.

Chaque rameur avait près de lui ses armes, car les Caraïbes, nation éminemment guerrière, ne marchaient jamais sans leur attirail de combat. C'étaient un arc en bois de fer, un carquois plein de flèches et une sorte de casse-tête, massue sans manche, composée d'un morceau de bois pesant comme du plomb, enjolivé de dessins coloriés et manœuvré par une lanière qui servait à le lancer, de près ou de loin, avec une force irrésistible.

Quant au sixième personnage occupant la pirogue, il était impossible de connaître la nature de la race à laquelle il appartenait, à cause de la position qu'il occupait au fond de la barque. Couché à plat ventre, la tête appuyée sur les bras repliés, le visage absolument enfoui, paraissant dormir d'un profond sommeil, il avait le corps enveloppé de l'une de ces couvertures bariolées si chères aux Espagnols, et qui devait provenir d'un marché de la *Trinidad*.

On n'apercevait que les cheveux garnissant le sommet et le derrière du crâne, les bras, recouverts de manches attestant la présence d'une chemise, et deux larges mains, épaisses, courtes, musculeuses, posées en croix en avant de la tête.

Les cheveux, coupés très courts, offraient çà et là des taches grisonnantes, et l'aspect de cette chevelure appartenait évidemment à un Européen. La chemise, elle-même, dénotait les usages et les habitudes d'un habitant de l'autre hémisphère.

Quant à la couleur de la peau, que l'on ne pouvait juger que par l'inspection de celle des mains, elle n'offrait aucune signification. La teinte cuivrée des Caraïbes rouges aurait pu lui envier ses tons de bronze, et celle des Caraïbes noirs pouvait la revendiquer comme proche parente.

On arrivait près des récifs, et cependant l'embarcation les longeait avec une hardiesse que n'effrayaient ni les lames ni le ressac des vagues qui se ruaient sur les coraux. Un violent tangage agitait la pirogue, qui filait cependant avec la rapidité d'une mouette fuyant devant la tempête.

Arrivée à la hauteur de la passe étroite, l'embarcation laissa arriver de l'avant et s'engagea dans le défilé des brisants. Aussitôt, et comme par enchantement, elle se trouva au milieu d'une mer parfaitement calme, et dont la surface unie et miroitante réfléchissait l'azur du ciel, ainsi que les escarpements boisés du rivage. Les lames du large, interceptées par la muraille de coraux, n'arrivaient pas jusqu'à ce havre, sorte de lac intérieur, port naturel qui présentait l'abri le plus sûr et l'accès le plus difficile.

La pirogue, passant, subitement, de l'agitation du tangage au calme plat, reprit sa course vers une petite anse située au fond de ce lac.

Aucun des Caraïbes n'avait interrompu son travail, ni changé de position; mais le dormeur, dont les secousses violentes du large avaient respecté le sommeil, parut être réveillé par l'allure tranquille de la pirogue. Ses bras repliés s'allongèrent par un mouvement semblable à celui d'un homme qui veut nager, ses doigts s'écartèrent, ses nerfs se roidirent, et sa tête se redressa lentement, tandis que sa bouche, s'ouvrant d'une façon démesurée, laissait échapper un bâillement sonore et prolongé.

— Ouâh! fit-il en secouant tout son être de façon à ébranler la pirogue, nous voilà déjà au carbet (village)! Tonnerre de Brest! nous avons donc filé plus de douze nœuds à l'heure, tandis que j'étais affalé à fond de cale comme un bon à rien?

Et le dormeur, achevant de se réveiller, rejeta la couverture, se leva debout dans la pirogue et se frotta les yeux à poings fermés.

Bien évidemment, cet homme, non seulement n'appartenait pas à la race caraïbe, mais encore devait être né en Europe. Sa figure, brunie par le soleil des tropiques, avait dû naguère être blanche. Sans être belle, cette figure plaisait au premier abord, car elle respirait la bonté, la franchise, la naïveté, le courage et l'énergie.

Le costume était des plus simples : une chemise blanche de grosse toile et une culotte large et flottante en étoffe grossière le composaient tout entier. Les jambes et les pieds étaient nus ainsi que la tête.

En se dressant, le personnage s'était tourné vers le Caraïbe rouge immobile à l'arrière.

— Eh bien! vieux, lui dit-il d'une voix rude et enjouée, tu ne vas donc pas plus te bouger qu'un pingouin sur sa roche?

Le Caraïbe releva lentement la tête et fixa ses regards fiers sur son interlocuteur.

— Ah oui! continua celui-ci en changeant de ton et en secouant la tête, tu penses à ta fille! je te comprends, va! On a beau être sauvage, ça n'empêche pas les sentiments, d'autant que c'est une fière créature que mademoiselle Fleur-des-Bois. Tonnerre! Et quand je pense que c'est peut-être pour mon lieutenant, par affection pour lui que... ça me chavire le cœur!

Le Caraïbe avait repris son immobilité.

— Ah! fit son interlocuteur avec une expression de mélancolie extrême, le malheur est sur nous, sur ceux qui nous aiment et sur ceux que nous aimons!... Mais écoute, vieux! Si ta fille a été crochée par l'Anglais, je te jure que j'irai la chercher, fût-elle au fond de leurs pontons ! Je te le jure, aussi vrai que je m'appelle Mahurec, aussi vrai que j'aime mon lieutenant !

— Si ma fille est aux mains de mes ennemis, dit le Caraïbe dont les yeux étincelèrent, mes frères et moi saurons la délivrer ou la venger !

Les paroles prononcées par Mahurec l'avaient été en langue française.

Ce fut en se servant de la même langue que lui répondit le sauvage.

Presque tous les Caraïbes parlaient parfaitement le français, et la facilité avec laquelle ils avaient appris cette langue, lors du séjour, à Saint-Vincent, des colons de la Guadeloupe et de la Martinique, n'était pas une des preuves les moins fortes en faveur de leur penchant prononcé pour la civilisation.

Comme le Caraïbe achevait sa menace envers ses ennemis, le rivage, dont se rapprochait rapidement la pirogue, et qui jusqu'alors avait paru désert, se peupla, subitement, d'une nombreuse population, et le lac tranquille, situé en dedans des récifs où se brisait la mer, fut sillonné par des pirogues nouvelles qui se dirigèrent vers celle arrivant de l'océan.

Mais un spectacle plus curieux, plus étrange, plus charmant, et qui, certes, eût fasciné l'œil d'un Européen, s'offrit presque aussitôt aux regards.

Cinq ou six jeunes filles, formant un groupe sur la plage, se jetèrent en même temps à la mer, nageant avec une grâce et une vigueur remarquables, et poussant devant elles des planches d'un bois insubmersible, sur lesquelles, avec une adresse inimitable, elles parvenaient à s'asseoir comme si elles eussent été dans un salon, au lieu d'être suspendues sur un fond de mer de quarante brasses.

Dirigeant alors, à l'aide d'une pagaie, ce radeau de nouvelle espèce, elles voguèrent vers la pirogue.

Presque toutes étaient jolies; mais l'une d'elles surtout, qui s'avançait la première et paraissait occuper un rang supérieur dans la société caraïbe à celui de ses compagnes, était d'une beauté accomplie. Sa toilette, quoique fort simple et presque primitive, rehaussait encore sa bonne grâce et sa mine coquette. Ses cheveux, relevés derrière la tête comme ceux d'une statue grecque, étaient ornés d'une fleur rouge de balisier. Elle avait, nouée autour de sa taille, une ceinture de plantes herbacées d'un vert très tendre, et elle portait autour du cou une couronne de convolvulus bleu céleste. Ainsi parée, elle pouvait offrir le type exact de la Vénus cuivrée sortant de l'onde.

Au moment où elle arrivait à la hauteur de l'embarcation qui venait du large, une pirogue, obéissant à une impulsion rapide que lui imprimaient deux Caraïbes rouges, accosta presque de l'autre bord.

Accroupi à l'arrière de cette pirogue, se tenait un homme jeune encore, bien que ses traits fussent horriblement fatigués et que son visage portât les stigmates d'une douloureuse souffrance. Cet homme, qui pouvait avoir de trente à trente-cinq ans, était revêtu d'un costume semblable à celui porté par Mahurec, et sa peau blanche et sa barbe noire, très touffue, dénotaient également, en lui, un enfant de la vieille Europe. En le voyant s'avancer, Mahurec poussa une exclamation joyeuse.

Pendant ce temps, la jolie nageuse, appuyant sur le bordage de la pirogue son bras qui eût pu servir de modèle à un sculpteur, avançait sa tête gracieuse vers le vieux Caraïbe. Elle ne prononça pas une parole ; mais son regard ardent exprima, sans doute, parfaitement sa pensée, car le sauvage répondit à ce discours muet par un mouvement de tête empreint d'une douloureuse tristesse.

La charmante enfant leva les yeux vers le ciel; puis, quand elle abaissa ses longues et soyeuses paupières, une larme glissa sur sa joue cuivrée.

La pirogue venant du rivage avait accosté bord à bord à celle dans laquelle se trouvait Mahurec ; l'Européen sauta légèrement de son embarcation dans l'autre.

— Eh bien ? demanda-t-il en s'adressant à Mahurec.
— Rien de rien, mon lieutenant, répondit celui-ci

en poussant un soupir. Chou-blanc encore, comme les autres fois.

— Vous n'avez pas pu aborder ?

— Ni à la Dominique, ni à Sainte-Lucie, ni à la Martinique, ni à la Guadeloupe. Nous avons trouvé partout ces gueux de croiseurs anglais qui ouvraient l'œil, comme les serpents fer de lance ouvrent le bec. Nous n'étions pas plutôt signalés par leur vigie qu'ils nous appuyaient une chasse dans le grand numéro, et fallait filer, le nez dans la brise, sans chercher tant seulement à courir une bordée !

— Ainsi, aucune nouvelle ?

— Aucune, mon lieutenant.

— Et vous n'avez pas vu un seul navire français ?

— Pas un seul portant le drapeau blanc à sa corne. Faut croire que la marine française a sombré tout entière, car depuis 1789, depuis près de quatre ans, je n'ai pas pu relever un seul pavillon français dans toutes mes courses. Seulement, nous avons vu des navires qui couraient de conserve sur la Guadeloupe ; mais à quel pays qu'ils appartiennent ? Va te faire pendre ; voilà ce que je n'ai jamais pu démêler ?

— Comment ?

— Ils avaient, à leur corne, des couleurs que je n'ai jamais vues sur aucune mer, et voilà trente ans et le pouce que je navigue.

— Quel pavillon portaient-ils donc ?

— Un pavillon de trente-six couleurs ; quand je dis trente-six, je me trompe ; mais enfin le morceau qui tient à la drisse était bleu, le milieu était blanc et le reste rouge. Connaissez-vous cela, mon lieutenant ?

— Bleu, blanc et rouge, répéta celui auquel Mahurec donnait ces indications : je ne connais aucune nation portant un semblable drapeau !

— Pas vrai ? Ni moi non plus.

— Et tu dis que les Anglais gardent le golfe et la haute mer ?

— Oui, mon lieutenant ; et faut croire que les navires en question sont mal avec eux, car en se relevant mutuellement ils ont eu l'air de faire branle-bas de combat réciproque, et je suis bien certain que si nous étions restés dans leurs eaux, nous aurions entendu tonner les caronades.

— Mais, d'après la forme de ces navires, n'as-tu pu démêler leur origine?

— J'ai bien essayé, mais j'ai vu trente-six chandelles. Ils avaient la coupe, les allures, la mâture et le gréement parés comme des Français, et on eût juré qu'ils sortaient de Brest ou de Rochefort, sans leur satané pavillon qui me mettait la compréhension vent dessus vent dedans.

— Et l'équipage?

— Ah! nous ne nous sommes pas assez approchés pour pouvoir l'examiner.

— Ainsi, reprit l'interlocuteur de Mahurec en secouant tristement la tête, aucune nouvelle de France? aucune nouvelle d'Henri? Que s'est-il donc passé là-bas? Que sont-elles devenues, elles? Qu'est-il devenu, lui? Morts, tous, peut-être!... Oh! cette incertitude, qui depuis quatre années me ronge le cœur, est cent fois plus horrible que la plus affreuse vérité! Et être cloué ici... sur cette terre d'exil!

En achevant ces mots, le compagnon du matelot lança, vers le ciel, un regard chargé de reproches douloureux et de colère contenue.

La pirogue avançait rapidement vers la terre, reçue, avec honneur, par toutes les embarcations survenues à sa rencontre : car celui qu'elle portait à l'arrière était le grand chef des Caraïbes rouges.

La jeune fille, toujours le bras appuyé sur le bordage, se laissait entraîner sur son radeau par l'impulsion que les rameurs donnaient à la pirogue.

Celui que Mahurec avait désigné jusqu'alors par l'appellation militaire de lieutenant parut s'arracher violemment aux préoccupations qui l'absorbaient; et s'adressant au Caraïbe :

— Et ta fille? lui dit-il.

Le chef fit un geste vague.

— Tu n'as rien découvert qui pût te mettre sur ses traces ?

— Rien ! répondit le Caraïbe.

— Et vous n'avez pu aborder aucune terre ? Quoi ! les possessions françaises sont-elles donc abandonnées et tellement cernées par les Anglais que tu ne sois pas parvenu à débarquer ni à Sainte-Lucie, ni à la Martinique, ni à la Guadeloupe ?

— Le pavillon anglais couvre les mers et intercepte les côtes.

— Mais, alors, il fallait aller à la Trinité. Si l'Angleterre a repris la guerre avec la France, l'Espagne est sans doute en paix avec elle ! A la Trinité, peut-être aurais-tu obtenu des nouvelles de ta fille, et Mahurec aurait eu à coup sûr des nouvelles de France.

— Illehüe n'a pas voulu mettre le cap sur l'île, dit Mahurec en désignant le sauvage. Il a donné brusquement l'ordre, ce matin, de revenir à Saint-Vincent.

— Pourquoi ?

Illehüe désigna successivement du geste l'eau de mer, la terre et le soleil.

Habitué au langage muet du chef caraïbe, le compagnon de Mahurec plongea sa main dans la mer, regarda la côte et tourna ensuite ses yeux vers le ciel.

Par un phénomène bizarre, l'eau était devenue plus chaude que l'air, la côte semblait s'abaisser au-dessous du niveau des flots, et le soleil, tout à l'heure radieux, était voilé de vapeurs légères. L'observateur fronça légèrement le sourcil.

— Que crains-tu donc ? demanda-t-il au Caraïbe.

— Le vent du sud ! répondit Illehüe.

La pirogue touchait le rivage ; des bandes de marsouins, de dorades, de bonites, des bancs entiers de poissons, paraissant fuir la haute mer, s'engageaient dans les excavations des rochers, comme s'ils eussent voulu y chercher un refuge. La surface du havre était calme et unie, et cependant un ressac sous-marin, déracinant les fucus pélagiques, détachant les coquillages et les mollusques cramponnés aux récifs, faisait sortir de leurs gîtes des crustacés énormes, et poussait pêle-mêle sur le rivage tous ces animaux qui faisaient côte pour la première fois. La chaleur, semblant redoubler brusquement d'intensité, était accablante et des nuées de maringouins obscurcissaient l'air.

Au moment où Mahurec et ses compagnons débarquaient et où la jolie nageuse, abandonnant son radeau, sortait de l'onde et posait ses pieds mignons sur la terre ferme, un chien de taille colossale, un de ces lévriers gigantesques au pelage gris noir, au museau allongé, à l'œil sanglant, descendant évidemment de la race de ceux qu'employèrent autrefois les Espagnols de Saint-Domingue pour chasser les indigènes dans les bois, s'élança d'un bond furieux vers la belle Caraïbe et la salua par des aboiements frénétiques et des cabrioles insensées.

La jeune fille se pencha vers le chien et avança la main pour lui caresser la tête; mais le lévrier, qui s'était arrêté subitement dans l'expansion de sa joie pour attendre la caresse promise, tendit subitement son museau en allongeant son col délié dilata ses narines, aspira longuement l'air dans la direction de la mer, comme pour découvrir d'où viendrait la brise dont on ne ressentait, cependant, aucun souffle, et il se prit à trembler, comme s'il eût été frappé d'effroi. Puis, avant que la main fine de la Caraïbe touchât son poil ras et luisant, il tourna sur lui-même par un bond rapide et saccadé, et s'enfuit vers l'intérieur des terres.

La jeune fille demeura stupéfaite de cette fuite inattendue.

— Qu'a donc Coumâ? dit-elle en ouvrant ses grands yeux étonnés.

— La vue de quelque lamentin l'aura sans doute effrayé, répondit le compagnon de Mahurec.

— Oh! non! reprit la jeune fille; il n'a peur ni des hommes ni des animaux, vous le savez bien, monsieur Charles!

Illehüe, qui avait entendu, fit un geste d'assentiment à la jeune fille.

— Le Grand-Esprit, dit-il, s'il n'a donné aux animaux la parole et l'intelligence, les a doués d'un instinct qui ne les trompe jamais ; Coumâ a senti le vent du sud et il fuit devant le danger.

Puis se tournant vers la jeune fille :

— Monte à l'habitation des Mornes, dit-il de sa voix grave.

La jolie Caraïbe obéit sans répondre. Pendant ce temps, les sauvages, accourus des carbets voisins, s'occupaient à tirer sur la plage leurs pirogues et leurs engins de pêche avec une ardeur et une précipitation décelant la crainte d'un péril imminent, et cependant le ciel était pur et le temps parfaitement calme.

II

CHARLES

Celui que Mahurec nommait mon lieutenant, et que la mignonne Caraïbe appelait Charles, après avoir un moment exploré l'horizon, se dirigea vers une case dressée sous un arbre séculaire, suivi par le matelot.

Tous deux pénétrèrent dans l'intérieur de l'habitation et se laissèrent tomber sur un lit de feuilles sèches.

— Pas encore de nouvelles ! répétait Charles avec un accent douloureux. Rien d'elles ! Rien de lui ! Oh ! cette situation me tue ! Mahurec, il faut en sortir à tout prix ! Et pourtant, que faire ? mon Dieu ! que faire ?

Mahuree s'approcha du jeune homme et lui tendit les mains, puis, d'une voix doucement insinuante et comme s'il eût craint de voir accueillir ses paroles par un accès de douleur nouvelle :

— Mon lieutenant, dit-il en hésitant, si... vous le vouliez, nous pourrions peut-être... quitter l'île !

Charles se recula brusquement et devint horriblement pâle :

— Quitter l'île ! répéta-t-il d'une voix brève. Ne sais-tu pas que cela est impossible ?... Et cependant... tu as raison, Mahuree, l'honneur le commande ! Oh ! mon Dieu ! après avoir été déclaré infâme en face des autres hommes, faudra-t-il donc que je me déclare lâche en face de moi-même !

Et le jeune homme se laissa retomber, avec un geste de désespoir suprême, et pressa, entre ses doigts, son front pâli.

Un silence, qu'aucun bruit du dehors ne venait troubler, régna dans la case. Charles, conservant son attitude péniblement méditative, paraissait s'absorber de plus en plus dans les pensées qui assombrissaient son visage, et Mahuree, n'osant troubler cette rêverie douloureuse, ne tentait rien pour provoquer une confidence que sollicitait cependant son regard ardemment fixé sur son compagnon.

Il y avait, évidemment, entre ces deux hommes, une différence de condition première et d'éducation facile à constater, un lien mystérieux qui les unissait l'un à l'autre et qui avait nivelé cette différence sociale. De grands événements malheureux avaient dû amener cette égalité de rang.

Cinq ans avant cette époque où nous visitons Saint-Vincent, au commencement de 1788, où les habitants de la Cabesterre étaient en grande hostilité avec les possesseurs de l'autre partie de l'île, une grande pirogue de guerre armée de soixante rameurs et conduite par Illehüe, emportée par le courant qui entraîne les eaux de l'Océan dans la mer des Antilles, longeait la côte de la Grenade, tenant le cap sur Saint-Vincent. Tout à coup, et au moment où la pirogue débouchait de l'un de ces étroits canaux formés par le groupe des petites îles, une de ces tempêtes violentes, subites, que rien ne peut prévoir dans ces parages de l'équateur, souleva les flots irritants de la mer des Antilles.

En moins d'une heure, la tempête avait atteint son paroxysme et une brume épaisse enveloppait la pirogue et lui permettait à peine de se diriger. La nuit descendait rapidement et la violence du vent ne diminuait pas : la pirogue, fuyant devant la tempête, avait changé sa route et courait sur la Trinité.

Un moment, les Caraïbes crurent que *Baribarou*, le génie du mal, avait, pour conjurer leur perte, fait surgir subitement du sein des flots un obstacle contre lequel devait se briser la frêle embarcation. Ils étaient en pleine mer, loin des écueils, et une masse noire, semblable à un rocher, se dressait devant eux.

La pirogue rangea cette masse à la toucher; mais, emportée par le vent et les vagues, elle en fut éloignée aussi rapidement qu'elle venait d'en être rapprochée.

C'était une sorte d'apparition fantastique; puis, au milieu du bruit de la tempête, les sauvages entendirent une formidable clameur accompagnée d'un craquement sinistre, et... plus rien que le mugissement du vent, plus rien que le bruissement des flots. Un éclair qui déchira les nuages et illumina l'horizon laissa voir la mer nue et déserte là où, tout à l'heure, se dressait un écueil. Illehüe ranima ses hommes un moment frappés d'effroi, et la pirogue reprit sa marche, luttant contre la tempête.

Au jour, le vent tomba, le soleil se leva radieux au milieu d'un ciel sans nuages, et la mer se calma. Les Caraïbes apercevaient derrière eux, à une courte distance, les côtes de l'île de la Trinité : au lieu d'avancer, la pirogue avait rétrogradé durant la tempête.

Le vent était devenu favorable; Illehüe fit dresser le mât et hisser une voile, et les Caraïbes allaient pouvoir prendre un repos nécessaire, tandis que la brise les poussait vers leur île, lorsque le sauvage qui veillait à l'avant poussa un cri d'appel. Illehüe et les rameurs tournèrent aussitôt leurs regards dans la direction qu'indiquait le bras tendu de la vigie. A dix brasses en avant de la pirogue, sur le dos d'une vague monstrueuse, ils virent un débris de mâture et sur ce débris deux hommes, demi-nus, cramponnés avec l'énergie du désespoir.

En un clin d'œil, l'équipage de la pirogue fut à la hauteur des naufragés, et vingt mains secourables les arrachaient à une mort certaine.

Ce que les Caraïbes avaient pris durant la nuit pour une apparition fantastique était la coque d'un navire désemparé, privé de son gréement et devenu le jouet de la tempête. Déchiré par les lames furieuses, il avait sombré quelques instants après avoir failli écraser la barque des sauvages, et ceux qui venaient d'être recueillis d'une façon si miraculeuse faisaient partie du navire perdu et étaient probablement les seuls qui eussent échappé au désastre. Affaiblis par la lutte qu'ils avaient dû livrer contre la mer, ils s'étaient évanouis en touchant le fond de la pirogue. Ces deux hommes étaient Charles et Mahurec: la pirogue les avait conduits à Saint-Vincent.

En reconnaissant des Français, c'est-à-dire d'anciens auxiliaires et des amis dans ceux qu'ils avaient sauvés, les Caraïbes leur témoignèrent la sympathie la plus vive. Les naufragés s'étaient donc établis dans l'île; mais à peine avaient-ils touché ce sol hospitalier, que celui que Mahurec n'avait jamais désigné que par ces deux appellations: « Mon lieutenant » ou « Monsieur Charles » fut pris d'une fièvre effrayante, de l'un de ces accès si terribles sous ces climats brûlants. Les symptômes les plus funestes se montrèrent tout d'abord; en quelques jours, Charles perdit ses forces et sa raison.

Mahurec était en proie au plus sombre désespoir; il ne quittait pas un seul instant celui sur lequel il veillait avec une sollicitude toute fraternelle. Dans l'accomplissement de son pieux devoir, le matelot avait trouvé deux aides qui n'abandonnaient pas, non plus, la couche du mourant. C'étaient deux charmantes créatures, deux anges que Dieu avait envoyés dans ce moment suprême, les deux filles d'Illehüe, le grand chef caraïbe.

L'aînée se nommait Fleur-des-Bois la seconde Etoile-du-Matin, et jamais, dans leurs poétiques inspirations, les sauvages n'avaient donné deux dénominations plus justes.

Elevée comme tous les enfants du peuple guerrier dont elle était issue, Fleur-des-Bois avait reçu une éducation virile. Son adresse à manier les armes était extrême, son courage renommé et son ardeur à la chasse ou dans les combats était admirée de tous les siens qui avaient en elle une confiance absolue. Quand elle courait à l'ennemi, à travers les âpres sentiers des montagnes couvertes d'une végétation abrupte, son arc à la main et son carquois plein de flèches empoisonnées; quand elle s'élançait, légère et infatigable, à la poursuite du gibier dans les forêts inextricables qui séparaient l'île, c'était bien la véritable *fleur* de ces bois magnifiques, la personnification de la Diane mythologique.

Une circonstance toute particulière avait fait de Fleur-des-Bois une créature bien réellement au-dessus de la condition ordinaire de ceux qui l'entouraient. Obligé de reconnaître la suprématie des hommes blancs, Illehüe avait voulu que sa fille eût leur esprit, afin d'en employer les ressources pour le bien de sa race et pour son salut. Ce projet avait complètement réussi. Profitant de l'alliance des Caraïbes avec les Français, il avait conduit Fleur-des-Bois au couvent des Dames, à Saint-Pierre de la Martinique.

L'éducation avait greffé ses avantages puissants sur les qualités fortes et énergiques de la nature sauvage, et les Caraïbes reconnaissaient que la fille aînée du chef avait autant de sagesse dans les conseils du grand carbet que de bravoure et d'habileté à la guerre. Seulement, au lieu d'attribuer à sa vraie cause l'ascendant de Fleur-des-Bois, ils lui cherchaient une origine surnaturelle et l'expliquaient par des récits fabuleux.

Illebûe avait perdu coup sur coup sa femme et ses deux fils, tués par les Anglais. Les Caraïbes prétendaient que leur chef, accablé par les malheurs de sa famille, avait consulté sur le sort de Fleur-des-Bois la sirène redoutée de l'île, et c'était cette fée puissante qui avait ordonné de recourir à la lumière des blancs.

Étoile-du-Matin, la seconde fille du chef, n'avait jamais quitté, elle, son île native, et elle n'avait eu que le reflet de l'éducation de sa sœur aînée ; aussi avait-elle conservé toute la virginité de sa nature sauvage ; mais ce que cette nature avait d'énergique et de rude était triomphalement combattu par une organisation d'une sensibilité et d'une délicatesse extrêmes.

Une étroite amitié unissait les deux sœurs, et les oppositions qui existaient entre elles semblaient les avoir soudées plus solidement l'une à l'autre. Autant Fleur-des-Bois aimait à se livrer à ses habitudes guerrières, autant Étoile-du-Matin avait les instincts pacifiques.

Tandis que la fille aînée d'Illebûe courait les forêts et luttait contre les hommes et les animaux ou faisait entendre une parole grave dans le conseil, la plus jeune s'adonnait, avec amour, à la culture des fleurs admirables que lui prodiguait la terre fertile de Saint-Vincent, et elle apprenait, des sorcières noires, l'art de fermer les plaies et de guérir les maladies.

C'étaient ces deux jeunes filles qui avaient voulu aider Mahurec dans l'accomplissement des soins qu'il prodiguait à Charles, et chacune avait témoigné le plus tendre dévouement au moribond.

Cependant l'état du malade empirait avec une effrayante rapidité. Un soir, Mahurec crut que tout allait finir et que son lieutenant touchait à ses derniers moments. Le matelot, le cœur brisé et le visage pâli par l'émotion et la douleur, avait quitté la case. Étoile-du-Matin veillait près du mourant. Mahurec alla briser deux branches à un tamarin voisin, puis, s'asseyant à terre, il façonna une croix. Son œuvre accomplie, il se dirigea vers le chef caraïbe :

— Demain, lui dit-il, tu creuseras un grand trou sur la plage. Si mon lieutenant meurt cette nuit, je mourrai aussi ! Alors tu nous mettras ensemble dans la même fosse et tu mettras dessus cette petite croix que je te confie.

Illehûe avança la main pour prendre le signe de la rédemption, mais un bras plus rapide devança le sien et s'empara de la croix. Mahurec étonné se retourna et se trouva vis-à-vis de Fleur-des-Bois. La jeune fille était pâle en dépit de sa teinte cuivrée, et ses yeux noirs brillaient d'un feu sombre.

— Il ne mourra pas ! dit-elle d'une voix frémissante. Je viens pour le sauver !

— Comment ? reprit le matelot.

— La nuit dernière j'ai été à la Martinique, j'ai consulté un médecin et j'ai rapporté les breuvages qu'il m'a donnés. M. Charles les a pris ; il dort ! Viens le voir !

Charles était guéri physiquement ; mais, soit que la commotion causée par les horribles scènes d'un naufrage eût ébranlé son cerveau, soit que son âme souffrît de quelques pénibles atteintes d'événements passés, il fut, à partir du jour où il recouvra la santé, en proie à la mélancolie la plus noire. Une tristesse, que rien ne parvenait à distraire, s'était emparée de lui, et souvent il passait des journées entières dans un mutisme absolu.

Mahurec, Fleur-des-Bois, Etoile-du-Matin lui prodiguaient en vain les soins les plus affectueux. Quelques vagues paroles, échappées au matelot, avaient fait comprendre aux deux jeunes filles qu'une terrible douleur étreignait le cœur de Charles, et que le souvenir d'une épouvantable catastrophe, qui avait anéanti à jamais son repos et son bonheur, déchirait son âme.

Avec cet instinct inné chez la femme et qui la porte toujours au secours de ceux qui souffrent, les filles du grand chef avaient senti augmenter leur tendre affection pour le malade, en raison de la violence même du chagrin qui le dévorait. Rien n'était plus touchant que la vue des efforts tentés par ces créatures à demi sauvages pour combattre un mal dont elles ignoraient la source.

Parfois elles semblaient réussir dans leurs généreuses tentatives.

Tantôt Fleur-des-Bois parvenait à entraîner Charles dans ces sublimes forêts qui sillonnaient l'île, pensant que le spectacle de cette nature grandiose amènerait une heureuse diversion dans l'esprit de celui qu'elle voulait distraire.

Parfois Etoile-du-Matin conduisait Charles à l'habitation des Mornes, et là, au milieu des plus belles fleurs de la création, arrosées par des sources d'eau vive, et où régnait une douce température entretenue par les vents alizés, la jeune fille s'efforçait d'attirer l'attention du promeneur morose sur les merveilles qu'elle avait cultivées de ses mains, sur les bosquets de jasmins gigantesques et odoriférants, sur ces amaryllis éclatantes qu'elle avait fait naître, sur ces iris dorés dont elle avait peuplé le bassin de la fontaine, sur ces myrtes fleuris, ces lauriers, ces palmiers élevés par ses soins vigilants.

Elle lui racontait l'histoire et la valeur d'une foule de plantes médicamenteuses, inconnues en Europe, qu'elle cultivait, en connaissant les vertus, pour le secours de ses frères.

Durant ces excursions, un éclair brillait parfois dans l'œil éteint du malade, ses joues pâlies reprenaient quelque coloris, les jeunes filles, joyeuses, redoublaient d'attention, puis on revenait au carbet, et Charles retombait dans son état de marasme.

Les Caraïbes, eux-mêmes, témoignaient aux deux Français ce respect qui, pour le sauvage, est le plus grand signe d'affection.

Enfin peu à peu les soins produisirent leur effet, la nature encore jeune et énergique du malade triompha de l'accablement moral, et Charles reprit lentement possession de ses facultés intellectuelles. Mais si la cure avait été pénible, la convalescence avait été très longue.

Plus de dix-huit mois s'étaient écoulés depuis le jour de son arrivée à Saint-Vincent, lorsqu'un matin, Charles, secouant l'engourdissement qui l'accablait, appela Mahurec qui dormait encore et lui ordonna d'aller prévenir Fleur-des-Bois qu'il désirait visiter avec elle la partie montagneuse de Saint-Vincent, servant de barrière entre les Anglais et les Caraïbes.

C'était le premier acte d'énergie que manifestait Charles. Mahurec bondit en pleurant de joie et courut chercher la fille aînée du chef.

A partir de cet instant, Charles, chez lequel s'était accomplie une révolution subite, ne parut plus le même homme. Une sorte d'activité fiévreuse, un besoin d'événements s'étaient emparés de lui.

Les Caraïbes noirs des frontières guerroyaient sans cesse avec les Anglais; Charles se joignit à eux, et, en différentes rencontres, il déploya une telle intrépidité, un tel sang-froid au milieu du danger, que les sauvages, qui estiment la bravoure calme comme la première des qualités humaines, se prirent pour lui d'une admiration profonde. Mahurec était toujours au côté de son lieutenant, et son courage éclatant, sa force herculéenne lui valurent promptement le respect et l'estime de tous.

Toujours superstitieux, les Caraïbes finirent par se persuader que partout où les deux Français seraient avec eux, ils triompheraient de leurs ennemis, et cette persuasion était si sincère, si profondément enracinée en eux, que Charles et Mahurec eussent pu les entraîner aveuglément au milieu des dangers les plus terribles.

Durant les dix-huit mois qui avaient vu Charles si tristement éprouvé, le jeune homme n'avait pas une seule fois prononcé un mot qui eût trait à la catastrophe qui était cause de sa venue à Saint-Vincent, ni une seule parole relative à son pays. Jamais le nom de la France ne s'était présenté sur ses lèvres.

A peine eut-il recouvré la plénitude de ses facultés, que les souvenirs du passé parurent revenir en foule assaillir son esprit. A tout moment il parlait de sa patrie éloignée dont il ignorait les destins, et le nom d'un de ses compagnons de voyage, qu'il appelait Henri, revenait à tout propos dans ses discours. Il semblait possédé d'un impérieux désir de savoir ce qu'était devenu cet Henri.

Dix fois il avait prié Illehüe de faire armer une pirogue dans laquelle il voulait s'embarquer, pour parcourir les Antilles, à la recherche de son ami. Dix fois il avait émis le désir de se rendre dans les colonies françaises, à la Guadeloupe, à la Martinique, pour avoir des nouvelles de la France.

Puis, lorsque le chef caraïbe s'empressait de satisfaire le vœu exprimé par son hôte, lorsque la pirogue était prête, lorsque Fleur-des-Bois venait chercher Charles, qu'elle voulait accompagner, celui-ci, hesitant... revenait sur sa volonté exprimée... Un tremblement convulsif agitait tout son être, et un accès de la terrible maladie qui l'avait fait si longtemps souffrir le reprenait subitement. Vingt-quatre heures après, la crise était passée, mais Charles ne parlait plus du voyage projeté.

Fleur-des-Bois et Etoile-du-Matin cherchaient en vain, dans leur sollicitude, à comprendre la cause mystérieuse qui agissait ainsi sur Charles ; mais cette cause demeurait toujours, pour elles, un secret profond.

Seul, Mahurec paraissait être dans la confidence des étranges motifs auxquels obéissait son compagnon. Dans chacune de ces circonstances, il s'enfermait avec lui dans la case et ne permettait à personne, pas même à Illehüe ni à ses deux filles, de venir troubler leur longue conférence.

Plus d'une année s'était encore écoulée ainsi. On était alors en 1791, et depuis trois ans, depuis leur arrivée à Saint-Vincent, Charles ni Mahurec n'avaient vu d'autres Européens que les soldats anglais, qu'ils apercevaient de l'autre côté des montagnes, alors qu'ils s'aventuraient jusqu'à la Soufrière, et avec lesquels il leur était impossible de communiquer. Ils n'avaient eu non plus aucune nouvelle de France.

Après ses tentatives avortées pour vaincre l'étrange et invincible répugnance qu'il ressentait chaque fois qu'il fallait sortir de l'île, Charles avait renoncé à toute pensée de voyage, mais son impatience et sa souffrance étaient visibles.

Un jour qu'il était allé avec Fleur-des-Bois jusque dans la partie de l'île habitée par les Caraïbes noirs, Mahurec vint trouver Illchüo :

— Vieux, lui dit-il dans son langage maritime, il faut que tu me rendes un service. Mon lieutenant ne se décidera jamais à se déhâler de Saint-Vincent. Fais armer une pirogue, et filons de l'avant tous les deux, en mettant le cap sur la Martinique.

Le lendemain, la pirogue, montée par le chef sauvage et par le matelot français, revenait à Saint-Vincent, poursuivie par un cutter anglais qui n'osa pas, cependant, affronter les écueils de coraux.

Mahurec était soucieux : il n'avait pu passer au travers des croiseurs anglais, et il n'avait pas aperçu un seul navire portant le pavillon royal de France. Le matelot ignorait que ce pavillon avait disparu des mers, et que c'était à l'abri des couleurs républicaines qu'il fallait aller chercher les Français ; mais, depuis trois années, Charles et Mahurec étaient sans nouvelles d'Europe ; ils ne savaient rien de la Révolution, et ils croyaient le fils de saint Louis toujours fermement assis sur le trône de ses pères.

L'expédition avait été vaine et ne présentait aucun résultat. En apprenant ce qu'avait fait Mahurec, Charles fut saisi encore d'un tremblement nerveux, mais ce fut un soupir de soulagement qui s'échappa même de ses lèvres, lorsque le matelot lui expliqua comme quoi il n'avait rien pu savoir ni rien pu apprendre.

Il était évident que Charles était dominé par une

terreur invincible toutes les fois qu'il s'agissait de la France et des Français, et qu'une mystérieuse appréhension oppressait son cerveau.

Quelques jours après, cependant, et comme Mahurec était debout sur un quartier de rocher, explorant la mer de son œil interrogateur, Charles lui posa la main sur l'épaule.

— Matelot, lui dit-il en contenant l'émotion qui altérait ses traits et faisait trembler sa voix, matelot, il faut recommencer ce que tu as tenté déjà. Tu le sais, je ne puis me résoudre à quitter cette île, dont Dieu a fait pour moi une patrie nouvelle. Cent fois par la pensée j'ai franchi la mer, qui nous sépare de la France; mais, je le sens, toute tentative réelle serait au-dessus de mes forces. La vue d'un Français me tuerait!... Et cependant je veux savoir s'il est mort ; je veux savoir ce qu'elles sont devenues! Je veux savoir si je dois continuer à défendre ma vie malheureuse contre les chagrins qui l'atteignent. Je veux enfin connaître les nouvelles de France et avoir la certitude qu'Henri, lui, n'a pu échapper au naufrage auquel nous avons été si miraculeusement arrachés. Cette nuit j'ai vaincu mes répugnances, j'ai dominé mes angoisses : j'ai écrit une lettre au comte de Sommes, le seul ami qui, en France, nous soit demeuré fidèle en dépit de nos malheurs. J'ai prié Illehüe de te donner une pirogue de guerre, qui te transportera dans toutes les îles des Antilles. Pars, Mahurec, pars, mon vieux matelot, et ne reviens qu'après avoir remis cette lettre à bord de quelque navire français, et avoir tout tenté pour connaître le sort d'Henri.

Moins d'une heure après, Mahurec, monté sur une pirogue, franchissait la passe des brisants, et gagnait la haute mer. Mais cette fois encore, comme la première, son expédition avait été infructueuse. Partout la pirogue trouvait des navires anglais sur sa route, et comme les Anglais faisaient une guerre acharnée aux populations caraïbes, ils chassaient l'embarcation.

Après avoir épuisé toutes les ruses, Mahurec,

voyant ses rameurs à bout de force et les provisions manquer, avait dû remettre le cap sur Saint-Vincent.

Six fois il recommença la même entreprise, et six fois le résultat fut identique. On ne voyait dans tout l'archipel des Antilles, que le pavillon britannique flottant au haut des mâts, et on eût dit qu'une flotte de croiseurs bloquait Saint-Vincent.

A chaque nouvel insuccès, Charles ressentait, non plus un accès de morne abattement, mais un accès de rage frénétique. Il ne comprenait pas comment, dans cette mer des Antilles, où la France possédait de si belles colonies, on ne rencontrait plus qu'une ligne serrée de navires anglais.

C'est qu'il ne pouvait savoir, privé de nouvelles comme il l'était depuis de longues années, que la Révolution, en éclatant en France, avait ranimé la guerre avec l'Angleterre ; que les Anglais, nous attaquant sur tous les points des mers, avaient menacé à la fois toutes nos possessions : que Sainte-Lucie venait de tomber en leur pouvoir ; que la Martinique et la Guadeloupe étaient bloquées étroitement ; et qu'enfin les croiseurs anglais, inondant l'archipel, rendaient toute communication impossible.

Mais Charles ignorait toutes ces choses ; il croyait Sainte-Lucie, la Guadeloupe et la Martinique toujours riches et florissantes sous la domination inattaquable de la mère-patrie, et il ne s'expliquait pas comment le pavillon blanc fleurdelisé ne se voyait plus sur la mer des Antilles.

Irrité par les obstacles et par la non-réussite de ses plus chers désirs, le malheureux jeune homme sentait renaître en lui tous les germes de la maladie à laquelle il avait jadis failli succomber. Mahurec, toujours dévoué, avait voulu tenter encore une nouvelle expédition ; mais Charles, en proie au plus sombre découragement, lui avait ordonné de rester à terre.

Fleur-des-Bois avait assisté à cette scène entre les deux Français, et elle avait quitté la case, le front penché et le regard pensif. Le lendemain, une jeune Caraïbe, attachée au service de la fille aînée du chef, vint prévenir Charles que sa maîtresse était partie durant la nuit, montant sa meilleure pirogue de guerre et accompagnée de ses plus valeureux soldats. Fleur-des-Bois voulait accomplir ce que Mahurec n'avait pu réussir à faire.

La jeune fille, connaissant admirablement la mer de ces parages, possédant un ascendant énorme sur les siens, douée de ces instincts de la créature primitive qui sont de si puissants auxiliaires pour la race sauvage, ayant fait cent fois déjà le trajet qu'elle s'apprêtait à entreprendre, la jeune fille avait, il faut l'avouer, plus de chances de réussite que le matelot français.

Cependant les jours s'écoulèrent d'abord, puis les semaines, et la pirogue ne revenait pas à Saint-Vincent. Alors une inquiétude mortelle s'empara de tous les esprits ; Fleur-des-Bois était-elle devenue la proie des Anglais, ou avait-elle péri avec ceux qui l'accompagnaient ?

La population des Caraïbes rouges adorait la fille aînée du chef. Chaque jour, inquiète et agitée, elle encombrait la plage, interrogeant la mer déserte. Puis, au milieu de ces tourments, les Caraïbes noirs appelèrent leurs frères aux armes : les Anglais menaçaient d'attaquer les passes.

Un mois se passa en combats et en fatigues. Illebüe, en dépit de son impassibilité sauvage, ressentait au cœur une horrible douleur causée par l'incertitude où le laissait le sort de sa fille bien-aimée. Étoile-du-Matin, n'osant laisser éclater sa douleur dans la crainte de raviver celle du chef et d'augmenter le désespoir de Charles, renfermait, dans son âme, toutes les poignantes angoisses qui la torturaient.

Charles, qui avait d'abord semblé prêt à succomber au chagrin et au découragement, retrouva toutes ses forces pour lutter contre les Anglais et organiser les expéditions qui devaient aller à la recherche de Fleur-des-Bois, perdue pour lui et par lui. Les frontières redevenues libres, les Caraïbes rouges armèrent leurs pirogues.

Charles, dans ce moment d'anxiété, triomphant enfin de l'appréhension qu'il ressentait pour prendre la mer, de son étrange aversion pour essayer de gagner les colonies françaises, voulut se joindre lui-même aux hardis sauvages qui s'en allaient explorer l'archipel ; mais Illehüe s'y opposa. Il emmenait avec lui ses meilleurs guerriers, et, en l'absence du chef, il fallait un homme intrépide pouvant le remplacer pour prendre le commandement des Caraïbes restant dans l'île, et s'opposer aux entreprises des Anglais.

Charles obéit, et laissa partir Mahurec et Illehüe escortés d'une flottille de pirogues, qui devaient s'éparpiller sur tous les points de l'archipel. Accompagné d'Étoile-du-Matin, il monta sur l'un des brisants, et suivit du regard les pirogues qui sillonnaient les flots. Chaque matin il revint prendre ce poste et chaque soir, en s'en retournant au carbet, il semblait absorbé dans une méditation profonde.

Enfin les pirogues revinrent une à une successivement, et toutes rentraient au port sans avoir pu franchir la route interceptée, de toutes parts, par les navires anglais. A chaque embarcation revenant après une course vaine, Étoile-du-Matin courbait sa jolie tête, tandis que des pleurs baignaient ses paupières ; et Charles paraissait méditer, plus encore, une resolution récemment prise, et dont l'énergique expression se lisait sur ses traits.

La pirogue, montée par Illehüe et Mahurec, était rentrée la dernière au port, et le chef caraïbe et le matelot n'avaient pas été plus heureux dans cette expédition que dans les précédentes. La pirogue devait explorer les îles espagnoles ; mais la crainte du terrible vent du sud, dont Illehüe, avec sa sagacité de sauvage, avait cru reconnaître les pronostics, avait forcé les navigateurs à faire relâche à Saint-Vincent.

Personne ne savait donc encore ce qu'était devenue Fleur-des-Bois.

— Je suis donc lâche ! s'écria brusquement Charles en redressant la tête. Oh ! non, non ! dussé-je endurer tous les supplices, je ne me flétrirai pas moi-même. Tu avais raison, Mahurec, il faut partir et partir dans quelques heures, partir cette nuit même !

En entendant celui qu'il nommait son lieutenant manifester l'intention de quitter Saint-Vincent, Mahurec ressentit un étonnement profond.

Il ne croyait pas voir sa proposition si favorablement accueillie. Tant de fois déjà Charles avait émis la volonté de partir, et tant de fois, à l'instant décisif, il n'avait pu se résoudre à s'embarquer ! Mahurec pensait qu'il en serait encore de cette démonstration comme des précédentes ; mais il n'osa formuler sa pensée.

Un rapide regard, lancé sur le matelot, permit à Charles de deviner ce qui se passait dans l'esprit de son interlocuteur.

— Il faut partir ! reprit-il avec une énergie extrême. Oui, dussé-je me trouver face à face avec des Français, dussé-je voir les regards de mes compatriotes se détourner de moi, dussé-je entendre des paroles flétrissantes murmurées à mon oreille, il faut partir, Mahurec, il faut quitter cette île ! Y séjourner plus longtemps serait une infamie et une lâcheté ! D'ailleurs, songe donc, les années ne se succéderont pas ainsi sans qu'un navire passe en vue de l'île, sans que des Français débarquent ici. En nous voyant, ils voudront savoir qui nous sommes, et mon nom prononcé leur dira l'horrible vérité ! Alors tous ces sauvages qui me respectent et qui m'aiment ne verront plus en moi qu'un être dégradé, banni de sa patrie, un odieux criminel auquel son roi a fait grâce de la vie dans un moment de clémence. Comprends-tu qu'à chacune de vos expéditions j'étais en proie à la douleur la plus anxieuse, partagé entre le désir de vous voir revenir avec des nouvelles de ceux que j'aime et la crainte horrible d'apercevoir un Français parmi vous, que les pirogues eussent ramené à Saint-Vincent ? Ce que j'ai souffert, Dieu seul le sait ! mais je suis à bout de souffrances. Mahurec, il faut partir ! Je le répète, il y aurait infamie et lâcheté à rester ici plus longtemps !

Et Charles, qui s'était levé pour débiter d'une voix brève ces phrases empreintes d'une signification terrible, tordit ses mains crispées avec une expression de désespoir impossible à rendre. Mahurec s'élança vers lui.

— Mon lieutenant !... balbutia-t-il.

— Tais-toi ! interrompit Charles. Que pourrais-tu dire, d'ailleurs, pour combattre la douleur qui m'accable ? Que je suis innocent du crime pour lequel j'ai été condamné ? Dieu le sait bien, et cependant Dieu ne m'a pas secouru ! Abandonné par lui, déclaré coupable par la justice des hommes, je ne suis plus, pour tous, qu'un être abject, traînant sur la terre son existence misérable ! Qu'importe que je sois innocent, puisque tous m'ont cru coupable !

Charles leva, vers le ciel, ses bras qu'il laissa ensuite retomber avec un geste empreint d'une énergie fiévreuse. Mahurec courbait la tête, sans oser prononcer une parole ; le pauvre matelot souffrait cruellement de l'état d'exaltation dans lequel il voyait le jeune homme.

— Il faut partir ! il faut partir ! répétait celui-ci d'une voix saccadée.

Puis, après un nouveau silence :

— Oh ! reprit-il avec une violence extrême, il y aurait infamie et lâcheté à demeurer ici ! Infamie, car je rendrais, en y restant, le mal pour le bien ! Lâcheté, car ce mal que je commettrais, je le ferais avec connaissance de cause... Tu me regardes, Mahurec ? Tu me crois fou ? Eh bien ! écoute : Illehüe m'a sauvé la vie en m'arrachant à la fureur des flots, alors que nous n'avions aucun espoir de salut ; Illehüe m'a donné son carbet et m'a nommé son fils ; ses filles m'ont prodigué les soins les plus touchants ; l'une d'elles est peut-être en ce moment victime de son dévouement pour moi... Et veux-tu connaître la vérité, Mahurec ? Étoile-du-Matin m'aime ! Oui, elle

2.

m'aime, j'en suis sûr, quoiqu'elle ne se soit pas encore, peut-être, avoué son amour à elle-même!... Elle m'aime, moi dont le cœur pétrifié ne peut rendre amour par amour! elle m'aime, moi que la première rencontre avec nos compatriotes peut déclarer méprisable et dégradé! Elle m'aime, elle, la fille de celui qui m'a sauvé, la sœur de celle qui s'est peut-être perdue pour moi! Et lorsque je serais libre encore, lorsque l'anathème de la justice ne s'appesantirait pas sur ma tête, il me faudrait choisir entre cet amour que je trouve ici et celui que j'ai laissé là-bas! Ainsi, en échange de la vie qu'il m'a sauvée, de l'affection qu'il m'a prodiguée, je rendrais au vieillard le malheur de sa fille! En échange des soins, de la tendresse, du dévouement dont Fleur-des-Bois et Etoile-du-Matin m'ont donné tant de preuves, je rendrais souffrances et désespoir! Tu vois bien, Mahurec, qu'il faut partir, et que ma vie est à jamais maudite! Oh! pourquoi Illchüe m'a-t-il sauvé? Henri, plus heureux, trouvé le repos dans la mort!

Le matelot avait les yeux attachés sur le jeune homme, et ses regards consternés décelaient ce qui se passait dans son âme.

— Partir! dit-il enfin; je le veux bien, mon lieutenant, je suis paré; mais où diable irons-nous?

— A la recherche de Fleur-des-Bois d'abord! répondit Charles.

— Mais les croiseurs anglais nous barreront la route!

— Nous passerons sous le feu des croiseurs!.... Fleur-des-Bois retrouvée, nous la ramènerons à son père, et ensuite...

— Ensuite? reprit Mahurec en voyant que son lieutenant s'arrêtait.

— Ensuite? reprit Charles, nous fouillerons les Antilles pour retrouver Henri, et s'il est mort comme je le crois... eh bien! Mahurec, nous nous dirons adieu. Tu retourneras en France... et tu me laisseras, seul, mourir sur la terre américaine!

Le matelot s'était levé lentement, ses mains trémissantes s'étaient jointes, et une expression amèrement douloureuse avait envahi son visage.

— Alors... comme ça... dit-il d'une voix émue, et qu'il s'efforçait de rendre ferme, vous ne voulez plus de moi, mon lieutenant?... C'est pas bien, ça!... Si le pauvre Mahurec vous gêne... il faut le dire franchement.. il ne pèse pas lourd à la terre, lui, allez! Un morceau de roc aux pieds et dix brasses d'eau... c'est pas malin à trouver.

Charles saisit les mains du matelot.

— Tu ne m'as pas compris, dit-il avec une extrême émotion.

— Dame! j'ai compris qu'il viendrait un jour où vous voudriez nous séparer.

— Il viendra un jour où je voudrai mourir, Mahurec!

— Eh bien! dit Mahurec avec une simplicité sublime, ce jour-là, nous mourrons!

Charles s'approcha encore et pressa contre sa poitrine le torse herculéen du matelot.

— Tu es le seul chaînon qui me rattache encore à l'existence, murmura-t-il.

Puis, élevant la voix :

— C'est décidé, dit-il, cette nuit nous partirons!

En ce moment, un mugissement formidable éclata au dehors, des cris d'effroi retentirent, la terre trembla et vacilla...

Un serpent monstrueux s'élança, comme chassé par l'effroi, sur le lit de feuilles sèches près duquel Charles et Mahurec se tenaient immobiles...

III

L'OURAGAN

Quelques instants après que la pirogue eut abordé et que les deux Français se furent retirés dans leur case, Illehüe s'était dirigé vers un piton isolé, peu distant du carbet, et tandis que les Caraïbes l'entouraient en silence, il avait fait dresser, sous ses yeux, un bûcher de bois vert. Le chef caraïbe qui, ainsi qu'il l'avait dit déjà au compagnon de Mahurec, avait cru remarquer les pronostics du terrible vent du sud, voulait s'assurer, par une expérience météorologique, qu'il ne s'était pas trompé et que Saint-Vincent était menacé du redoutable fléau.

Le bûcher achevé, il y fit mettre le feu : le bois vert, au lieu de flamme, donna aussitôt une fumée épaisse.

L'air était lourd, aucun souffle ne faisait remuer le feuillage des grands arbres environnants, et, dans la stagnation absolue de l'atmosphère, la fumée s'éleva verticalement sans aucune déviation. Mais quand elle eut atteint la région supérieure de l'air, cette colonne perdit son aplomb, s'inclina brusquement vers le nord et fut chassée, dans cette direction, par les courants venant du sud.

Illehüe, sans prononcer un mot, lança un regard circulaire sur ceux qui l'entouraient et qui tous avaient suivi, avec une attention extrême, cette manière ingénieuse et cependant si simple de déterminer lit des vents à des hauteurs inaccessibles.

L'indication d'un vent du sud s'établissant dans les

couches élevées de l'atmosphère, tandis que les plus basses demeurait stagnantes, est le présage certain d'une de ces effrayantes tempêtes qui désolent si fréquemment l'archipel des Antilles.

A peine la fumée s'inclinait-elle vers le nord qu'une révolution subite sembla éclater dans les habitudes des animaux habitant l'île.

Des nuées d'oiseaux de haut vol, et qui jamais ne descendaient dans les basses régions de l'air, s'abattirent avec de grands bruits d'aile sur les cases des Caraïbes. D'énormes chauves-souris, comme on en voit seulement sous l'équateur, des chats-huants plus gros que nos oies de basse-cour, des mouettes et des cormorans, désertant la mer, se réfugièrent sur les branches les plus touffues, les plus rapprochées de terre des tamarins, des mimosas et des bananiers aux rameaux retombants. Des iguanes, sorte de lézards inoffensifs, longs de cinq à six pieds et qui ont l'aspect effroyable du crocodile, sortaient péniblement des rochers et venaient chercher un asile dans le carbet. Des chèvres à poil fauve, comme des antilopes ou des biches, descendaient au galop des pâturages et des montagnes et s'élançaient, toutes craintives qu'elles étaient, pour s'établir sous l'abri des cases.

Puis des hurlements féroces retentirent et des lévriers énormes, semblables à celui qui était venu saluer Étoile-du-Matin, et qui, chargés de la garde des passes des montagnes sur le territoire anglais, avaient, chassés par la crainte, déserté les postes qu'ils gardaient d'ordinaire en sentinelles hardies, vigilantes et féroces.

On ne sentait aucun souffle de vent, mais toute la nature prenait, par degrés rapides, un aspect qui justifiait l'effroi ressenti par les races animales. La mer, dont Illehüe avait fait remarquer l'élévation extraordinaire aux deux Français, se soulevait de plus en plus et bouillonnait comme l'eau d'une chaudière en ébullition.

Sa surface s'exhaussant sous une pression inconnue, ses eaux franchissaient leurs limites, débordaient dans le petit port et s'avançaient dans le lit des rivières dont elles refoulaient le courant.

L'atmosphère devenait, d'instant en instant, de moins en moins respirable. Les maringouins, les insectes de leur genre, les mouches formaient des flots mouvants qui encombraient l'air, et des tourbillons qui se ruaient avec un bourdonnement assourdissant sur les arbres, sur les cases et sur les rochers.

A son lever, le soleil avait paru radieux et resplendissant dans un ciel pur, lumineux et profond ; puis ainsi qu'Illehüe l'avait encore fait remarquer, il s'était voilé de vapeurs. Bientôt ces vapeurs, se faisant plus denses, avaient entièrement changé son aspect, le privant complètement de ses rayons et le faisaient ressembler à la lune.

Son disque avait la couleur rouge obscur d'une fournaise qui s'éteint.

La clarté du jour diminuait par degrés : elle devint d'abord blafarde, fausse, tremblotante comme pendant une éclipse totale, bien qu'il fût à peine midi ; puis un rideau de nuages sombres couvrit le ciel, tandis qu'une brume sortant de la mer des Antilles s'élevait dans la région moyenne de l'air et enveloppait tout l'horizon.

Illehüe et les Caraïbes, certains du péril imminent qui s'amoncelait sur leurs têtes, s'empressaient de prendre, avec intelligence, toutes les mesures qui pouvaient diminuer le désastre qui allait éclater. A l'aide de fortes branches, de cordes d'aloès et de quartiers de rochers roulés à force de bras, les sauvages consolidaient les murailles en treillis et les toitures en feuilles de leurs frêles habitations. Le signal d'alarme, donné par le son retentissant tiré de cette énorme coquille univalve qui prend, aux Antilles, le nom de *lambis*, et répété de carbet en carbet, de montagne en montagne, avait informé chaque famille caraïbe de l'approche du danger.

Tandis que les hommes s'efforçaient d'étayer les

cases, les femmes s'occupaient activement d'autres soins. Les vivres et les jeunes enfants étaient mis en sûreté, du moins autant que possible, dans des grottes ou dans des cases construites dans des lieux abrités, sorte de terriers enfoncés dans quelque recès des mornes, mais qui ne donnaient aucune prise au vent de la tempête.

Les dispositions particulières de précautions achevées, la foule entière se porta au bord de la mer, sur un plateau escarpé de toutes parts, dominant les flots et recouvert d'arbrisseaux qui, en se courbant sous les rafales des tempêtes, échappaient à la destruction.

De ce promontoire, on pouvait facilement juger, le moment une fois venu, de l'imminence du péril. Parmi ces sauvages, comme parmi les hommes d'une autre race, on retrouvait aussi la curiosité, l'impatience que manifestent les peuples civilisés de l'Europe, lorsque quelque événement menaçant est suspendu sur eux.

Les Caraïbes noirs, habitant l'intérieur de l'île, loin de la côte, étaient demeurés dans leurs carbets.

Depuis quelques moments, il régnait dans l'atmosphère un calme profond, absolu, que rien ne troublait, un calme extraordinaire enfin, et presque inconnu au climat des îles. Les feuilles des arbres pendaient le long des branches sans le moindre mouvement. Les grandes herbes se tenaient droites sans que leur cime légère s'inclinât. Les fleurs magnifiques des amaryllis semblaient moins éclatantes et leur tige, flétrie, paraissait manquer de force pour les soutenir. L'herbe, foulée aux pieds, ne se redressait pas.

Les oiseaux, les chats-huants, les chauves-souris, se tenant tapis dans le feuillage épais, ou sous les toitures des cases, se collaient contre les plus fortes branches, écartant leur plumage, sans faire entendre un cri d'appel, sans causer le plus léger bruit. Les serpents monstrueux, mais inoffensifs, qui peuplent les prairies de Saint-Vincent, s'étendaient, déroulant leurs anneaux, afin de trouver, dans la végétation du sol, un abri qui les recouvrît tout entiers. Les iguanes, au ventre rampant, aux écailles verdâtres, les chèvres sauvages, les lévriers se tenaient immobiles dans les refuges qu'ils avaient choisis.

Les hommes eux-mêmes, accablés par la chaleur étouffante et par la raréfaction de l'oxygène, étaient incapables de se mouvoir, et la population, amoncelée sur le rivage, attendait l'événement avec une sorte de stupeur, sans qu'aucune parole fût échangée.

On eût dit que la vie se retirait à la fois des végétaux, des animaux et des créatures humaines, et que les plantes, comme les bêtes, comme les hommes, subissaient, par l'effet de cette atmosphère suffocante, une sorte d'asphyxie mortelle.

Un calme effrayant, un silence désolant, absolu, régnait dans l'air, sur la terre et sur la mer, car les flots s'étaient subitement calmés depuis un moment et la mer ressemblait à un *lac d'huile*, suivant l'expression marseillaise.

Saint-Vincent, en cet instant suprême, précurseur d'une grande crise, était dans cette espèce de repos que prend la nature avant de céder à une de ses convulsions.

Tout à coup un long mugissement sous-marin mit un terme à cette torpeur alarmante. C'était ce mugissement qu'avaient entendu Charles et Mahurec, c'était l'annonce de l'approche du péril, et la population caraïbe répondit au cri de l'Océan par une clameur d'épouvante.

Aussi loin que la vue pouvait s'étendre sur la mer, un sublime et effrayant spectacle s'offrait à tous les regards. Un flot impétueux, formidable, embrassant toute la largeur de l'horizon, dominant la mer d'une hauteur de plusieurs mètres, un *ras de marée* enfin, venant de l'ouest, s'avançait, sur un front immense, à travers les détroits se succédant entre les Antilles. Lancé par une force mystérieuse, le ras de marée surmontait leurs eaux, les couvrait par une autre mer bouillonnante et formait, à leur surface, un courant furieux dont la direction était contraire au mouvement des vagues. Derrière ce grand mascaret océanique rugissait le vent de la tempête.

Illehüe, les Caraïbes, Charles, Mahurec, qui étaient accourus en présence du danger, se couchèrent sur la terre, en s'accrochant aux plantes, pour ne pas être enlevés et roulés comme des feuilles sèches jusque dans la mer.

En un clin d'œil, un effroyable désastre s'était accompli.

Les carbets, en dépit des précautions prises, avaient été renversés, détruits, anéantis, les moissons de maïs dispersées, arrachées, lacérées, les maniocs déracinés, les bananiers, les palmiers tordus, brisés, couchés, et emportés au loin. L'air était obscurci par les débris qui le remplissaient et qui étaient chassés, impétueusement, par une force dont le moteur était invisible. Les pauvres Caraïbes voyaient détruites en l'espace d'une seconde leurs cases, leurs plantations, leurs récoltes, et l'ouragan, en désolant l'île, laissait encore derrière lui la sombre perspective de la famine !

Puis, comme si ce n'eût pas été assez du fléau du vent réuni à celui d'une mer furieuse, d'un *ras de marée* formidable, les nuées orageuses, qui s'étaient abaissées jusqu'à la région des mornes et s'étendaient par tout l'horizon, crevèrent, à la fois, sur l'île et laissèrent tomber une cataracte diluviale, qui obscurcit l'air.

C'était une de ces pluies équatoriales, que l'on ne connaît pas en Europe, et qui, tombant en larges gouttes, inonda le sol, au moment où le tonnerre éclata simultanément sur tous les points du compas et illumina, de ses sillons anguleux, les nuages qui descendaient jusqu'à terre. Des étincelles électriques se mouvaient en tous sens, se croisant dans l'air, se choquant aux rochers, et le volcan de la Soufrière, situé au centre de Saint-Vincent, répondit, aux détonations de la foudre, par ses mugissements souterrains.

L'île entière frissonna sur sa base...

Une secousse effroyable de tremblement de terre acheva de détruire ce que n'avaient pu atteindre le vent et la mer.

C'était un cataclysme inouï, incroyable, impossible à décrire.

L'île continuait à trembler à croire qu'elle allait s'abîmer dans les gouffres de l'Océan, et les Caraïbes demeuraient frappés de stupeur et dans la plus horrible attente.

La mer montait rapidement, dégageant une chaleur qui raréfiait l'air. Ses vagues, hautes, couraient comme des rochers mobiles poussés par la rafale et se ruaient sur les blocs des coraux avec un bruissement que ne dominaient pas les éclats de la foudre et ceux du volcan réunis.

Les secousses violentes se succédant plus rapprochées, la terre se lézardait comme si elle allait se fendre dans toute sa profondeur.

Les torrents, formés par la pluie, mugissant au loin et s'élançant du sommet des montagnes, se précipitaient dans la plaine, se creusant un lit là où, quelques instants avant, se dressaient de belles moissons riches de promesses pour un avenir prochain.

Puis tout à coup la foule, assemblée sur le plateau, cramponnée aux herbes et implorant la miséricorde divine, poussa un cri d'horreur.

C'est que le vent, redoublant de fureur, déchirant subitement la nue qui voilait la haute mer, découvrit, par une percée de vue, une frégate de guerre, portant à sa corne le pavillon tricolore et qui, naviguant au plus près sous ses huniers, cherchait à fuir devant la tempête et à doubler le promontoire de la Soufrière pour échapper au double péril de l'ouragan et des écueils basaltiques.

— Tonnerre ! s'écria Mahurec qui, accroché en se retenant d'une main au rocher, tandis que de l'autre il essuyait ses yeux qu'aveuglait le pulvérin des vagues. Tonnerre ! s'il peut tenir contre le vent, le navire est sauvé !

Une exclamation gutturale de Charles et un nouveau cri de la foule répondirent à l'observation du matelot.

La frégate avait sa mâture coiffée avec ses voiles, et une rafale, plus irrésistible que les précédentes, rasa le pont du navire, emportant à la mer mâts et voiles, dont le poids pesant du seul côté opposé au vent et à la vague engagea le navire qui était perdu.

Deux encâblures le séparant à peine de la côte fatale, les vagues le soulevèrent, le roulèrent, l'emportèrent et le jetèrent sur les rochers aigus bordant le rivage, presque au pied du plateau sur lequel étaient groupés les Caraïbes épouvantés ; mais le bouillonnement des flots élevant, à leur surface, une masse de vapeurs humides et agitées, empêchait de distinguer les détails de cette horrible catastrophe. On ne voyait que la masse de la frégate prise entre les récifs et sur laquelle venaient se précipiter les lames du *ras de marée*.

Les vagues monstrueuses, déferlant en plein sur le pont, le parcouraient dans leur course furieuse, et, balayant tout sur leur passage, elles entraînaient, en se retirant, des débris de bois, de gréement, auxquels s'accrochaient en vain des grappes d'hommes entraînés dans l'abîme. Puis, passant sous la carène, soulevant le bâtiment, le balançant un moment dans les airs, le laissant retomber sur les coraux, les flaques d'eau démolissaient les bordages, faisaient craquer les flancs, entr'ouvraient la coque avec un bruit sinistre et déchirant; mais la frégate ne coula pas, accrochée qu'elle était aux pointes des récifs qui la retenaient suspendue.

Les flots, se ruant, se dressaient en mugissant, se tordaient, et s'enlaçaient sous les rafales du vent, faisant tourbillonner l'écume de la cime des vagues et chassant cette poussière d'eau fine et serrée, qui fouettait, jusqu'au sang, le visage des Caraïbes penchés au-dessus de l'abîme, et ne pouvant secourir le navire naufragé, car cette nuit, en plein jour, provoquée par les vapeurs, la pluie et les nuages, ne permettait que d'entendre les craquements du navire et les cris des naufragés.

Tout à coup Mahurec, qui, par son agilité de matelot, son intrépidité à toute épreuve et son sang-froid inaltérable au milieu du danger, s'était accroché le long du rocher et était descendu jusqu'à mi-côte du promontoire, Mahurec poussa un juron formidable.

— Ce sont des enfants de la France! cria-t-il ; c'est une frégate française!

En entendant prononcer ces paroles, Charles, qui s'était glissé en avant en se tenant toujours cramponné aux arbrisseaux pour ne pas être emporté par le vent, Charles s'arrêta brusquement et se rejeta en arrière.

Son visage, pâli par l'émotion, était devenu livide.

Mais ce moment d'hésitation fut court. Le sentiment de l'humanité domina tous les autres, et le jeune homme cria à Illehüe de lui faire donner des cordes.

— Des cordes? répéta le chef caraïbe avec surprise.

— Oui! des cordes! dit Charles dont les yeux étincelaient. Il ne sera pas dit que j'aurai vu périr tous ces malheureux sans au moins risquer ma vie pour en sauver quelques-uns!

— Le vent et le ressac vous briseront contre les rochers avant d'avoir atteint le navire, dit Illehüe en secouant la tête.

— Des cordes! des cordes! cria Charles sans répondre à l'observation du chef.

En ce moment, une secousse, plus violente que les précédentes, fit osciller l'île, et le plateau sur lequel se tenait la population caraïbe vacilla à faire croire qu'il allait s'écrouler dans la mer.

L'instant rapide pendant lequel la secousse eut lieu fut un siècle d'angoisse pour ceux qu'il menaçait.

La pluie, redoublant d'intensité, s'était transformée en véritable cataracte, et la foudre, éclatant avec un fracas horrible, inonda l'île entière d'une longue traînée de feu. Cette crise terrible parut annoncer la fin de la tempête.

L'eau, tombant du ciel avec une abondance indicible, eut l'heureuse puissance d'apaiser presque soudainement les flots, d'épuiser et de dissiper les plus gros nuages, et de purifier l'air des vapeurs qui le surchargeaient.

Le jour reparut, et un rayon de soleil, perçant les nues, vint se briser sur la surface de la mer.

Tous les regards se portèrent sur le lieu du sinistre. La frégate était toujours engagée dans les rochers, et, quoique la tempête diminuât sensiblement de fureur, la situation du navire n'en était pas moins terrible.

Les vagues du large, se brisant avec furie sur sa coque, s'efforçant de la démanteler et de la submerger, la menaçaient d'une destruction complète. Presque tout l'équipage avait dû périr, enlevé par le vent. Trois hommes s'étaient attachés au couronnement qui s'élevait au-dessus des flots. Près d'eux, un jeune enfant de sept à huit ans, qui avait jusqu'alors miraculeusement échappé au désastre, entourait, de ses petits bras, l'habitacle de la boussole placé près de la barre du gouvernail.

Le pauvre petit, demi-nu et le corps trempé d'eau, n'avait même plus la force de crier, tandis que ses compagnons poussaient des hurlements d'effroi, chaque fois qu'une lame du large, haute comme une montagne, s'élançait impétueusement sur eux pour les arracher et les entraîner à la mort.

Sans doute le corps de l'enfant, offrant moins de prise au vent et au flot, avait été ballotté, par eux, sans être entraîné, comme ces minces épaves que respecte la tempête, tandis qu'elle arrache des mâtures entières.

— Des cordes! des cordes! criait toujours Charles, tandis que Mahurec faisait le même appel.

Quelques Caraïbes, émus de pitié et comprenant la généreuse intention des deux Français, coururent à la place où s'élevait tout à l'heure le carbet, et là, fouillant les décombres, remuant la terre trempée d'eau, ils finirent par découvrir quelques brasses de ces solides filins avec lesquels ils forment des lazzos.

Les cordes, par bonheur, se trouvant être assez longues, Charles s'empara de la première et se l'attacha sous les bras; les Caraïbes se saisirent de l'autre bout.

La descente était périlleuse. Le rocher, très escarpé, était garni de pointes saillantes et hérissé de blocs aigus, dont l'approche était rendue plus dangereuse par la violence des vagues. Pour atteindre le pont du navire naufragé, il fallait parcourir verticalement un espace de plus de soixante pieds.

Les malheureux, échappés jusqu'alors à la mort, apercevant enfin un espoir de salut, tendaient les bras vers les Caraïbes et demandaient du secours d'une voix déchirante. Mahurec ne s'était pas trompé : c'étaient des Français.

Charles, sans hésiter, franchit l'escarpement du rocher et commença sa pénible descente, s'accrochant aux obstacles, profitant des fentes et soutenu par la corde que maintenaient les Caraïbes sous la direction d'Illehüe.

Mahurec, grâce à la vigueur de ses poignets, avait essayé, et sans aucun secours, à parvenir à descendre jusqu'au navire, pour accompagner son lieutenant dans sa dangereuse entreprise; mais aucun lien ne le soutenant, les vagues menaçaient, à chaque moment, de l'entraîner dans l'abîme.

Les Caraïbes lui jetèrent une corde à laquelle il s'amarra, et les deux Français continuèrent ensemble leur œuvre de sauvetage.

Les trois hommes demeurés sur la frégate fixaient sur eux leurs regards avides, bénissant les efforts tentés pour les arracher à une perte certaine.

Charles, glissant plus rapidement, atteignit un débris de bas mât demeuré encore debout.

Se servant de ce secours comme d'un pont pour arriver au couronnement, il allait s'élancer. Mahuree le suivait, lorsque les Caraïbes poussèrent un même cri d'effroi.

Une vague, plus grosse, plus violente que les précédentes, et telle que la tempête en se calmant en fait surgir encore comme un adieu suprême adressé, par l'élément destructeur, à la proie qu'il n'a pu complètement détruire, atteignant presque à la hauteur du rocher, se roulait avec un mugissement lugubre. Les naufragés lancèrent dans les airs un gémissement déchirant et tombèrent à genoux. Charles bondit sur le pont et saisit l'enfant cramponné à l'habitacle de la boussole ; la vague se ruait sur le navire. Tout disparut.

En voyant son lieutenant se précipiter tête baissée au-devant du péril, Mahuree avait voulu s'élancer à son tour ; mais la lame, bondissant sur le récif, l'avait violemment lancé contre la paroi du rocher. Se sentant entraîné par le ressac, le matelot, obéissant au sentiment instinctif de la conservation, s'était cramponné à un bloc de basalte.

Les Caraïbes, terrifiés, avaient retiré précipitamment à eux la corde à laquelle était attaché Charles ; mais, soit que le jeune homme se fût détaché volontairement, soit que la corde eût été brisée par la violence du choc ou coupée sur les angles aigus de l'écueil, elle était remontée légère et libre.

La vague se retirant en mugissant, la pluie d'écume qui obscurcissait l'air se dispersa au loin et un court instant de calme succéda à cette dernière convulsion de l'ouragan.

L'avant du navire, engagé entre les récifs, restait seul. L'arrière avait disparu entraînant dans sa ruine les trois hommes, l'enfant et le généreux sauveur qui s'était élancé vers eux.

Les débris du couronnement flottaient en s'entrechoquant sur la cime des vagues. Les Caraïbes, le corps penché sur l'abîme, interrogeaient les flots d'un regard anxieux.

Mahurec, les bras et les mains déchirés par les rochers aigus, plongeait ses yeux hagards sur cette mer furieuse, qui avait emporté Charles dans son ressac effrayant. Rien ne paraissait, et les débris seuls du navire se détachaient sur les flots écumants...

Ce fut, durant l'espace de deux ou trois secondes, une anxiété tellement poignante, tellement vive, que le cœur de tous ces hommes, suspendant ses fonctions, ne battait plus dans leur poitrine. Tous étaient haletants.... courbés sous la pression d'une horrible angoisse... tous attendaient...

Tout à coup Mahurec poussa un cri joyeux, une sorte de rugissement de triomphe. Un frémissement parcourut la foule, comme si elle eût été frappée par le fluide électrique.

Sur le dos écumeux d'une lame, on apercevait un homme luttant énergiquement contre la mort, nageant d'une main et soutenant de l'autre un corps qu'il s'efforçait de dérober aux vagues. Cet homme, c'était Charles.

Mahurec lâcha les parois auxquelles il se tenait suspendu, s'élança avec un élan furieux et disparut dans la mer. Le ressac le porta vers celui au secours duquel il venait de bondir.

Alors eut lieu un de ces combats sublimes, durant lesquels l'homme en dépit de sa faiblesse accepte la lutte avec des éléments furieux. Les deux marins, passant sous les lames, revenaient à la surface, nageant avec vigueur, écartant ou évitant les débris de la frégate, dont le choc les menaçait à tout instant.

Un moment, ils s'arrêtèrent pour reprendre haleine, s'encourager, se concerter.... et on put croire qu'à bout de forces ils allaient couler, mais ils reprirent la lutte acharnée qu'ils livraient à la mer.

Il était impossible d'aborder au point d'où ils s'étaient élancés tous deux. Les récifs se dressant de toutes parts, ils eussent été infailliblement brisés sur les rochers.

Il fallait, pour atteindre le rivage accessible, doubler la pointe de promontoire que formait le plateau sur lequel était la population des Caraïbes rouges.

Après des efforts inouïs, cette pointe fut enfin doublée.

De l'autre côté, le flot était moins impétueux et s'abaissait sensiblement : le danger était moindre, mais d'énormes blocs de basalte, qui surgissaient dans la mer, rendaient encore l'abordage difficile.

Les Caraïbes avaient quitté le plateau et s'étaient élancés vers le rivage. Dix hommes se jetèrent résolument à l'eau, se tenant par la main et formant une chaîne vivante, qui s'allongea dans la mer, tandis que le premier, faisant maillon, se retenait à un rocher. Les deux nageurs étaient sauvés !...

Les Caraïbes, les couvrant de leur corps pour éviter le choc des lames, les entraînaient vers le rivage. La population, demeurée spectatrice, les salua en poussant des cris d'allégresse.

Charles tenait entre ses bras l'enfant qu'il avait si miraculeusement arraché à une mort certaine, en bravant, pour le sauver, le plus horrible trépas. Le pauvre petit être était évanoui et ne donnait aucun signe d'existence.

Charles, harassé par la lutte, brisé par les efforts qu'il avait faits, le corps déchiré par les écueils, eut à peine la force de remettre son précieux fardeau aux mains d'Illehüe, qui s'avançait vers lui, car aux premiers pas qu'il fit sur le sable fin de la plage il s'affaissa sur lui-même et il tomba épuisé aux pieds de ses sauveurs.

Rien alors, dans l'atmosphère, ne décelait plus l'effrayant passage du terrible phénomène qui venait de se produire. Ce qu'il y avait d'étrange, c'était que l'ouragan, gardant ses suprêmes fureurs pour anéantir les derniers débris du navire sur lequel il s'était rué avec tant de rage, le désastre accompli, la nature entière entra dans le calme et la sérénité, et la tempête n'existait plus.

La mer, calme tout à coup et comme par enchantement, ne subissait aucun souffle du sud, et la brise rafraîchissante des vents alizés, baignait l'île de son haleine parfumée. Le soleil resplendissait dans un ciel sans nuages, et en regardant l'Océan tranquille et l'horizon éthéré, en songeant à l'ouragan, on eût été tenté de croire à quelque mauvais rêve accompli.

Mais le spectacle de la terre détrempée et inondée ramenait à la triste réalité. L'île, tout à l'heure si belle, si riche, si verdoyante, n'offrait plus qu'un horrible chaos! Les traces des cultures, celles des habitations, avaient disparu. Les arbres étaient déracinés, les feuilles, hachées, jonchaient le sol, les rivières, débordées, inondaient la plaine.

La malheureuse population caraïbe avait tout perdu en moins d'une heure, et le fléau laissait, derrière lui, l'affreuse perspective de la famine et de la misère.

Laissant Charles aux soins de Mahuree, et l'enfant dorloté par Étoile-du-Matin, qui accourait des mornes avec les femmes, Illehüe, rassemblant autour de lui les chefs et les vieillards, tint conseil pour les mesures les plus urgentes à prendre.

Charles reprenait ses forces et revenait à la vie.

Cet enfant, charmant petit garçon, aux yeux bleus, aux cheveux blonds, à bouche mignonne et aux formes délicates, promenait, sur les femmes, ses regards étonnés et inquiets. Le pauvre petit être, l'esprit troublé par la catastrophe dont il avait failli être victime, et à laquelle il avait seul échappé, paraissait chercher à comprendre où il se trouvait et ce qu'étaient ces gens qui l'entouraient et lui prodiguaient leurs soins.

Étoile-du-Matin, après lui avoir fait rejeter l'eau de mer qu'il avait bue, après avoir enlevé, avec des ablutions d'eau de pluie, l'eau salée qui s'était attachée à sa peau et qui l'aurait corrodée, l'avait enveloppé de nattes imperméables en fils de palmier. Ainsi vêtu, elle le prit par la main et le conduisit vers son sauveur.

IV

LA BOITE DE FER-BLANC

Charles était assis sur un morceau de rocher. Remerciant la jeune fille d'un regard éloquent, il attira à lui l'enfant, qui baissait sa petite tête blonde, et se penchant pour mieux voir son visage, il le contempla avec une attention profonde... Mais à peine eut-il fait ce premier examen que Charles poussa un cri rauque. Enlevant brusquement l'enfant dans ses bras, il lui tourna la face vers le soleil pour être mieux à même d'inspecter ses traits.

Charles était devenu d'une pâleur livide ; puis, par l'effet d'une réaction violente, à cette pâleur succéda une rougeur ardente. Ses yeux, fixes, fiévreux, étincelants, semblaient dévorer l'enfant, qui tremblait sous ce regard étrange. Sa bouche, crispée, s'entr'ouvrit deux fois comme pour formuler une pensée, et un second cri s'échappa de sa gorge. Enfin ses mains frémissantes laissèrent glisser à terre le corps qu'elles retenaient, et Charles, se renversant en arrière, éclata en sanglots convulsifs. L'enfant, étonné, se recula avec crainte.

Mahurec, Étoile-du-Matin, les Caraïbes, qui entouraient le jeune homme, regardaient Charles avec une stupéfaction profonde. Personne ne comprenait la cause de cette émotion extraordinaire et si forte.

Tout à coup Charles, faisant un violent effort sur lui-même, parut se calmer brusquement. Revenant à l'enfant, qu'il saisit d'une main agitée, il l'attira à lui.

— Le nom de ton père? demanda-t-il d'une voix stridente.

— Je ne sais pas... balbutia l'enfant effrayé.

— Celui de ta mère?

— Je ne sais pas...

— Quoi! n'étaient-ils pas avec toi sur le navire?

— Non... non!... oh! vous me faites peur!

Et l'enfant, s'arrachant des mains qui le retenaient, se jeta dans les bras d'Étoile-du-Matin. Charles attacha sur lui un regard sombre.

Il ne se lassait pas d'examiner, avec une attention que rien ne pouvait distraire, chaque ligne de ce gracieux visage, et, de temps en temps, un soupir s'échappait de sa poitrine, ses traits se contractaient et une sueur abondante couvrait son front.

— C'est impossible!... impossible!... murmura-t-il en s'efforçant de détourner ses regards.

Mais l'étrange fascination dont il subissait l'effet, dominait sa volonté; ses yeux demeuraient fixes sans pouvoir se détacher de celui qu'ils contemplaient.

— C'est elle, pourtant! c'est elle! répétait-il alors; ce sont là ses traits charmants! c'est bien là sa vivante image.

Enfin, s'arrachant à cette muette extase, il se leva, marcha vers l'enfant, et, se mettant à genoux devant lui, pour placer son visage à la hauteur de celui de la mignonne et tremblante créature:

— Ta mère? lui demanda-t-il d'une voix douce, ta mère, où donc l'as-tu laissée?

— Maman? dit l'enfant, je ne sais pas...

— L'aimes-tu?

— Je ne sais pas...

— Comment! tu ne sais pas si tu aimes ta mère?

L'enfant, qui se rassurait peu à peu, regarda Charles avec de grands yeux étonnés, puis, tournant la tête vers Étoile-du-Matin et la désignant du doigt :

— Maman, dit-il, est-ce que c'est cette dame-là ?

Charles fit un geste de surprise.

— Quoi ! dit-il, ne connais-tu pas ta mère ?

— Non, fit l'enfant en secouant ses blonds cheveux, je ne l'ai jamais vue... On m'a dit qu'elle était là-haut auprès du bon Dieu, dans l'autre monde....

— Morte ! s'écria Charles avec stupeur.

— Et, continua l'enfant, hier un matelot me disait, en me montrant une grande tache tout là-bas, là-bas... sur la mer : « Voilà l'autre monde ! » Alors j'ai dit : « Ah ! je vais voir maman ! » Dis, monsieur, est-ce que c'est cette dame-là ? car j'y suis maintenant dans l'autre monde, n'est-ce pas ?

Charles, Mahurec et Étoile-du-Matin échangèrent un long regard miséricordieux qui se reporta ensuite sur le pauvre orphelin. Illehüe contemplait cette scène sans chercher à l'interrompre.

Charles reprit l'enfant dans ses bras, puis une pensée subite et douloureuse traversa sans doute son esprit, car, repoussant presque le pauvre petit, il lui dit d'une voix rude :

— Et ton père, où est-il, lui ?

— Papa ?... il est avec maman... là-haut !...

— Mort aussi ?

L'enfant ne répondit pas ; il s'était rapproché d'Étoile-du-Matin et jouait avec le collier de fleurs qu'elle portait sur les épaules.

— Mort ! répéta Charles. Ainsi, si elle m'a oublié, si elle en a aimé un autre, si cet enfant est son fils, je ne puis même plus venger mon amour outragé ! Oh ! les hommes ! les hommes ! que n'aurai-je pas souffert par eux !

Mahurec, qui cherchait en vain à comprendre le sentiment auquel obéissait son lieutenant, se rapprocha à son tour de l'enfant.

— Eh! petit! fit-il en se baissant vers lui, sais-tu d'ousque venait le navire qui t'a apporté?

— Le navire? répéta l'enfant.

— Oui.

— Eh bien! il venait de chez nous, donc!

— Et ous que c'est, chez vous?

— Tiens! c'est chez nous, tu sais bien? où il y a de beaux pommiers... et puis une belle maison... et puis les vaches à la mère Anne, là-bas... là-bas!...

— De l'autre côté de la mer?

— Oui.

— Et qu'est-ce que tu faisais chez toi?

— Tiens! je m'amusais, donc... je jouais, puis je chantais la belle chanson au père Taille-Lame, tu sais bien? celle qui dit comme ça...

Et l'enfant se mit à chanter, sur un refrain traînant, ces vers de la vieille chanson bretonne :

Kanolerien, sonet ho son,
Ma imp d'ei, ma h. ma itron (1).

En écoutant, Mahurec avait tressailli si violemment que, son pied rencontrant une pierre, il avait failli tomber à la renverse.

La mâle figure du matelot était devenue subitement cramoisie, ses mains s'étaient unies avec un claquement sonore, et un formidable juron s'élança de ses lèvres.

— Un Breton! s'écria-t-il avec une joie délirante, un Breton! T'es Breton, mon petit gars! Breton!... Entendez-vous, mon lieutenant? c'est un Breton! c'est un pays! Ah! oui, que je la sais, ta romance, et d'autres encore! Tiens! la ronde de Brest!

Et Mahurec, transporté par la vue d'un enfant de sa vieille terre bretonne, se mit à chanter d'une voix tonnante :

A bord d'un trois-mâts,
Z'y a quatre mâts
Sans compter les mâts de hune!

(1) <center>Canonniers, jouez votre air,
Que nous dansions, moi et ma dame!
(Chanson de combat de la Surveillante.)

— Je la sais ! je la sais aussi ! interrompit l'enfant en sautant de joie.

Et continuant, de sa voix claire, sur l'air commencé par Mahurec :

> A bord d'un trois-ponts,
> Z'y a quatre ponts
> Sans compter l'faux pont ! et d'une !

— Il sait des chansons de matelots ! s'écria Mahurec dont les yeux se mouillèrent de larmes. Il connaît les refrains du gaillard d'avant ! Tonnerre de Brest ! mon lieutenant, vous avez crânement bien fait de risquer votre peau pour cet amour-là !

Mahurec saisit l'enfant, l'enleva de ses mains puissantes et l'embrassa sur ses joues, encore pâlies, avec une effusion attendrissante.

Puis, campant l'enfant sur son bras gauche replié, et se tournant vers les Caraïbes :

— C'est un Breton ! dit-il d'une voix émue, c'est un Breton, entendez-vous ? V'là un Breton ! Regardez-moi ça, hein ? ça n'a pas votre peau de caronade mal astiquée ?

Et le matelot, dont la joie débordait dans chaque geste, dans chaque parole prononcée, faisait sauter le petit bonhomme qui criait de plaisir.

Mais cette scène singulière et que la joie naïve de Mahurec rendait émouvante, fut brusquement interrompue par un incident inattendu.

Mahurec s'était rapproché de Charles et lui présentait l'enfant. Le jeune homme se releva d'un bond.

— Emporte cet enfant ! dit-il d'une voix rude. Emporte-le, emmène-le ! je ne veux pas le voir.

Le matelot s'arrêta stupéfait.

— Hein ? fit-il, comme s'il pensait avoir mal entendu.

— Emmène-le ! répéta Charles avec une sorte de rage, emmène-le ! sa vue me fait mal.

Il y avait, dans l'accent avec lequel furent prononcées ces paroles, quelque chose de tellement impératif et de tellement douloureux que Mahurec se retourna vivement et il remit le petit être à Étoile-du-Matin.

— Emportez-le, mademoiselle, dit-il d'un air triste ; mais ayez-en bien soin, c'est un Breton, voyez-vous ! Mon lieutenant ne l'aime pas aujourd'hui, mais, vous savez ? c'est pas par mauvais cœur... Demain, il l'embrassera ! Emmenez-le, soignez-le bien !... Pauvre petit chérubin !

La jeune fille prit l'enfant et l'entraîna derrière le groupe des Caraïbes. Mahurec revint vers Charles qui, en ne voyant plus l'enfant, semblait s'être calmé subitement.

Pendant ce temps, un Caraïbe qui, avec quelques-uns de ses compagnons, s'occupait à recueillir sur le rivage les épaves du naufrage et les débris provenant de la frégate, que la mer rejetait sur la côte, s'avança dans l'eau vers un récif, et, se penchant, il parut ramasser un objet précieux.

Regagnant la plage, il courut vers le chef et lui remit sa trouvaille. C'était une boîte en fer-blanc, hermétiquement fermée et semblable à celles dans lesquelles les officiers de marine, à l'heure du danger, déposent les papiers qu'ils veulent soustraire à un naufrage.

Illehüe prit la boîte, l'ouvrit et en tira plusieurs papiers pliés en forme de dépêches. Se levant alors, il quitta le cercle des vieillards et se dirigea vers Charles.

Illehüe lui remit la boîte ouverte.

Charles s'en saisit vivement et il prit les papiers dont deux étaient sous enveloppe et cachetés. Ces deux papiers, ressemblant à des dépêches, ne portaient aucune suscription. Sans doute ces papiers appartenaient à l'officier commandant le navire naufragé et il avait reçu des ordres concernant ceux auxquels il devait remettre ces dépêches. Charles en examinait le cachet.

« Liberté... égalité... fraternité... lut-il avec étonnement. République française ! »

Ses regards stupéfaits se levèrent sur Mahurec.

— République française ! répéta-t-il ; qu'est-ce que cela veut dire ?...

— République française ! dit Mahurec ; connais pas ce pays-là !

Charles hésita un moment ; puis il rompit les cachets d'une main frémissante et se mit à parcourir les dépêches.

Tout à coup il poussa un cri de stupeur.

— Le roi est mort ! dit-il.

— Alors, vive le roi ! cria Mahurec.

— Non, interrompit Charles ; le roi est mort et la royauté est morte, avec lui, en France !... Louis XVI a péri sur un échafaud !

— Hein ? quoi ? Qu'est-ce que vous me racontez là, mon lieutenant ? Qu'est-ce que chantent ces paperasses ?

Charles ne répondit pas, car il prenait d'autres papiers et il les lisait à voix basse avec une agitation extrême.

Le navire, qui venait de périr, devait être un courrier envoyé par la Convention aux colonies françaises des Antilles, puisqu'il était chargé de dépêches importantes.

Le jeune homme qui, depuis cinq années, était absolument privé de toutes nouvelles de France, ignorait, par conséquent, tous les événements accomplis durant cette période. Quand il avait été recueilli par les Caraïbes, Louis XVI était encore sur le trône, et rien ne pouvait alors faire supposer la catastrophe dont il était menacé. Charles se trouvait donc transporté d'un même coup, sans transition, des meilleurs jours de la royauté aux plus terribles de la Révolution.

Les dépêches et les papiers venant de France portaient la date des premiers jours de février 1793. Des journaux étaient joints à ces papiers, et tous, avec l'esprit du temps, donnaient le précis des événements.

Et Charles, oubliant tout ce qui était arrivé, lisait, avec une avidité fiévreuse, ces nouvelles étranges et terribles auxquelles il était si loin de s'attendre, et qui venaient le trouver, lui, pauvre exilé dans un autre hémisphère, alors que, depuis cinq ans, il avait vu déçues, successivement, toutes ses tentatives pour obtenir des renseignements sur ce qui concernait sa patrie.

Mahurec, ne sachant pas lire, attendait, avec une grande anxiété, que son lieutenant le renseignât. Charles lisait toujours, mais il releva la tête avec un éclair dans ses yeux.

— Mahurec, dit-il d'une voix brève, je puis retourner en France !

Le matelot poussa une exclamation de joie. Etoile-du-Matin, qui avait confié l'enfant à ses compagnes, et qui était revenue vers Charles, détourna la tête en entendant ces paroles, et elle poussa un soupir en s'appuyant contre le tronc élancé d'un palmier.

V

LE CONSEIL

Dans ces régions équatoriales, le soir et l'aurore n'existant pas, on a le jour et la nuit, la nuit et le jour se succédant sans la moindre transition.

Ainsi, quand le soleil descend dans les flots, à son dernier rayonnement, s'étend une vaporeuse couche violette à l'horizon et, tout à coup, la teinte disparaît et des myriades d'étoiles s'étalent et se groupent sur un ciel d'azur foncé.

Les nuits sont claires, la rosée abondante, et la brise caressante, imprégnée de toutes les émanations des fleurs, provoque un sommeil bienfaisant.

Cette nuit-là, qui succéda au cataclysme du jour, était dans toute sa beauté.

Les familles des Caraïbes rouges, auxquelles s'étaient jointes celles des Caraïbes noirs, privées de leurs carbets détruits et anéantis, s'étaient réfugiées dans ces pittoresques cavernes voûteuses et taillées, en plein, dans ces blocs de basalte qui s'étaient formés, jadis, par les éruptions des nombreux cratères qui avaient envahi l'île.

Des crevasses successives, des interstices assez larges, des ouvertures fendues offraient des débouchés aux courants opposés de cet air embaumé et rafraîchissant de la nuit. La lune éclairait aussi, de ses rayons tremblants et argentés, l'intérieur de la caverne où les malheureux habitants de l'île s'abritaient confiants dans leurs chefs et espérant qu'ils ne souffriraient pas de la famine menaçante.

C'est qu'effectivement tout était perdu ; car Saint-Vincent était si dévasté qu'il ne restait pas un fruit à une branche.

Les racines séculaires le *manioc* et l'*igname* avaient échappé dans la terre à la destruction, quoique leurs tiges eussent été coupées au ras du sol. On les retrouvait sous les alluvions apportées des montagnes par les torrents ; mais cette subsistance insuffisante, si elle pouvait permettre à la population d'attendre quelques jours, ne devait pas suffire pour la conduire jusqu'à une prochaine moisson.

Illebüe, le chef des Caraïbes noirs qui était venu se joindre à lui et les principaux vieillards des deux races, avaient épuisé tous les avis. Un seul était bon ; malheureusement les circonstances le rendaient impraticable.

A une époque éloignée, que ne pouvaient exprimer les chiffres de la langue caraïbe, un galion espagnol était venu, à son retour du Mexique, se briser sur les rochers de Saint-Vincent. Il en avait été retiré, avec des objets utiles, des barils remplis d'or monnayé. Les Caraïbes, n'ayant que faire de ce trésor, l'avaient enfoui dans une caverne des mornes, et le secret de cet endroit n'était connu que par la tradition qu'en conservait le grand chef.

Il avait donc été proposé, dans la situation critique où l'ouragan avait mis les Caraïbes, de prendre sur ce trésor une somme nécessaire pour aller à la Trinité et acheter dans cette île espagnole toutes les sortes de vivres dont Saint-Vincent avait le plus pressant besoin.

Mais les tentatives récemment faites à l'instigation de Charles avaient prouvé que la mer n'était pas libre, et en voulant atteindre la Trinité la pirogue de guerre qui s'y rendrait avait toutes les chances contraires pour être capturée ou coulée, soit à son aller, soit à son retour. D'ailleurs une voix aimée et toujours écoutée manquait au conseil : c'était la voix de Fleur-des-Bois, dont l'absence encore inexpliquée jetait dans tous les esprits la plus douloureuse inquiétude.

Charles, contre ses habitudes, n'avait pas assisté les chefs de sa présence. Emportant dans une caverne tous les papiers trouvés dans la boîte, rien n'avait pu l'arracher au besoin impérieux qu'il éprouvait d'en prendre connaissance.

Mahurec, assuré qu'Étoile-du-Matin s'était occupée de son petit protégé, était revenu près de son lieutenant. Tous deux, assis sur la mousse au fond de la grotte naturelle éclairée par une torche de gommier, avaient, épars devant eux, les journaux froissés et dépliés.

Charles avait mis le matelot au courant des événements qui s'étaient accomplis en France, et tous deux, le front chargé de pensées qu'avaient fait naître ces sinistres nouvelles, réfléchissaient aux conséquences de cette révolution qui avait déjà causé la mort de tant d'innocentes victimes. Mais, au milieu de ces réflexions qui se pressaient en foule dans l'esprit de Charles, une surtout revenait incessamment à sa pensée : c'était que la forme du gouvernement étant changée de fond en comble, que toutes les anciennes institutions étant anéanties, que toutes les lois qui régissaient le royaume étant abrogées et méconnues par la République, l'entrée de la patrie redevenait libre pour tous ceux devant lesquels elle était jadis fermée.

— Je puis rentrer en France, répétait Charles avec une voix convulsive, je puis retourner dans ma patrie, revoir mes amis, chercher les ennemis qui m'ont fait tant de mal, et me venger enfin de tout ce que j'ai souffert ! Je puis les revoir, elles, si elles existent encore, si la ressemblance étrange de cet enfant est bien réellement un caprice du hasard !... Comprends-tu, Mahurec?... Oh ! pourquoi Henri n'est-il pas près de nous ?

Et Charles, se levant brusquement, parcourut à grands pas la caverne.

— Nous partirons, Mahurec ! reprit-il d'une voix ferme. Nous partirons ! ne t'ai-je pas dit déjà qu'il fallait quitter Saint-Vincent? que l'honneur nous contraignait à abandonner cette île ? Nous partirons ! mais écoute, Mahurec ! écoute, mon vieux matelot, mon seul ami ! Celui qui a quitté la France, il y a huit ans bientôt, se nommait le marquis d'Herbois ! Il était dégradé de sa noblesse, privé de son rang dans l'armée, déclaré infâme par tous, condamné par la cour criminelle comme assassin et incendiaire ; le roi, par pitié pour lui, avait daigné commuer sa peine en une déportation perpétuelle... Et bien ! le marquis d'Herbois est mort, innocente victime de l'erreur des juges et de l'horrible infamie des accusateurs !... Son nom, rayé du livre d'or de la noblesse française, n'existe plus ! Qu'il ne soit jamais prononcé ! Celui qui rentrera en France se sera fait, avant de toucher le sol de la patrie, un nom illustre dont la réputation l'aura précédé... Celui-là ne sera plus noble par ses ancêtres, mais par ses propres actions ! Pour chercher ses ennemis, les découvrir, les punir, il faut de l'or et de la puissance ! Celui-là aura la richesse et la force ! Mahurec, l'horizon qui s'ouvre devant moi est sillonné de dangers, mais il peut être encore resplendissant de bonheur, de gloire et d'espérance ! Non, Blanche ne m'a pas oublié ; non, Blanche ne m'a pas cru coupable ! Cela ne saurait être ! Je la retrouverai, Mahurec ! Je lui rendrai le bonheur, et je la vengerai de tout ce qu'elle aura souffert. Blanche sera ma femme et Léonore deviendra ma sœur... Je les vengerai toutes deux, je vengerai Henri ! La France est en guerre avec l'Angleterre, Mahurec ; avant d'être noble, je suis Français... Eh bien ! tout ce que je viens de te dire, je l'accomplirai, j'en fais le serment, si quelque boulet anglais ne m'arrête pas dans ma route ! Me comprends-tu ?

Mahurec s'était levé lentement et s'était rapproché du jeune homme comme si les paroles prononcées l'eussent attiré peu à peu. Sa mâle et rude physionomie reflétait une émotion profonde : ses yeux brillaient comme des charbons incandescents. Au dernier mot de Charles, il lui saisit les mains.

— Hier, lui dit-il d'une voix vibrante, en essayant de forcer la ligne des croiseurs, j'ai relevé au vent une corvette anglaise proprement gréée, taillée pour la course comme une anguille de mer, passant dans la lame comme un marsouin, montrant le nez de ses caronades par douze sabords peints en rouge sur une ceinture noire, un bijou, quoi ! Elle tenait le cap sur Kingstown, j'en jurerais. Ah ! c'est ça qui ferait un crâne corsairien ! Pas vrai, mon lieutenant ?

Charles ouvrit les bras et serra Mahurec contre sa poitrine.

— Tu m'as deviné ! murmura-t-il.

Mahurec fit un bond en arrière et battit dans l'air un entrechat digne d'un danseur émérite.

— Tonnerre de Brest ! s'écria-t-il en retombant à terre. A toi z'à moi la paille de fer ! En avant les abordages ! Laisse arriver tout en plein ! Croche l'Anglais ! Feu partout ! De l'agrément d'un bord à l'autre ! Je m'embêtais dans ce pays de terriens comme un culot de gargousse au fond d'un parc aux boulets ! C'est dit, mon lieutenant ! Que la drisse du pavillon déploie au vent le drapeau blanc ou la flamme aux trois couleurs, c'est le drapeau de la France, et nous le clouerons sur la mâture au-dessus du yacht anglais renversé ! A nous les parts de prises ! A nous les coups de la bombance ! Ah ! tonnerre de Brest ! Mahurec se souvient encore de son serment ! En haut tout le monde ! Voilà le *Roi des gabiers !*

En achevant ces mots, que le matelot avait prononcés dans l'élan de sa joie et tout d'une haleine, il bondit vers le sommet de la caverne, s'accrocha à une liane rampante qu'il saisit au vol, s'enleva à la force des poignets avec une agilité et une vigueur merveilleuses, et ressautant sur le sol rocailleux :

— As pas peur, mon lieutenant ! ajouta-t-il en se frappant successivement les deux bras. On a encore de ça, quoiqu'il y ait longtemps qu'on soit rouillé !

— Alors, dit Charles, tu es prêt ? Tu m'accompagnes ?

— Au bout du monde ! Au fond de la mer ! Partout !

Charles fit signe au matelot de le suivre.

— Viens ! dit-il.

Le jeune homme quitta la caverne. Sur sa physionomie énergique on pouvait lire, à la clarté resplendissante des étoiles, qui font des nuits des tropiques le plus doux et le plus charmant des jours, une détermination ardemment prise. Les deux Français se dirigèrent rapidement vers le lieu où Illehüe tenait conseil.

Les Caraïbes étaient toujours dans la même incertitude, dans la même anxiété sur les moyens à prendre, moyens que les circonstances rendaient urgents d'adopter. Au moment où Charles et Mahurec s'approchaient, Illehüe, parlant encore du trésor enfoui, en revenait au dessein proposé déjà par lui et qui était de tenter d'utiliser ce trésor en se rendant à la Trinité. Mais les objections concernant les Anglais s'élevaient de toutes parts.

Charles avait pu entendre et comprendre parfaitement ce dont il était question. Tout à coup il s'élança au milieu du groupe des chefs et des vieillards.

— Mes amis, dit-il en s'adressant à tout l'auditoire, il y a cinq ans, vous m'avez sauvé la vie. Depuis ce moment, vous m'avez prodigué vos soins, votre amitié ; vous avez partagé avec moi vos fatigues et vos dangers, vos joies et vos plaisirs. J'ai vécu parmi vous en frère et j'ai trouvé en vous une famille nombreuse et dévouée. Aujourd'hui le destin vous frappe, le malheur vous accable, je veux payer mes dettes ! Les ennemis de la France sont encore les vôtres ! Les Anglais nous font à tous une guerre acharnée. C'est entre leurs mains qu'est tombée, je le crains, j'en suis sûr, la fille de votre grand chef. Ce sont eux encore qui se montrent entre vous et les secours que vous espérez pour combattre la famine. Ce sont eux enfin qui, voulant profiter de votre état de détresse, dont ils seront promptement instruits, tenteront de forcer les passes et de s'emparer de la Cabesterre pour vous réduire en esclavage ! Eh bien ! donnez-moi, sur ce trésor dont vous parlez, cinquante piastres ; donnez-moi, parmi vos guerriers, les plus braves, les plus alertes, les plus rusés, vingt hommes sachant aussi bien gouverner une pirogue que manier leurs armes ! Laissez-moi agir sans me demander d'avance compte de mes actions ! Accordez-moi huit jours, et au bout de ce temps je te ramènerai ta fille, Illehüe ; je retrouverai Fleur-des-Bois si elle est encore vivante. Je te mettrai à même d'assouvir ta douleur par une vengeance terrible, si elle est morte. Je ramènerai dans cette île l'abondance des vivres frais, je vous sauverai de l'horrible situation où vous a jetés l'ouragan, et pour chaque piastre que vous aurez prêtée vos hommes vous rapporteront une chevelure anglaise. Oui, je ferai cela, je vous le jure, et je prends à témoin de mon serment mon Dieu à moi, le Dieu des chrétiens !

Charles s'arrêta et croisa ses bras sur sa poitrine, attendant une réponse.

Illehüe consulta du regard tous ceux qui l'environnaient, et se levant ensuite :

— Mon fils, dit-il d'une voix grave et solennelle, l'Esprit supérieur des blancs t'inspire ! Nous t'avons vu combattre parmi nous, et aucun de nos guerriers ne peut te refuser le titre d'un grand chef. Tu auras les cinquante piastres que tu demandes. Tu choisiras parmi nous, ceux que tu voudras emmener avec toi. Nous attendrons le temps que tu nous marques. Sauve les Caraïbes des malheurs qui les menacent. Ramène Fleur-des-Bois à son père ! Que ton Dieu, le Dieu des chrétiens, se joigne au nôtre, et que tous deux te protègent.

VI

LA SOUFRIÈRE

La chaîne des montagnes abruptes, séparant l'île d'un écueil à l'autre, élevait une barrière infranchissable aux Anglais qui ne pouvaient attaquer les Caraïbes, car aucune vallée ne coupant cette succession de rochers, les escarpements ne laissaient qu'un étroit sentier pratiqué au sommet, et presque tous ces défilés fermés par les Caraïbes à l'aide d'énormes abatis et de blocs de rochers gigantesques offraient un obstacle invincible.

Les cols qui avaient été laissés ouverts étaient gardés par des vigies chargées de donner l'alarme en sonnant du *lambis* ou en allumant de grands feux sur les crêtes, et dont les bûchers, toujours prêts en bois de *gommier*, pouvaient être enflammés en quelques secondes.

Mais, à côté de ces vigies humaines, il en était d'autres appartenant à la race animale, et dont les instincts servaient merveilleusement les intérêts des Caraïbes. C'étaient ces chiens lévriers de race espagnole, intelligents, grands comme des loups, agiles comme des panthères, féroces comme des tigres, et qui formaient une ligne de sentinelles vigilantes et farouches autant qu'on pouvait le désirer.

Leurs habitudes, qui les rendaient propres à ce service, leur avaient donné et bien certainement mérité, sur les terres anglaises, une réputation effrayante. Quand un nègre des habitations coloniales de la Basse-Terre, voisines des montagnes, venait à manquer, on accusait aussitôt les lévriers caraïbes de l'avoir étranglé et dévoré, ce dont ils étaient parfaitement capables.

Au centre de cette chaîne, rendue inaccessible tant par la nature que par les soins des Caraïbes, se dressait la montagne de la Soufrière, dont l'aspect élevé dominait l'île.

Le cône de ce volcan se projetait jusqu'à la région des nuages. De sa base on apercevait, par un ciel clair, Sainte-Lucie et la Martinique, la Grenade et son archipel de petits îlots.

Les grands arbres qui ceignaient cette base disparaissaient aux approches de ses versants supérieurs. Le sommet circulaire du volcan était creusé profondément et contenait un vaste bassin, que bordait de toutes parts un orle de plus de cinquante pieds de profondeur. Le fond de ce bassin était d'un sol argileux, fendillé, lézardé, coupé par des crevasses de toutes grandeurs, d'où jaillissaient d'abondantes fumeroles blanchâtres, s'élevant dans l'air en se colorant des couleurs de l'arc-en-ciel.

Vers le milieu de ce grand bassin volcanique se projetait un piton d'une grande élévation, et dont on n'aurait pas pu escalader les parois presque verticales, si des arbrisseaux n'y avaient pris racine et ne l'avaient couvert jusqu'à sa cime aiguë. Du haut de ce sommet, on découvrait les campagnes cultivées de la Basse-Terre, les habitations anglaises, cultivées avec un soin extrême, les toitures des maisons de la ville de King-stown, et aussi le port et la rade, dans lesquels se balançaient les navires.

Outre les passes des montagnes, il existait encore

une voie de communication entre les deux parties de l'île ; mais cette voie, extrêmement périlleuse, n'était guère praticable que pour les chèvres ou pour les Caraïbes au pied agile.

C'était une sorte d'escalier avec un sentier en corniche, taillé naturellement dans les récifs bordant la mer. Cette corniche, très étroite, bordée à droite par une muraille à pic, l'était à gauche par un effrayant précipice au fond duquel se ruait une mer agitée, avec un ressac incessamment furieux. Un faux pas, une pierre roulante, un étourdissement eussent suffi pour faire engloutir un homme dans ce véritable chemin du diable, dont les Caraïbes noirs avaient multiplié encore les dangers naturels.

Le matin qui succéda à cette nuit où le conseil des deux chefs et des vieillards avait accepté la proposition faite par Charles, deux hommes, le fusil à la main, contournaient l'aile du volcan, se dirigeant vers les possessions anglaises. Ces deux hommes étaient Charles et Mahurec.

Arrivés à l'extrême limite du pays caraïbe, tous deux s'arrêtèrent, explorant du regard l'horizon qui s'offrait en face d'eux. A une courte distance s'élevait une habitation coquette, encaissée dans un bouquet de palmiers, et qui formait la tête de la ville du côté opposé au port dont on voyait les extrémités des mâtures.

— C'est là qu'il faut aller, dit Charles en désignant du doigt l'habitation.

— Mais, fit observer Mahurec, cette maison n'est pas déserte, mon lieutenant, et nous allons être reçus à coups de mousquets.

— Pouvons-nous exécuter nos projets avec les vêtements que nous possédons ? dit Charles en désignant sa culotte de toile et sa chemise grossière.

— Non, c'est vrai...

— Eh bien ! alors ?

— Allons ! répliqua Mahurec sans sourciller.

Les deux hommes se remirent en marche. Des buissons épineux formaient la haie de chaque côté, et ils allaient s'engager sur le versant opposé de la montagne, lorsqu'un bruit léger leur fit brusquement tourner la tête.

Charles et Mahurec firent craquer les batteries de leurs fusils et attendirent, l'arme en arrêt. Le bruit avait cessé, mais les branches s'écartèrent et une tête jeune et charmante apparut au-dessus du sentier. C'était le gracieux visage d'Etoile-du-Matin.

Charles, étonné, ouvrait la bouche pour formuler une question sans doute, mais la jeune fille posa un doigt sur ses lèvres pour lui recommander le silence et sauta légèrement près de lui. Sans dire un mot, elle fit signe aux deux Français de se courber vers la terre, et, dans cette situation, par l'interstice des troncs privés de feuillage, elle leur montra l'autre bord de l'orle du volcan.

A cent pas de l'endroit où ils se trouvaient, sur la limite des possessions anglaises, quatre nègres et un blanc étaient embusqués derrière un bananier aux feuilles herbacées. Les nègres étaient revêtus d'une riche livrée de fantaisie. Le blanc portait l'élégant costume adopté par les colons anglais. Le maître était armé d'un fusil à deux coups, les valets avaient chacun un mousquet, et tous paraissaient attendre une proie à viser.

— Une embuscade ! murmura Charles.

— Les Anglais veillent sans cesse pour tuer nos chasseurs, répondit Etoile-du-Matin à voix basse. Vous ne vous êtes pas cachés en traversant la montagne ; heureusement, je vous suivais ! Ces hommes vous ont aperçus, j'ai suivi leurs manœuvres du haut de la cime du volcan. Ils vous ont laissé avancer, puis ils se sont placés là. Maintenant, la retraite est impossible ; en remontant, vous passerez à découvert sous leur feu... En continuant à descendre, vous serez exposés à leurs balles, dès que vous quitterez le sentier !

Charles, d'un regard rapide, explora les lieux et s'assura qu'Etoile-du-Matin disait vrai. La situation était critique : il fallait tuer ou être tué.

— Je me charge du maître, dit Charles à Mahurec.

Et il épaula son fusil, dont le canon glissa à travers les branches qui, heureusement, dérobaient à l'Anglais et aux nègres la vue des trois personnages. Mais l'Étoile-du-Matin l'arrêta vivement du geste.

Tirant de sa ceinture un long sifflet d'ivoire, comme en portaient les chefs Caraïbes, elle en fit sortir deux fois un son aigu et prolongé qui fendit l'air. L'Anglais et les nègres tressaillirent à ce bruit et parurent inquiets, mais ils n'eurent pas le temps de délibérer. Quatre lévriers gigantesques passèrent comme des flèches devant les deux Français et, bondissant dans les herbes, se précipitèrent, avec une impétuosité irrésistible, sur les cinq hommes.

Les balles qui sifflaient autour d'eux n'arrêtèrent pas leur élan, et, en quelques secondes à peine, l'Anglais et les nègres furent renversés, étranglés.

Étoile-du-Matin, Charles et Mahurec s'étaient élancés à la suite des animaux furieux, mais, quelque diligence qu'ils fissent, ils ne trouvèrent que des cadavres.

Les cinq hommes avaient été tous tués de la même façon. Tous portaient une blessure semblable ; ils avaient la gorge lacérée et ouverte ; la formidable dent des lévriers avait tranché l'artère carotide aussi nettement qu'eût pu le faire un instrument de chirurgie.

— Tonnerre de Brest ! dit Mahurec en caressant le museau sanglant de l'un des lévriers, voilà de rudes compagnons.

— Coumâ et son frère vous suivront, dit la jeune fille à Charles ; je vous les donne !

Et elle désigna du doigt deux des quatre lévriers, les plus beaux et les plus forts.

— Eh bien ! reprit le matelot, voilà notre expédition terminée, mon lieutenant. Il nous fallait acheter des habits, en voilà de trouvés : il n'y a plus qu'à déshabiller l'Anglais et les moricauds !

Charles comtemplait Étoile-du-Matin d'un œil tristement miséricordieux.

— Pauvre enfant! murmura-t-il.

Deux heures après cette scène de carnage si rapidement accomplie, sans bruit, Charles et Mahurec, accompagnés de huit Caraïbes noirs et de douze Caraïbes rouges, étaient au pied de l'escalier conduisant à la corniche périlleuse, et qui descendait si rapidement.

Illehuë et les vieillards se tenaient à quelques pas en arrière; Etoile-du-Matin était près d'eux. Les Caraïbes avaient leurs armes de guerre et d'eux d'entre eux portaient un volumineux paquet. Deux lévriers étaient accroupis près de la jeune fille... Le soleil descendait rapidement à l'horizon.

— Mes amis, dit Charles d'une voix forte et en s'approchant d'Illehüe et des vieillards, avant huit jours j'aurai tenu ma promesse ou je serai mort! Avant huit jours les Caraïbes seront à l'abri de la famine! Avant huit jours, Illehüe, je te rendrai ta fille; avant huit jours, Etoile-du-Matin, je te ramènerai Fleur-des-Bois! Et maintenant, en avant!

Cinq des Caraïbes, formant l'avant-garde de la troupe, s'élancèrent sur l'escalier naturel et gagnèrent la corniche; Charles fit un pas pour les suivre, mais Etoile-du-Matin s'élança vers lui; elle tenait derrière elle l'enfant que Charles avait sauvé la veille.

— Ne voulez-vous pas l'embrasser avant de partir? dit-elle d'une voix émue et en poussant le petit être vers son sauveur.

Charles regarda l'enfant et devint d'abord extrêmement pâle, puis, passant la main sur ses yeux et paraissant faire un effort violent sur lui-même, il se baissa et il prit l'enfant dans ses bras.

Etoile-du-Matin avait paré son protégé à la mode caraïbe: une ceinture de plantes herbacées composait son costume; le torse délicat était entièrement nu. En élevant l'enfant à la hauteur de ses lèvres, Charles avait, sous les yeux, le haut des bras du petit garçon. Sur le bras gauche était une empreinte colorée, une sorte de tatouage qui ne pouvait être effacé.

Les regards de Charles n'eurent pas plutôt rencontré ce dessin qu'un tremblement convulsif agita tout son être.

— Les armes des Niorres ! murmura-t-il. Ah ! je ne m'étais pas trompé ! Cette ressemblance ! c'est son fils ! elle m'a trahi !

Et, laissant retomber l'enfant à terre, il le repoussa brusquement sans l'avoir embrassé, et bondit sur l'escalier taillé dans le roc.

Mahurec, qui avait suivi toute cette pantomime, fit un geste douloureux, prit l'enfant, l'embrassa, et le tendant à Etoile-du-Matin qui demeurait consternée :

— Ayez-en soin, dit-il ; c'est un Breton !

Puis le matelot gagna à son tour la corniche et disparut, le récif formant un coude à angle droit. Les autres Caraïbes suivirent la même route.

Alors Etoile-du-Matin, laissant l'enfant au pied d'un arbre, appela du geste les deux lévriers et gravit avec eux le sentier escarpé.

Contournant le rocher, elle aperçut au loin la longue file d'hommes marchant au bord de l'abime. Quelques larmes s'échappèrent de ses paupières et glissèrent sur ses joues. Se baissant vers les chiens, elle déposa tour à tour un baiser sur leur front osseux, puis levant le bras et désignant, avec un signe expressif, l'endroit de la corniche que suivaient les intrépides voyageurs :

— Aimez-le comme vous m'aimez ! dit-elle ; défendez-le ! protégez-le !

Les deux lévriers levèrent leur tête intelligente, parurent lire la pensée dans les yeux humides de leur maîtresse, et ils s'élancèrent sur l'étroit chemin, rejoignant ceux qu'Etoile-du-Matin avait désignés.

La fille d'Illebüe suivit du regard la caravane aérienne.

— Ah ! fit-elle en levant vers le ciel ses bras tremblants et son visage inondé de larmes, que l'Esprit des blancs soit avec lui, qu'il le secoure, qu'il le conduise, qu'il le ramène vivant près de moi... et j'aurai foi à mon tour en sa puissance ! Si Charles revient, je me ferai chrétienne !

Et la jeune fille demeura immobile, dessinant sur l'azur du ciel sa silhouette élégante.

La route périlleuse prise par Charles aboutissait aux remparts de Kingstown, et les voyageurs devaient atteindre la ville anglaise vers les premières heures de la nuit.

VII

LE PRISONNIER DE GUERRE

Quand un navire arrive d'Europe et entre dans cet archipel splendide des Antilles en filant sous les brises alizées, un panorama éblouissant et pittoresque se déroule devant les regards charmés des voyageurs.

C'est qu'il n'y a pas dans le monde entier une perspective plus variée, plus réellement belle que celle que présentent ces îles verdoyantes, formant des groupes irréguliers, depuis le golfe du Mexique jusqu'à la côte de la Guyane, et séparées par des canaux qui servent de passage aux flots de l'océan Atlantique.

Ces îles sortent de la mer et se projettent jusqu'au sein des nuages où se perdent les sommets de leurs montagnes. Sur leurs flancs se superposent les cultures qui s'élèvent en gradins et s'arrêtent devant la zone des forêts : près du rivage, les plantations de cannes à sucre au vert tendre et brillant de leurs feuilles de roseau, et plus haut les quinconces de caféiers, dont les fleurs odoriférantes remplissent l'air de parfums.

Puis vient la région des forêts dont la verdure sévère et foncée semble bleue à une grande distance. Dans le vaste massif d'arbres séculaires s'élancent des pics de basalte et de porphyre, revêtus de verdure jusqu'à leur cime aiguë, et couronnés de nuages blanchâtres.

Pour lumière à ce magique tableau, les cascades diamantées que versent à flots les rayons du soleil des tropiques ; pour cadre, la mer azurée, limpide, transparente de l'océan équatorial.

Les îles contenues dans ce splendide archipel se divisent en grandes et en petites Antilles. Les grandes sont : Cuba, Saint-Domingue, Puerto-Rico et la Jamaïque.

Les petites se subdivisent en deux catégories différentes : les Antilles du Vent, qui sont : la Barbade, Antigoa, Saint-Christophe, Nièves, Mont-Serrat, l'Anguille, les Vierges, Saint-Vincent, la Dominique, la Grenade, la Trinité, Tabago, la Guadeloupe, les Saintes, la Désirade, la Martinique, Sainte-Lucie, Marie-Galande, Saint-Barthélemy, Saint-Eustache, Saba, Saint-Martin, Sainte-Croix, Saint-Thomas et Saint-Jean.

Les îles sous le Vent, qui sont : Marguerite, Curaçao et Bonaire.

Les Antilles, à une ou deux exceptions près, n'ont pas d'histoire qui leur soit propre : leurs annales se trouvent mêlées aux entreprises et aux guerres des Européens. Vassales de l'antique hémisphère, elles entendent retentir sur leurs rives de lointaines querelles, elles changent de maîtres selon les fortunes de la guerre et servent, dans les traités de paix, à faire la balance des pertes ou le prix des victoires. Aussi voit-on flotter sur l'archipel les pavillons des diverses puissances européennes. Chacune a sa proie, car chacune a eu ses jours de succès ; et de toutes ces îles, dont Christophe Colomb a pris jadis possession au nom du roi d'Espagne, neuf seulement appartiennent aujourd'hui à leurs premiers envahisseurs.

L'Angleterre, ce Gargantua maritime, en possède dix-huit, la Hollande six, la France cinq, le Danemark trois et la Suède une. Cependant, parmi ces îles aux individualités historiques incolores, il en est une, des plus petites, des moins renommées et des moins connues en Europe, qui mérite de voir ses annales fouillées par les esprits amis des peuples forts et malheureux : cette île est celle de Saint-Vincent.

En se dirigeant dans le bas de la mer des Antilles, on arrive en face des îles du Vent, et on aperçoit vers le midi, dans un lointain presque effacé, les mornes amoncelés de la Grenade ; au nord, on distingue les crêtes dentelées de la Dominique ; en face, l'on a, à droite, les magnifiques campagnes de la Martinique, qui se déroulent à perte de vue sur une multitude de plans divers, et, à gauche, on suit dans les airs les spirales capricieuses que forme la fumée des volcans mal éteints de Sainte-Lucie.

En laissant derrière soi la Martinique et en s'engageant sur la surface unie et argentée du canal de Sainte-Lucie, on distingue devant soi, à une trentaine de lieues, par un effet particulier à l'atmosphère lumineuse des Antilles, une espèce de montagne arrondie sortant de la mer et qui, d'abord basse et nébuleuse, s'élève peu à peu, s'agrandit par degrés ; puis, se teignant en un vert d'émeraude, divise en plusieurs cimes le sommet unique qu'elle montre au loin. C'est là Saint-Vincent.

Kingstown, la capitale de la colonie anglaise, était, en 1793, une ville déjà importante, malgré sa récente fondation. Bien assise sur un sol fertile, près d'un port excellent et qui possédait les deux qualités essentielles de sûreté et de profondeur, elle avait rapidement prospéré. Au reste, c'est une des qualités du peuple anglais de savoir donner la vie à une cité nouvelle. La colonisation est sa spécialité. Son désir incessant de s'emparer du bien d'autrui lui fait cultiver ce bien avec amour dès qu'il est devenu sien.

C'est une singulière nature que celle de ce peuple qui, doué en apparence d'un patriotisme ardent, ne tient nullement à sa terre natale. Partout où flottent les couleurs des trois royaumes, l'Anglais est dans sa patrie. Peu lui importe que la terre où il se trouve soit nouvellement acquise; peu lui importe qu'il l'habite depuis dix ans ou y mette le pied depuis quelques heures, c'est une terre anglaise, donc c'est l'Angleterre, donc il est chez lui.

Un Français, dans les colonies les plus rapprochées de la mère-patrie, regrette toujours la France et se croit à l'étranger. Un Anglais, au fond des Indes, n'a pas une pensée pour l'Angleterre, à moins qu'il n'y ait encore des intérêts commerciaux.

Le Français est sujet à la maladie du pays; l'Anglais ignore ce que c'est que la nostalgie. Bien au contraire, enfermé dans son île, il a le *spleen*.

« Petit et haïssable paraît ce peuple, a dit un de nos plus éminents écrivains, quand on est son rival et surtout son voisin; quand on vit assez près de lui pour éveiller ses défiances, qui ne dorment jamais que d'un œil, inquiéter ses intérêts ombrageux, irriter sa jalousie implacable et blesser son altière susceptibilité; quand on examine par quels moyens toujours petits il arrive, sans scrupules, à son but toujours grand; quand on sait quels mobiles le font agir; quand on compte les démentis qu'il donne, sans jamais s'y arrêter, à ses discours par ses actes; quand on reconnaît, enfin, combien peu il entre de grandeur et de générosité dans celles-là même de ses résolutions qui semblent les plus grandes et les plus généreuses.

» L'Angleterre est à la France ce que l'enrichi par le négoce est au riche par l'héritage.

» Elle a les qualités et les défauts de l'enrichi, elle en a le mérite et la vigueur. Mais elle en a aussi la dureté et la morgue. C'est une nation anoblie, ce n'est pas une noble nation. L'héroïsme lui manque; elle ignore le point d'honneur, elle ignore surtout le désintéressement. Elle a de la grandeur, elle a peu de magnanimité... Elle sait vaincre, elle ne sait point pardonner. Elle est le *succès*, elle n'est pas la *gloire*. »

Aussi n'était-ce point par gloire que l'Angleterre s'était établie aux Antilles, mais uniquement par esprit de commerce, et elle cherchait à s'emparer, peu à peu, de toutes les îles encore françaises.

Saint-Vincent lui avait paru, par sa situation géographique, un point essentiel à prendre ; elle s'y était établie, et Kingstown s'était élevée.

En 1793, la ville n'avait guère qu'une population d'environ cinq mille âmes, y compris les soldats nègres que les Anglais avaient enrégimentés.

L'aspect général de Kingstown offrait le plus étrange coup d'œil : c'était un entremêlement continuel de maisons vulgaires avec leur architecture sèche et mesquine, de cases, de magasins, de casernes et d'arsenaux.

Le port, assez grand, était bordé d'un quai de débarquement ; deux forts en gardaient l'entrée et reliaient les deux extrémités d'une ceinture fortifiée qui entourait la ville. Un camp retranché était établi sur la campagne, et pouvait protéger Kingstown contre une attaque des Caraïbes.

Près du fort de l'Est, longeant le pied du rempart et bordée par le quai, était la promenade : belle plantation de palmiers et de bananiers, à l'ombre desquels les officiers anglais venaient, le soir, saluer les jeunes *miss* qu'une mulâtresse surveillait ou que conduisait quelque gouvernante longue, maigre et jaune, portant le costume à la dernière mode de Londres.

Là aussi venaient les commis marchands, pommadés, frisés, poudrés ; les planteurs quittant, à heure fixe, leur costume de fantaisie pour revêtir l'extérieur d'un véritable gentleman ; les employés des bureaux de l'État ; enfin, tout ce monde d'affaires officielles ou privées qui compose la société anglaise et qui, à deux mille lieues de la patrie, conservant toutes les habitudes britanniques, sans faire la part des différences de climats et de mœurs, donnait à cette promenade l'aspect d'un Regent's-Park en miniature. Les bananiers et les palmiers rappelaient seuls, avec le ciel bleu et l'air embaumé, que l'on n'était point à Londres, mais bien aux Antilles.

On était en plein midi, et la ville de Kingstown, jouissant de son calme accoutumé, subissait les ardentes atteintes des rayons solaires tombant perpendiculairement sur elle.

Les rues étaient à peu près désertes ; les navires au mouillage se balançaient mollement sur leurs ancres, sans qu'aucune animation régnât à leur bord ; et la promenade était veuve de ses habitués qu'écartait l'intolérable chaleur du jour.

Dans la partie de la rade située en face de cette promenade, à quelques encâblures du fort de l'est, et se tenant sous la protection des batteries de ce fort, un charmant navire bien gréé, bien soigné, bien peigné, comme disent les matelots, se trouvait là isolé et comme prêt à prendre la mer. C'était une jolie corvette de douze canons, taillée pour la course, fine de l'avant et des hanches, une coque à passer sous l'eau, sa mâture coquettement inclinée en arrière, ses vergues droites et son pont en dos d'âne.

Le yack flottait à son beaupré.

Quelques hommes, étendus nonchalamment à l'avant, dormaient près de la poulaine : c'était la petite bordée de quart dont le service consistait, pour le présent, à ne pas quitter le navire.

Quatre petites fenêtres, pratiquées à l'arrière, indiquaient l'appartement du commandant, et, autant qu'on en pouvait juger en inspectant l'intérieur par l'une de ces fenêtres ouvertes, l'ameublement devait être soigneusement et richement aménagé.

Une seule ancre étant mouillée, et la chaîne, qui sortait de l'écubier, se roidissant, indiquaient que la corvette devait remplir les fonctions de courrier de la flotte, et c'était probablement pour être sans cesse mieux à même de faire son service qu'elle se tenait mouillée au commencement de la rade, à une certaine distance des autres bâtiments.

Tous ses canots, crochés sur leurs palans, se balançaient au-dessus des bastingages. Une seule embarcation était à la mer, amarrée le long de l'escalier de bâbord : c'était le *youyou*.

Une toile à voile, étendue au-dessous des basses vergues, abritait le pont contre les atteintes trop vives du soleil équatorial.

Puis, à l'avant de la corvette, près du pont où la chaîne d'ancre s'enfonçait dans la mer, un *corps mort*, sorte de bouée garnie d'un énorme croc, servant à l'amarrage des yoles de plaisance.

Un nègre, à peu près nu, était couché sur cette bouée, et replié sur lui-même comme un serpent, il dormait au soleil sur la plate-forme mobile.

En face du navire se dressait la muraille crénelée du fort, toute trouée de canons, et formant trois batteries superposées ; sur chacune d'elles se promenait, l'arme au bras, un soldat portant l'habit rouge et le pantalon blanc de l'infanterie anglaise.

Au moment où midi sonnait à la caserne de la ville, deux hommes, marchant à l'ombre sous les grands arbres de la promenade, s'étaient arrêtés précisément en face de la corvette et la regardaient opérer, doucement, son *abattée*, ce qui veut dire, en termes compréhensibles, que le navire, comme tous ceux qui sont à l'ancre, décrivait régulièrement un cercle autour du point central où était fixée l'amarre.

Les deux hommes qui, tout en contemplant la corvette, avaient, sous les yeux, le magnifique spectacle de l'océan s'étendant en face d'eux, étaient d'âges différents.

L'un, dépassant à peine la trentaine, portait l'uniforme des officiers de la marine anglaise. Droit, roide et anguleux, ne manquant pas cependant de cette distinction compassée particulière à ses compatriotes, il pouvait passer, aux yeux des blondes misses, pour un assez joli garçon et un véritable gentleman. Il avait les cheveux roux, les favoris de même nuance, les yeux bleus, la peau blanche, mais chaudement colorée par le hâle de la mer et le soleil des tropiques, le nez long, la bouche grande et les dents fort belles. Portant la tête très haute, il abaissait, sur les objets qu'il voulait fixer, ses regards dédaigneux, et cette manœuvre donnait, à sa froide physionomie, une expression de hauteur pleine de morgue.

Celui qui l'accompagnait, plus âgé de vingt ans, au moins, était de taille élevée, maigre et sec, avec un visage ridé, rétréci dans ses traits, sans couleur et presque sans expression, indice ordinaire d'une étroite vanité et d'un parfait contentement de soi-même. Une perruque grise recouvrait ce crâne anguleux et peu développé. Le costume se composait de bas blancs en coton fin, d'une culotte et d'une veste de soie couleur changeante, et d'un habit de drap très léger nuancé tabac d'Espagne. Des souliers à boucles et un petit chapeau tricorne complétaient l'ensemble.

Evidemment, ce personnage n'était pas un fils de l'Angleterre, et il avait plutôt le type de ceux qu'on a toujours qualifiés de *bons bourgeois de Paris*.

L'officier de marine interrogeait, d'un regard attentif et investigateur, les deux extrémités de la promenade, et surtout celle communiquant avec l'intérieur de la ville. Son compagnon, contemplant la corvette, laissait ensuite ses yeux errer sur la mer immense qui s'étendait à l'horizon et les reportait, en frissonnant, sur sa longue et maigre personne. Voyant que le commandant ne se mettait nullement en devoir d'entamer la conversation, il toussa deux ou trois fois et, se tournant vers son compagnon :

— Comme cela, milord, dit-il d'une voix enrouée par l'émotion, c'est sur ce gros bateau que je coucherai ce soir ?

La demande avait été faite en excellent français. L'officier y répondit par un signe de tête affirmatif.

— Et nous partirons demain ?
— Oui, dit sèchement l'Anglais.

— Et... où me conduirez-vous, respectable lord Elen ?

— Où il plaira à l'amiral de vous expédier.

— Mais, milord, c'est en France que je voudrais aller !

L'officier fit entendre un ricanement sec.

— Vous vous entendrez avec Sa Grâce, cher monsieur Gervais, dit-il.

— Mais je ne suis pas libre ?

— Il paraît, puisque vous êtes prisonnier !

— Prisonnier, moi ! s'écria M. Gervais en pâlissant.

— Et prisonnier de guerre, ce qui vous expose à être pendu, s'il y a représailles à exercer.

— Pendu ! prisonnier de guerre ! s'écria le malheureux Gervais en se démenant ; mais comment puis-je être prisonnier de guerre, moi qui n'ai jamais fait la guerre à personne ?

Lord Elen haussa les épaules.

— Êtes-vous Français ? demanda-t-il.

— Sans doute, milord, puisque je suis Parisien de la rue Saint-Honoré !

— Eh bien ! la France est en guerre avec l'Angleterre. Vous montiez un bâtiment français, vous avez été pris par un bâtiment anglais, donc vous êtes prisonnier de guerre. C'est bien simple !

— Mais, milord, puisque je ne suis pas soldat !

— Qu'est-ce que cela fait ?

— Cela fait... cela fait...

— Au diable ! interrompit lord Elen. Je ne vous ai pas emmené pour écouter vos doléances. Je vous ai pris avec moi par convenance, cher monsieur Gervais, uniquement pour que rien ne paraisse choquant dans ce qui va se passer. Rappelez-vous ce que « vous ai dit : miss Mary va passer tout à l'heure, sur cette promenade, avec sa gouvernante. Dès qu'elle paraîtra, je la saluerai, vous vous empresserez de m'imiter, et ensuite, vous causerez avec la gouvernante, laquelle parle parfaitement le français. Si vous me rendez ce petit service avec intelligence, je vous promets, en échange, de vous faire dîner à ma table tout le temps que vous serez à mon bord au lieu de vous faire manger avec les matelots, ainsi que votre situation de prisonnier vous y contraint. Vous comprenez?

— Très bien, milord, parfaitement !... balbutia Gervais. Je ferai tout ce que vous voudrez.

— Maintenant, reprit lord Elen avec le plus imperturbable sang-froid, il nous faut continuer notre promenade, tout en la circonscrivant à cette allée dans laquelle je dois rencontrer miss Mary. Personne de la ville ne doit se douter que j'attends avec connaissance de cause cet instant délectable. Il faut que le hasard ait l'air de nous protéger. Promenons-nous donc, cher monsieur Gervais, et parlez, parlez beaucoup, que l'on puisse nous croire absorbés, tous deux, dans une conversation des plus intéressantes ! Allez !

Et lord Elen, pirouettant sur lui-même avec une roideur d'automate, se remit en marche en longeant le quai.

— Mais, milord, dit M. Gervais en suivant l'Anglais, que voulez-vous que je vous dise ?

— Ce que vous voudrez, parbleu !

— Alors, laissez-moi vous demander...

— Rien ! interrompit l'officier. Je ne veux pas être dans la nécessité de vous répondre. Parlez tout seul ! Racontez-moi quelque chose !

— Mais quoi ?

— Oh ! peu m'importe !

— Mais, milord...

— Mort-diable ! dit lord Elen en fronçant les sourcils, si vous ne parlez pas, je vous fais jeter à fond de cale en vous prenant à bord.

M. Gervais avait l'air consterné. En ce moment, les deux promeneurs atteignaient l'entrée de la promenade. Les rayons lumineux se ruaient en cascades ardentes sur le port, et le quai était désert.

Puis, au moment où lord Elen, après avoir exploré d'un coup d'œil rapide la rue par laquelle il supposait évidemment que la personne qu'il attendait dût venir, tournait sur lui-même pour revenir sur ses pas, un chien de taille colossale, un lévrier magnifique, s'élança d'une maison voisine, courut sur le bord du quai, respira l'air venant de la mer, poussa un hurlement formidable, et, apercevant les deux promeneurs, il bondit d'un seul élan vers l'Anglais en lui montrant une double rangée de dents blanches, aiguës et menaçantes.

Lord Elen fit un pas en arrière, en portant la main à la garde de son épée, tandis que son compagnon se réfugiait précipitamment derrière un arbre.

Le lévrier se repliait sur lui-même en grondant, mais un sifflement sonore se fit aussitôt entendre. Le chien secoua la tête, détendit ses nerfs, fit un bond en arrière et il rentra dans la maison.

Le front de lord Elen s'était empourpré et ses yeux brillaient de colère :

— Encore cette misérable bête ! murmura-t-il.

— N'est-ce pas l'un des chiens de ce jeune homme qui est arrivé hier matin chez sir Henri ? demanda Gervais en se rapprochant.

— Oui ! répondit l'Anglais.

— Oh ! fit Gervais en frissonnant, ces chiens-là ont l'air de vrais tigres ! Mais qu'est-ce donc que ce jeune homme que personne n'attendait et qui a cependant été si bien reçu ?

Lord Elen fit un geste brusque.

— Je vous ai défendu de m'interroger et de me forcer à parler, dit-il. Je ne vous ai pas pris avec moi pour lier conversation avec vous, mais seulement pour en avoir l'air et détourner les suppositions malveillantes !

Gervais poussa un profond soupir et courba la tête.

Lord Elen, reprenant sa marche, se rapprocha rapidement de l'endroit du quai en face lequel se balançait la corvette. Comme il lançait, en passant, un regard caressant sur le joli navire, un homme surgit brusquement sur le pont par l'ouverture d'une écoutille, et, se laissant glisser le long de l'escalier de bâbord, sauta dans le youyou dont il saisit les deux avirons. L'Anglais s'arrêta et attendit : l'embarcation se dirigeait rapidement vers lui.

M. Gervais, qui n'avait point remarqué ce qui attirait l'attention de lord Elen, se rapprocha de l'officier :

— Puisque milord veut que je parle tout seul, dit-il, je vais lui raconter...

— Taisez-vous! interrompit lord Elen.

— Mais milord m'a dit que...

— Vous pouvez vous taire... Promenez-vous sans trop vous éloigner de moi.

M. Gervais s'inclina respectueusement et, poussant un nouveau soupir de résignation, il se mit en devoir d'obéir en décrivant des zigzags autour de chaque bananier.

Le youyou accostait. L'homme qui le montait et qui avait toute l'apparence d'un matelot de la marine militaire anglaise, passa un bout d'amarre dans un anneau scellé au quai et il sauta sur le terrain de la promenade. Lord Elen l'attendait, toujours immobile.

— Qu'y a-t-il à bord, James ? demanda-t-il au matelot.

— Rien pour le service du navire, milord, répondit James, mais la Caraïbe a encore tenté de filer son câble, et, si je n'étais pas arrivé à temps, elle aurait fait le plongeon à l'heure qu'il est.

— Elle a encore tenté de fuir? dit lord Elen avec une colère sourde ; et comment?

— Ah! voilà, milord! Il faut que cette femme-là soit une vraie sorcière, et j'ai idée que tant qu'elle sera à bord, la corvette sera menacée de quelque catastrophe.

L'officier haussa les épaules.

— Ne va pas répéter pareille sottise! dit-il d'une voix rude. Si cela t'arrivait!...

Lord Elen n'acheva pas : mais la menace était prononcée d'un ton si énergique que James baissa les yeux.

— Comment la Caraïbe a-t-elle voulu s'échapper ? reprit l'officier ; n'est-elle donc plus dans le faux-pont ?

— Si, milord.

— Eh bien ! pour fuir, il lui faudrait traverser la cambuse...

— Oh ! c'est par un autre moyen qu'elle comptait filer son nœud.

— Comment cela ?

— Elle comptait passer par le *hublot* (1).

— Le *hublot* ! répéta lord Elen avec étonnement. Impossible ! L'ouverture est trop étroite !

— Elle l'avait agrandie avec un couteau : un vrai travail de charpentier qu'elle a accompli avec une adresse et une force extraordinaires. Aussi je dis que c'est une sorc...

James s'arrêta, la menace de son chef lui revenant subitement à la mémoire.

— Mort-diable ! fit lord Elen avec impatience, pourquoi lui avoir laissé un couteau ? J'avais donné l'ordre qu'elle fût complètement, absolument désarmée.

— Le moyen, milord ? répondit James avec humeur. N'a-t-elle pas toujours à la main sa damnée flèche empoisonnée ? Et le poison des Caraïbes n'est-il pas aussi mortel que celui du serpent fer de lance ? Trois hommes ont déjà été tués par elle sans pouvoir lui arracher sa flèche : tout l'équipage y passerait... surtout dans l'étroite cabine où elle s'est réfugiée et dans laquelle on ne peut pas l'entourer... C'est qu'elle n'en veut pas sortir... devant nous, s'entend.

— Comment as-tu su qu'elle voulait fuir ?

— En faisant ma ronde dans le faux-pont, je me suis approché d'une fente qui est dans la boiserie, j'y

---

(1) Le *faux-pont* est l'étage immédiatement supérieur du navire au-dessus de la *cale*. Il est encore à moitié sous-marin. Pour lui donner air et lumière, on perce au-dessus de la flottaison des ouvertures circulaires qu'on laisse libres au mouillage quand il fait beau temps. Ces ouvertures sont les *hublots*. On les ferme, à la mer, avec de gros verres lenticulaires.

ai appliqué l'œil et j'ai vu la Caraïbe qui détachait des morceaux de la muraille pour agrandir le *hublot*. Alors je suis entré... Fallait la voir! Elle s'est retournée d'un bond vers moi avec une figure !... vous savez, milord, celle qu'elle a déjà faite en tuant les trois matelots ! Elle avait sa flèche à la main. Je ne sais pas ce qui allait arriver, quand nous avons entendu un aboiement qui venait de terre. La Caraïbe a paru aussitôt se calmer ; elle a peut-être eu peur que nous ne lancions des chiens sur elle.

— Non, dit lord Elen ; elle a entendu crier un lévrier caraïbe, et elle a cru que ses amis venaient à son secours ; elle ne savait pas que ce chien qu'elle entendait était au service des Anglais. Il faudra le lui apprendre, James ; il faudra lui dire qu'un voyageur anglais qui se nomme sir Ewes est arrivé ici à Kingstown, hier, après avoir traversé toute la *Cabesterre* en trompant la surveillance des Caraïbes ; qu'il a pu relever tous les sentiers des passes, qu'il est parvenu à apprivoiser deux chiens qu'il a amenés avec lui, et qu'avant peu nos soldats, guidés par lui, seront maîtres de l'île entière. Tu ajouteras, pour qu'elle ne doute pas, que ce soir même le voyageur sera à mon bord et que nous mettrons à la voile pour rejoindre la flotte, prendre des renforts et revenir attaquer les Caraïbes. Dis-lui bien cela, James : qu'elle et les siens sont perdus. Nous verrons si cela la rendra moins farouche !... Dis-lui cela, et je la verrai ce soir.

— La voir, milord ! fit James en secouant la tête ; je ne vous y engage pas.

— Pourquoi ?

— Parce qu'elle a juré de vous tuer si elle apercevait tant seulement un petit morceau de toute votre personne. Ces satanés sauvages ! c'est capable de tout, et une piqûre de sa damnée flèche suffirait pour vous faire filer votre dernière écoute en moins de temps que, moi, je ne prendais un ris dans le petit hunier.

Lord Elen grommela quelques paroles qui n'arri-

5.

vèrent pas distinctement à l'oreille de James, puis relevant sa tête orgueilleuse :

— Et qu'as-tu fait, reprit-il, après avoir constaté sa tentative de fuite ?

— J'ai laissé, dans la cambuse, le maître voilier et trois matelots avec ordre de veiller sur la prisonnière, le pistolet au poing ; je me suis affalé dans le *youyou*, et je suis venu prendre les ordres de milord.

— C'est bien, dit lord Elen. Tu vas ordonner au charpentier de calfater en dehors les avaries commises autour du *hublot*; qu'il le ferme avec une bonne planche de chêne clouée sur la muraille, et qu'on ne donne rien à manger à la Caraïbe jusqu'à nouvel ordre; la famine l'affaiblira. C'est un bon moyen auquel j'aurais dû songer plus tôt ! Enfin, il est toujours temps de l'employer. Surtout, n'oublie pas de lui apprendre les nouvelles que je viens de te donner et tiens-toi à distance de sa flèche.

— Milord peut être calme, dit James en se dandinant ; mais c'est égal, si milord voulait m'en croire, il ferait envoyer une bonne balle de pistolet dans la tête de la sorcière, car c'est une sorcière, que je dis, et tant qu'elle sera à bord de la corvette...

Heureusement pour James que lord Elen ne l'écoutait pas. Depuis un moment, son attention distraite s'était reportée vers l'extrémité de la promenade. Deux femmes venant et traversant le quai suivaient l'allée couverte des grands arbres.

En apercevant les deux promeneuses, lord Elen s'était retourné vivement vers James.

— Retourne à bord, dit-il, et fais exécuter mes ordres. Dis à sir Georges que l'appareillage aura lieu cette nuit à une heure, au moment de la pleine marée. Que ma yole soit ici à minuit. Tu m'entends ?

James fit un signe affirmatif et il sauta dans le *youyou*.

— Voici miss Mary et lady Harriet, continua lord Elen en s'adressant à M. Gervais, lequel se tenait à une respectueuse distance. Rappelez-vous mes inten_ lions; soyez aimable avec lady Harriet, sinon... à fond de cale!

Et, sans plus se préoccuper de son compagnon, lord Elen, lançant un regard complaisant sur sa personne, s'assura que son uniforme était avantageusement porté, et il passa la main dans ses cheveux sans poudre en enroulant ses favoris épais.

VIII

MISS MARY

Miss Mary, fille du gouverneur de Kingstown et qui n'avait pas encore vingt ans, était de taille moyenne, avec une tournure imposante. Ses cheveux étaient noirs, son teint blanc et pâle, ses yeux bleus et la coupe de son visage d'une distinction parfaite. L'expression de sa physionomie était singulière et semblait indéfinissable au premier coup d'œil. Tour à tour rêveuse et résolue, impérieuse et froide, fière et dédaigneuse, elle reflétait une ardeur extrême et une vivacité remarquable, car chacune de ces expressions différentes se succédait avec une inconcevable rapidité. Le regard, souvent à demi-voilé, était tantôt incisif et dominateur, tantôt langoureux et caressant, mais toujours clair, toujours vif, toujours enflammé.

Certes, cette jeune fille était jolie, très jolie, même; ses traits réguliers, sa peau transparente, l'ovale de sa figure, la grâce harmonieuse de son cou en faisaient une beauté digne d'éloges, mais son aspect, sa démarche, son geste, son regard décelaient tant de fierté, de hauteur, de mépris, d'esprit de domination, qu'il était difficile de sentir, pour elle, un amoureux entraînement. Richement vêtue à la mode anglaise des colonies, elle portait une robe blanche de mousseline des Indes, brodée avec un art merveilleux, un grand chapeau de fine paille de riz et une petite mante de cachemire rouge, constellée d'arabesques aux couleurs éclatantes.

Miss Mary, romanesque, mais romanesque dans l'acception la plus grande du mot, rêvait héros et héroïsme, aventures mystérieuses, catastrophes imprévues, tout enfin ce que peut enfanter une imagination passionnément exaltée et qui n'a à se préoccuper en rien du côté matériel de la vie. Jeune et jolie, riche par son père et occupant la première place à Kingstown, elle avait vu, tout d'abord, la population anglaise de l'île la traiter en petite reine, circonstance qui n'avait pas peu contribué à augmenter considérablement sa dose d'amour-propre et d'orgueil.

Instruite pour l'époque, elle aimait le pédantisme, et son intelligence s'était appliquée à mériter le titre d'*excentrique*, en ne faisant rien comme les autres.

L'exagération qu'elle affichait était cependant devenue une qualité en donnant à miss Mary une franchise qu'elle croyait originale, qui se montrait brutale parfois, mais qui, enfin, était toujours sincère.

Miss Mary, Anglaise par son père et Italienne par sa mère, alliait souvent, en elle, des caractères opposés. Son imagination était fille de Venise, et sa contenance portait l'empreinte du cachet britannique. Esprit exalté s'il en fut, extérieur froid et glacial, rien ne semblait plus bizarre que d'entendre formuler, par cette bouche ne souriant jamais, que de sentir éclore sous ce front impassible les pensées les plus romanesques et les plus extraordinairement folles. C'était un contraste de tous les instants et d'autant plus saisissant que le parfait sang-froid avec lequel étaient exprimées les idées les plus singulières rendait celles-ci encore plus apparentes.

Jusqu'alors, jamais miss Mary n'avait aimé ; elle

s'était vue entourée d'hommages et d'adorations, mais aucun des adorateurs n'était parvenu à faire battre son cœur. Ce qu'elle exigeait avant tout dans un homme, c'était qu'il fût un héros. Or, dans la poétique acception du mot, les héros sont très rares sur le sol anglais où l'intérêt personnel l'emporte sur tout autre sentiment... Quelque bonne volonté qu'elle y eût mise, Mary avait donc été obligée de voir les pieds d'argile des statues d'or qu'elle avait successivement érigées sur le piédestal de son admiration. Chaque déception ne s'était pas accomplie sans paraître cruelle, et elle en était à se demander si elle devait se faire sceptique à l'endroit des créatures humaines et garder son amour pour un personnage imaginaire, époux formé dans ses rêves, lorsque débarqua, à Kingstown, lord Elen, commandant la corvette de guerre *la Tamise*.

Lord Elen, possesseur d'une magnifique fortune, était arrivé jeune à un grade élevé dans la marine. Assez bien fait de sa personne, d'une physionomie suffisamment distinguée et de manières de gentleman, lord Elen, qui avait jadis voyagé en France, en voyant la cour de Versailles, obtint auprès des femmes quelques succès faciles, ce qui lui donna de grandes prétentions à jouer le rôle de *Lovelace*, en se mettant en quête de quelque Clarisse. D'une fatuité extrême, fier de sa naissance, fier de sa fortune, fier de ce qu'il appelait sa beauté masculine, lord Elen ne connaissait pas de plus doux plaisir que celui de faire parler de lui.

Sa réputation d'homme à bonnes fortunes, réputation qu'il regardait comme une gloire, l'avait précédé aux Antilles.

De son côté, la réputation de miss Mary avait acquis un certain renom dans la société anglaise, et lord Elen, en apprenant qu'il y avait à Kingstown une jeune fille belle, romanesque, excentrique et jusqu'alors insensible, s'était épris du plus vif désir de la connaître. Il se disait que la conquête d'une telle personne serait le plus beau fleuron de sa couronne et que son renom d'homme séduisant s'en accroîtrait dans de gigantesques proportions.

On parlait sans cesse d'une attaque contre les Caraïbes; lord Elen, fort bien avec l'amiral, sollicita l'honneur d'aller faire une reconnaissance, par mer, de l'île Saint-Vincent. Il relâcha naturellement à Kingstown, vit miss Mary et, sans en devenir amoureux, jura qu'il triompherait de sa froideur. Depuis ce moment, il avait profité de toutes les occasions pour venir relâcher à Kingstown.

Miss Mary avait vu d'abord ce nouvel adorateur de ses charmes d'un air indifférent; mais peu à peu, à force d'entendre lord Elen parler de ses succès auprès des dames, elle avait fini par y croire et l'avait affublé de la peau qu'il désirait si ardemment revêtir, celle d'un véritable Lovelace. Alors lord Elen s'était transformé aux yeux de miss Mary, il était devenu un héros, héros de boudoir peut-être, mais enfin un héros. De plus, lord Elen, riche et noble, était réellement brave, car il l'avait souvent prouvé. C'était plus qu'il n'en fallait pour donner libre carrière à l'ardente imagination que la jeune fille cachait sous les dehors les plus froids. Bref, elle en était arrivée à admirer lord Elen, et de l'admiration à l'amour la distance est si minime que souvent elle n'existe pas.

Lord Elen, se rengorgeant, suivait les progrès qu'il faisait auprès de celle qu'il nommait déjà sa victime, lorsque, la veille du jour où nous visitons la colonie anglaise, était arrivé à Kingstown ce sir Ewes dont avait parlé à James le commandant.

Ce voyageur intrépide, de quelques années plus âgé que lord Elen, avait cependant été trouvé, par miss Mary, beaucoup plus beau que le commandant de la corvette, car sa physionomie était plus sombre et plus animée, sa figure plus pâle et plus fatiguée, ses regards plus brillants et plus profonds. Si lord Elen pouvait, en y mettant beaucoup de bonne volonté, ressembler à *Lovelace*, sir Ewes était le type bien autrement poétique et farouche de *Hamlet*. On lisait presque un vœu de vengeance dans ses yeux aux reflets dorés. Cet homme avait dû beaucoup souffrir, se disait encore miss Mary, et il devait y avoir, dans sa vie passée, un malheur terrible dont le reflet chargeait de nuages son front élevé.

Voilà du moins ce qu'avait conclu la romanesque jeune fille en voyant ce personnage, pour lequel elle s'était sentie prise d'une sympathie subite. Ce sentiment n'avait nullement échappé à lord Elen qui, par esprit de contradiction, avait pris en grippe le nouveau venu.

Les choses en étaient là au moment où miss Mary, sous l'ombrage de la promenade de Kingstown, était accompagnée de sa gouvernante, lady Harriet qui, longue, sèche, roide, osseuse, empesée, avec un grand nez, des dents énormes, un front rétréci, une bouche colossale, un cou dénoué et mal attaché sur des épaules carrées, marchant comme si elle eût été soutenue par un pal, dansant à chaque pas sur ses pieds gigantesques. Une robe cou de cerf, un châle vert pomme, un chapeau blanc garni de fleurs rouges composaient son costume qui eût pu servir de signal tant il se voyait de loin, et d'épouvantail aux oiseaux tant il était éclatant. C'était une harmonie de couleurs à faire grincer les dents.

Après les salutations d'usage les plus strictement conformes au code du savoir-vivre anglais, lord Elen s'était avancé vers miss Mary, et, arrondissant son bras gauche, il le présenta à la fille du gouverneur qui posa sur le drap rouge de l'habit ses doigts blancs et effilés.

Rencontrer une jeune fille à la promenade, lui faire accepter son bras, se promener avec elle des heures entières, avoir ainsi un tête-à-tête, est une des choses les plus simples suivant les mœurs anglaises et auxquelles la gouvernante la plus sévère ne peut rien trouver de *choquant*.

Le hasard semble avoir tout fait dans une rencontre fortuite et la *liberté anglaise* est grande pour les jeunes filles; mais si cette rencontre a l'air d'être préméditée, si un rendez-vous paraît patent, la situation change de face, et la conversation, d'innocente et sans conséquence qu'elle était dans le cas précédent, devient aussitôt criminelle.

Deux témoins, pouvant attester le fait de préméditation, suffisent pour faire condamner le jeune homme à blanchir la réputation ternie de la jeune fille en l'épousant. La loi anglaise protège l'innocence dès que l'innocence se fait coupable.

Obéissant à l'usage, lord Elen avait eu grand soin de donner à sa promenade avec Gervais une apparence exempte de toute mauvaise interprétation. Miss Mary sortant avec sa gouvernante, recherchant l'ombre projetée par les palmiers et les bananiers et rencontrant lord Elen, qui inspectait sa corvette au mouillage et donnait des ordres à James, la preuve des apparences de cette rencontre n'avait rien qui puisse étonner. C'était surtout ce qu'il fallait pour satisfaire le rigorisme anglais.

Maintenant, lord Elen, jeune homme de trente ans, pouvait passer sous le sien le bras de miss Mary à peine âgée de vingt ans et se promener avec elle aussi longtemps qu'il leur plairait à l'un et à l'autre, on ne pouvait ni ne devait rien y trouver à redire.

Les deux jeunes gens s'étaient donc remis en marche, tandis que Gervais, se confondant en salutations, abordait la longue et sèche gouvernante. Bientôt les deux couples suivirent la même allée, marchant à une courte distance l'un de l'autre.

— Oh! chère Mary, dit lord Elen d'une voix tendre, quel précieux et délectable moment que celui-ci, et que mon cœur...

— Avant de vous écouter, milord, interrompit Mary avec le ton le plus calme, j'ai une explication à vous demander!

— A moi, miss?

— A vous-même, milord.

— Qu'est-ce donc?

— C'est au sujet d'un bruit qui court dans Kingstown. On prétend que vous détenez, à bord de votre corvette, une femme sauvage excessivement belle et dont vous êtes follement amoureux.

— On prétend cela? Quelle calomnie odieuse! s'écria lord Elen en se défendant de l'imputation formulée nettement par sa compagne.

— Calomnie ou non, poursuivit miss Mary, avez-vous ou n'avez-vous pas, à votre bord, une femme caraïbe?

— Cela est vrai, miss, j'ai à bord une Caraïbe.

— N'est-elle pas sur la corvette depuis plus de quinze jours?

— Cela est encore vrai.

— Donc, depuis votre relâche à Kingstown, elle est près de vous?

— Elle est du moins à mon bord, oui, miss.

— Et cette femme est belle?

— Mon Dieu! miss, je ne saurais vous le dire, je l'ai à peine regardée.

— Qu'en faites-vous?

— Je la garde prisonnière.

— Pourquoi ne l'avoir pas remise aux mains de mon père, qui est gouverneur de l'île?

Lord Elen parut légèrement embarrassé.

— En gardant cette femme à mon bord, finit-il cependant par dire, j'obéis aux ordres formels de Sa Grâce le lord amiral; il veut être le premier à l'interroger.

— Pourquoi?

— Parce que cette femme est de race caraïbe, parce qu'elle peut faire les révélations les plus utiles, et que le gouvernement, vous le savez, désire ardemment s'emparer de la partie de cette île encore insoumise.

— Mais, dit miss Mary, grâce aux renseignements précieux que nous a fournis sir Ewes, le gouvernement anglais sera bientôt maître de la *Cabesterre*.

— Ces renseignements sont-ils aussi précis que le prétend sir Ewes? dit lord Elen avec un accent de doute.

— Comment! fit miss Mary dont les joues s'empourprèrent, vous ne croyez pas à ce que dit sir Ewes?

Mais c'est un héros : il a traversé toute la *Cabesterre* en courant mille dangers et en dépit de la surveillance des populations caraïbes. Il s'offre à dresser une carte exacte de cette partie de l'île, qui pourra puissamment seconder les opérations militaires...

— Mais, dit lord Elen qui était loin évidemment de partager l'enthousiasme avec lequel miss Mary parlait de sir Ewes, mais qui nous dit qu'il faille avoir, en cet homme, une confiance absolue ? Qui le connaissait, à Kingstown, avant son arrivée ? Personne. Et cette arrivée n'a-t-elle pas eu lieu seulement hier matin ?

— Vous savez bien, reprit vivement la jeune fille, qu'il comptait se rendre, en entrant dans la Basse-Terre, chez son ami Hamilmund, que vous connaissez comme nous, et que, par une fatalité qui ne s'attache qu'aux grands caractères, en quittant les frontières de la *Cabesterre*, il a trouvé, mort et à demi dévoré, sir Édouard Hamilmund.

— Je sais que sir Édouard Hamilmund a été étranglé par les lévriers caraïbes, répondit lord Elen. La nouvelle nous en était venue avant-hier dans la nuit ; mais qui nous dit que sir Edouard eût répondu de sir Ewes ?

— Sir Ewes lui-même.

— Et qui répond maintenant de sir Ewes ?

— Ses actes ! s'écria miss Mary, dont les yeux étincelaient. Qu'a-t-il fait après avoir obtenu une audience de mon père à son arrivée et lui avoir fait part de son expédition dans la *Cabesterre* ? Il a sollicité la faveur d'être envoyé au lord amiral, et il a été convenu que vous le prendriez à votre bord...

En ce moment un double aboiement lugubre et prolongé se fit entendre sur le quai ; miss Mary et lord Elen se retournèrent presque involontairement et ils virent sur le bord de la rade, en face même de la corvette, deux lévriers énormes qui, le nez au vent, la tête levée et la gueule ouverte, paraissaient aspirer fortement les émanations apportées par la brise et être en proie à un accès de furieux désespoir. Les deux chiens allaient bondir dans la mer quand un second sifflement aigu retentit. Les lévriers frissonnèrent, se reculèrent avec un sentiment de regret évident, et, tournant sur eux-mêmes, quittèrent le quai pour rentrer dans la maison dont ils étaient sortis.

— Qu'ont donc les lévriers de sir Ewes? demanda miss Mary en reprenant sa promenade interrompue; on dirait qu'ils aboient après votre corvette, milord?

Lord Elen ne répondit pas.

— Mais, reprit la jeune fille sans se départir de son inaltérable sang-froid, il ne s'agit pas de sir Ewes ni de ses chiens, il s'agit de vous, milord, ou plutôt de votre belle Caraïbe. Les bruits que je viens de vous répéter courent dans toute la ville. On sait également que vous vous montrez fort assidu près de moi. Or, vous comprenez que je ne suis aucunement jalouse, car je ne vous aime pas encore assez pour cela.

— Hélas! soupira lord Elen.

— Si je vous aimais, poursuivit miss Mary du ton le plus calme, je serais probablement jalouse, car l'amour admet la jalousie. Or, si j'étais jalouse et que j'eusse seulement la pensée que vous puissiez m'être infidèle, je vous tuerais, milord!

Lord Elen pressa tendrement le bras de la jeune fille.

— Ah! fit-il, mourir par vous! quel délectable trépas!

— Oui, continua Mary sans la moindre exaltation apparente, je vous tuerais. Je comprends Othello : c'était un héros! il devait être bien admirable! seulement il a dépoétisé un peu son action sublime avec son oreiller. Cela est fâcheux! qu'en pensez-vous?

— La vraie passion tue, écorche, déchire avec ses orgies et ses dents, mais n'étouffe pas avec un coussin! s'écria lord Elen.

— Bravo, milord! c'est très beau, ce que vous dites

là ! fit miss Mary en approuvant de la tête. Donc, je vous le répète, si j'étais jalouse, je vous tuerais, mais je ne vous aime pas encore assez pour rêver la possibilité d'un crime.

— Que faut-il donc faire pour toucher votre cœur, ô chère miss? demanda l'officier anglais avec un accent déchirant.

— Une action bien simple, mais en même temps grande et belle, répondit Mary ; délivrez-moi d'un grand péril, arrachez-moi à une mort certaine, soyez enfin un héros, milord, et je vous aimerai. Voilà tout !

Lord Elen demeurait silencieux ; il cherchait dans sa tête le moyen d'accomplir une action héroïque, mais il ne trouvait pas.

— Nous nous écartons encore de la question, reprit miss Mary avec sa logique désespérante ; revenons à la Caraïbe. Je ne suis pas jalouse, mais vous comprenez que, par estime pour moi-même, il faut que je fasse cesser les bruits qui courent. Mon nom ne peut être accolé, à cause de vous, à celui d'une sauvage cuivrée. Vous allez débarquer à l'instant cette femme et la confier à mon père.

— Ce que vous me demandez est impossible, dit lord Elen après un moment d'hésitation.

— Pourquoi ?

— Le devoir...

— Oh ! interrompit Mary, le devoir, c'est la raison ; l'amour, c'est la passion, et la passion ne doit pas raisonner.

— Miss Mary, dit Elen d'une voix grave, avant tout, il y a l'honneur !

Miss Mary regarda lord Elen, réfléchit un moment, puis reprenant la parole :

— C'est encore très beau, ce que vous dites là, fit-elle de sa voix impassible ; l'honneur doit être la première passion d'un héros. Lord Elen, jurez-moi que vous n'avez aucune pensée sur cette Caraïbe.

— Je vous le jure ! dit l'officier, tandis qu'une certaine coloration animait son visage ; mais cette rougeur pouvait, à tout prendre, être mise sur le compte de l'émotion.

— Jurez-moi aussi que vous obéissez aux ordres de l'amiral.

— Je vous le jure, répéta Elen dont le front devenait pourpre et dont la respiration paraissait gênée.

— Très bien ! je suis satisfaite.

— Oh ! dit l'Anglais en levant les yeux au ciel, quand donc remplacerez-vous ces phrases froides par des paroles enivrantes d'espoir et d'amour ?

— Cela dépend de vous, milord. Prouvez-moi que vous êtes un héros, et je vous aimerai.

— Et quelle preuve puis-je donner ? quel danger puis-je affronter pour vous ? quel péril courez-vous sous la surveillance de tous ceux qui vous entourent et qui vous chérissent ? Ah ! que n'êtes-vous malheureuse, menacée, perdue pour tous ! je vous secourrais, je vous sauverais, je vous délivrerais, je...

— Lord Elen, interrompit miss Mary d'un air subitement inspiré, si j'étais au milieu des flammes...

— Je m'y précipiterais ! s'écria l'officier.

— Si la mer s'entr'ouvrait sous mes pieds...

— Je plongerais dans le gouffre !

— Si j'étais en présence des animaux les plus dangereux...

— Je les tuerais avant qu'ils ne pussent vous toucher !

Lord Elen avait prononcé rapidement ces réponses énergiques, avec un accent ne laissant aucun doute sur la véracité des sentiments qu'elles exprimaient.

Miss Mary courba le front et parut encore réfléchir.

— Cette nuit, dit-elle, vous appareillez ?

— A une heure du matin, miss, répondit le commandant de la corvette.

— Et vous allez... ?

— Rejoindre l'amiral qui est en station à la Jamaïque.

— Eh bien ! lord Elen, j'ai une de mes tantes à Portland, la sœur de mon père. Depuis longtemps elle me demande, depuis longtemps je dois aller la visiter. C'est décidé : cette nuit je prendrai passage, avec lady Harriet, sur votre corvette.

A cette annonce inattendue d'un bonheur inespéré, celui de ne pas être séparé de l'objet de son amour, lord Elen, au lieu de témoigner une joie délirante, parut fort embarrassé.

Miss Mary lança sur lui un regard rapide.

— Vous refusez de me prendre à votre bord ? demanda-t-elle.

— Oh ! miss ! fit lord Elen.

— Ma proposition a l'air de vous déplaire.

— Vous ne le pensez pas, miss... Seulement je réfléchis...

— A quoi ?

— Sir Ewes part aussi cette nuit avec moi ?

— Eh bien ?

— Vous avez dit, miss, que cet homme était pour vous un héros...

— Vous seriez jaloux ? demanda la jeune fille avec une intonation qui prouvait le contentement que lui causerait une réponse affirmative.

— Peut-être ! fit lord Elen d'une voix sourde.

— Alors... si j'aimais sir Ewes... ?

Si vous aimiez sir Ewes !... s'écria l'officier.

Miss Mary ne lui laissa pas le temps d'achever sa phrase menaçante.

— Vous vous battriez avec lui, dit-elle froidement, vous le tueriez, et je serais alors contrainte à vous rendre mon amour !

Lord Elen fit entendre un rugissement approbatif. Miss Mary était dans le ravissement : elle venait de trouver un moyen bien simple de s'assurer lequel de ces deux hommes, dont elle tenait absolument à faire deux héros, méritait la palme de la gloire.

Puis la pensée d'un combat dont son amour serait le prix flattait singulièrement son superbe orgueil.

Miss Mary n'était, certes, pas assez cruelle pour désirer une mort, mais c'était à sa passion romanesque qu'elle obéissait ; c'était elle qui l'entraînait sans lui laisser faire une réflexion.

— Venez, milord, dit-elle en s'appuyant davantage sur le bras de son compagnon et en le forçant à tourner sur lui-même ; voici l'heure du dîner, mon père nous attend. Cela est convenu : je pars ce soir avec vous... je préviendrai mon père.

Lord Elen fit un sourire de satisfaction ressemblant fort à une grimace.

Miss Mary, heureusement, ne fit aucune attention à sa contenance embarrassée ; elle était tout entière aux pensées qu'avait fait naître la résolution qu'elle venait de prendre.

Depuis la veille, depuis le moment où ce sir Ewes avait été admis chez le gouverneur de Kingstown, miss Mary pensait beaucoup moins à lord Elen. Ce voyageur qui avait parcouru seul le pays des Caraïbes, cet homme dont les souffrances morales et physiques se lisaient sur sa mâle et expressive physionomie, exhalait un parfum de poésie qui, tout d'abord, avait attiré l'attention de miss Mary et qui développait en elle un charme particulier. Elle avait déjà bâti tout un passé fantastique pour ce personnage survenu si brusquement et dont, suivant sa coutume, elle s'était fait encore un héros.

Pressé par sir Henri, le voyageur avait consenti à donner quelques détails sur les Caraïbes dont les Anglais convoitaient si ardemment les terres ; mais lorsque le gouverneur avait insisté pour avoir des renseignements précis dont une expédition pût profiter, sir Ewes s'était renfermé dans la résolution où il disait être de ne communiquer ces rapports importants qu'au lord amiral. Il ajouta qu'il ne s'était rendu à Kingstown que pour profiter des relations constantes établies entre cette ville et le gouverneur général des Antilles anglaises, et que la corvette étant au mouillage et devant appareiller le lendemain dans la nuit, il comptait prendre passage à son bord.

Sir Ewes avait formulé si nettement ses intentions immuables que sir Henri n'avait pu insister ; seulement il avait demandé au voyageur, arrivé si inopinément à Kingstown par une voie communiquant avec un pays ennemi, comment il pouvait établir son identité et sa personnalité de sujet anglais. A cette question fort naturelle sir Ewes avait répondu, sans le moindre embarras, qu'il ne possédait aucun papier pouvant satisfaire la demande du gouverneur ; qu'il voyageait précédemment sur un yacht lui appartenant ; que ce yacht avait fait naufrage en arrivant aux Antilles ; que son équipage et tout ce que renfermait le navire étaient devenus la proie de la tempête ; qu'il s'était sauvé seul, emportant une ceinture contenant quelques piastres, et que c'était dans ces circonstances qu'il avait abordé à Saint-Vincent, dans la partie appartenant aux Caraïbes. Sir Ewes ajouta qu'au reste il était fort connu à la Jamaïque, et qu'une fois rendu dans cette île, rien ne lui serait plus facile que de prouver son identité.

Comme sir Ewess parlait parfaitement anglais, comme il paraissait avoir les façons d'un homme du monde, comme il pouvait donner de précieux détails sur la *Cabesterre* et comme, enfin, il ne devait quitter Kingstown que pour prendre passage sur la corvette et être conduit par elle à l'amiral, sir Henri n'eut aucune objection à faire. Cependant il lui dit qu'à cause des circonstances rendues impérieuses par l'état de guerre il devait, jusqu'à son départ, lui demander sa parole de ne pas quitter Kingstown et d'habiter dans la ville le lieu qu'il lui désignerait. Sir Ewes acquiesça à ces demandes.

Alors sir Henri, s'adressant au commandant de la corvette, lui imposa la mission de surveiller le voyageur jusqu'au moment où il serait présenté à l'amiral.

Toutes ces choses arrêtées et convenues, le gouverneur avait traité son hôte avec une distinction parfaite et l'avait présenté officiellement à sa fille.

L'impression que ce héros avait produite sur miss Mary lui avait fait prendre la résolution subite de se rendre à la Jamaïque en s'embarquant sur la corvette. Le fiévreux besoin d'émotion qu'elle ressentait lui faisait supposer que sir Ewes la ferait assister à quelque tragique aventure, car il avait à son service quatre Caraïbes noirs qui n'avaient pas voulu le quitter, deux lévriers attachés à lui et qu'il emmenait avec sa suite pour prendre passage à bord de la corvette.

Le soir, sir Ewes et lord Elen devaient souper chez le gouverneur avant de lui faire leurs adieux.

Sir Henri ignorait que sa fille dût partir elle-même avec sa gouvernante, mais, habitué à obéir aux moindres caprices de l'enfant gâté, il ne pouvait manifester aucune opposition à l'accomplissement de ce désir. Miss Mary le savait bien : aussi n'avait-elle pas hésité à exprimer ses intentions.

Toujours appuyée au bras de lord Elen, elle revenait avec lui se dirigeant vers l'habitation de son père, lorsqu'elle croisa naturellement lady Harriet, sa gouvernante, et M. Gervais, lesquels marchaient en causant avec une gravité comique.

— Milord, dit miss Mary en désignant du regard le cavalier de la maigre lady, quand donc vous déferez-vous de ce compagnon ridicule ?

— Quand je trouverai occasion de le jeter sur les côtes de la Martinique, répondit lord Elen.

— Quoi ! vous relâcherez votre prisonnier en le mettant sur une terre française ?

Lord Elen sourit.

— D'abord, dit-il, la Martinique ne sera pas longtemps encore une terre française. Vous savez qu'une expédition se prépare contre elle, et le pavillon britannique ne tardera pas à flotter là où s'étalent encore ces insolentes couleurs françaises. L'amiral m'a ordonné de faire progressivement l'éducation de M. Gervais.

— Dans quel but ? A quoi peut servir un pareil être ?

— A faire un excellent espion.

En ce moment, le jeune couple passait devant la première maison bâtie sur le quai, celle d'où s'étaient échappés les lévriers. Comme lord Elon longeait le seuil de la porte fermée, de sourds et menaçants grondements se firent entendre.

II

LE BANANIER

A minuit, tout dormait à Kingstown ; une seule maison avait encore quelques fenêtres éclairées : c'était celle du gouverneur. Le port était silencieux ; les navires au mouillage se balançaient sous les secousses de la marée montante. Çà et là quelques lanternes, hissées au bout d'une vergue, éclairaient faiblement le pont des bâtiments. La promenade, tout à l'heure animée, était aussi déserte que lorsque le soleil à son zénith dardait sur elle ses plus brillants rayons. La brise de mer agitait les feuilles flexibles des palmiers et des bananiers. Le fort de l'est, qui se dressait en face d'elle sur un bloc de rochers, projetait une ombre saillante sur la terre ferme et sur la plage.

La corvette avait ses fanaux allumés et une activité soutenue paraissait régner à son bord. Les matelots couraient sur son pont, dans ses cordages, sur ses vergues. On voyait leur silhouette noire se détacher sur l'azur foncé du ciel. Tout se préparait pour le moment prochain de l'appareillage.

Cependant l'ancre mordait encore le fond de sable de la rade, car la lumière céleste se reflétait sur les anneaux humides de la chaîne passant près de la bouée sur laquelle se tenait toujours le nègre endormi. Depuis le matin, le nègre n'avait pas changé de position : il fallait que le malheureux eût un besoin bien pressant de sommeil pour résister aux atteintes fraîchissantes de la brise après avoir supporté la chaleur ardente du jour. On eût pu croire qu'il était mort, car il ne faisait pas un mouvement.

Au moment où minuit sonnait, un redoublement d'activité se fit remarquer sur l'avant du navire en partance. Les matelots venaient de parer le cabestan et ils s'apprêtaient à virer pour venir à pic sur l'ancre afin de n'avoir plus qu'à déraper dès que le commandant aurait rejoint son bord.

On entendait les modulations du sifflet du maître d'équipage, et les premières notes de ce chant traînard adopté par les matelots de tous les pays, alors qu'ils accomplissent un travail d'ensemble et de force, s'élevèrent avec une monotonie triste dans le silence de la nuit.

Au même instant, un accident bizarre eut lieu dans la première maison bordant le quai, celle d'où s'étaient échappés les lévriers caraïbes. Une lumière apparut à une fenêtre et communiqua le feu à un store de mousseline servant à défendre aux insectes l'entrée des appartements ; mais cet incendie partiel fut éteint presque aussi rapidement qu'il s'était allumé. Comme la dernière flammèche s'envolait vers la rade, une chauve-souris fit retentir son cri aigre sur cette extrémité de la promenade, plongée dans les plus obscures ténèbres par l'effet de l'ombre que projetait le rocher du fort.

Le nègre couché sur la bouée parut se réveiller subitement. Il se dressa à demi sur son séant, puis, sans hésiter, sans perdre un instant, il se laissa glisser dans la mer avec une telle légèreté et une si merveilleuse adresse qu'aucun bruit ne décela la chute de son corps. Durant quelques secondes, il disparut complètement pour reparaître à quinze brasses plus loin et à un point plus rapproché de la terre.

Il avait franchi en nageant entre deux eaux l'espace éclairé par le feu des étoiles, et lorsque sa tête apparut de nouveau à la surface, il avait atteint la zone obscure. Quelques instants après, il abordait le quai à l'endroit même où la pierre se scellait au rocher. S'enlevant vigoureusement, il sauta lestement sur le sol. Là, suivant la base du rocher qui formait l'extrémité de la promenade, il courut rapidement en se tenant toujours dans l'ombre. Arrivé en face de l'avant-dernier bananier, il s'arrêta et parut attendre.

Ce bananier était un arbre gigantesque. Ses feuilles énormes, longues de deux à trois mètres et larges de plus d'un mètre, se succédaient très rapprochées et leurs pétioles persistants, s'engainant les uns dans les autres, formaient une masse dont la circonférence eût été difficilement embrassée par six hommes réunis, et dont la hauteur dépassait celle des plus hautes maisons de la ville. A son centre s'élevait, dans toute sa longueur, une hampe admirable dont l'extrémité se penchait vers la terre et se terminait par un régime de fruits d'un poids énorme.

Le nègre s'arrêtant au pied du bananier, une feuille supérieure s'écarta doucement, une tête et une main apparurent dans l'ombre et un corps se dégagea de l'épais feuillage, sautant doucement sur le sable. Ce nouveau venu dont la peau paraissait blanche, comparativement à celle du nègre, se rapprocha de lui :

— As-tu compté? demanda-t-il à voix basse.

— Oui, répondit le nègre.

— Combien d'hommes d'équipage?

— Soixante-trois.

— Y compris l'état-major?

— Oui.

— Bon! ça ne fait jamais que trois *English* pour un de nous. On pare tout pour appareiller?

— Ils tirent sur la chaîne d'ancre.

— Parfait, moricaud! T'es digne d'être matelot. Allons! leste et preste! les camarades nous attendent! Apprête à te pomoyer sur le grelin!

Et l'homme qui venait de quitter le singulier abri qu'il s'était choisi gagna rapidement le pied des rochers, suivi par le nègre qui marchait dans ses pas.

Ils franchirent, d'une course rapide, l'espace d'une demi-lieue, n'échangeant pas une parole, étouffant avec précaution dans les herbes le bruit de leur passage et se tenant toujours éloignés de la clarté lumineuse formée par le scintillement des étoiles. Quand ils eurent contourné la ville, ils atteignirent les limites du camp retranché, établi par les Anglais pour protéger Kingstown contre une attaque des Caraïbes. On apercevait de loin les baïonnettes des sentinelles brillant dans la nuit.

Des remparts protégeaient le camp en face de la campagne. Du côté des rochers de l'est, un simple fossé lui servait de limite, car on savait n'avoir rien à redouter de cette pente à pic. Un cordon de sentinelles veillait à l'extérieur de ce fossé. Ces soldats étaient au nombre de sept, placés à une courte distance les uns des autres. Le septième gardait l'extrémité des retranchements. Entre ces survenants et les rochers se dressaient les hautes herbes tapissées de fleurs, les lianes gigantesques, toute cette végétation luxuriante, enfin, des plaines des Antilles.

Depuis quelques instants, le nègre et son compagnon, après avoir échangé quelques paroles à voix basse, s'étaient glissés dans ces herbes dont les tiges énormes se recroisaient au-dessus de leur tête. Un profond silence régnait aux abords du camp. Les soldats anglais, immobiles à leur poste, appuyés sur leurs fusils, continuaient la faction commencée. De temps en temps, on entendait un bruit d'ailes, un froissement d'herbe, un cri plaintif : c'était une chauve-souris s'envolant, un iguane rampant dans les fourrés, une chèvre sauvage bêlant à l'approche du reptile inoffensif. Puis tout rentrait dans le silence. Tout à coup le sifflement aigu d'un serpent fendit l'air, puis à ce sifflement en succédèrent rapidement d'autres, et les sentinelles tombèrent et disparurent sous les hautes herbes sans pousser un seul cri, sans faire un geste, sans bruit et sans un ennemi visible.

6

Au même instant, un mouvement en sens inverse s'opéra à la surface de cet océan de verdure sombre, et, à l'endroit où se tenait, tout à l'heure, la première sentinelle, surgit brusquement un Caraïbe rouge enlevant le fusil qu'avait laissé échapper le soldat anglais, puis, continuant sa course rapide sur le flanc du camp, il recueillit successivement les autres armes et, posant son butin sur son épaule, il se courba pour reprendre dans les herbes le chemin qu'il venait de suivre.

En moins de quelques secondes, il atteignit la base des rochers où des Caraïbes noirs et des Caraïbes rouges, l'homme blanc qui avait sauté du feuillage du bananier de la promenade de Kingstown tiraient, avec de grandes précautions, des cordages enfouis dans les herbes qui ramenèrent les cadavres des soldats anglais.

— Tonnerre de Brest! grommela l'homme blanc qui n'était autre chose que notre ami Mahurec, vous avez fait de la rude besogne, mes gars, et celui qui vous traiterait de propres à rien serait un fier halebouline! C'est ça, mes amours, halez dessus, ferme! Pas un English de raté! tous harponnés comme des pingouins endormis! Là!... ça y est! maintenant, en deux temps!

Mahurec se baissa, saisit l'un des cadavres qu'il déshabilla complètement avec une rapidité incroyable, tandis que les Caraïbes enlevaient aussi les vêtements des autres soldats.

Mahurec prit une corde, attacha ensemble tous les effets d'habillements, en fit un paquet et le confia à un Caraïbe noir. Puis il attira à lui les gibernes.

— Toutes garnies de cartouches! dit-il en les ouvrant successivement. De mieux en mieux! Voilà du plomb anglais qui retournera pour sûr à ses maîtres! Et toi, rougeaud, continua-t-il en se tournant vers le Caraïbe qui était allé recueillir les armes, tu as les fusils?

Le Caraïbe désigna du geste ceux qu'il tenait dans son bras droit.

— Bon! sept et quinze que nous avions ça fait juste vingt-deux, le compte tout rond! reprit le matelot. Plus sept briquets bien affilés, sept paquets de cartouches et des habits pour jouer la grande mascarade, si le cœur nous en dit! Approuvés, mes vieux! Ça été fait proprement! Pour lors, faisons disparaître les traces de l'expédition. Emportez-moi ces English et au trou!

Et Mahurec, attachant deux cadavres, les enleva et se dirigea vers l'intérieur de l'île, suivi par les Caraïbes qui emportaient les cinq autres morts.

Ils s'arrêtèrent devant une excavation récemment creusée et bordée d'un énorme bloc de rocher qui, prenant un point d'appui contre la paroi de la montagne, n'était tenu que par une forte barre de fer dont l'extrémité inférieure s'appuyait sur un autre quartier de roc enfoui à ras de terre. Une corde attachée à la tête de la barre de fer avait son extrémité à grande distance.

Les cadavres lancés dans le trou profond, les Caraïbes se retirèrent, et Mahurec, prenant le bout opposé de la corde, imprima une violente secousse.

Un bruit sourd retentit, le sol frémit et le quartier de roche, s'abattant sur l'excavation, ne laissa aucune trace des meurtres accomplis.

Les Caraïbes, ayant Mahurec en tête, reprirent alors la route qu'ils venaient de suivre, en retournant sur leurs pas. Et ceux, marchant les derniers, relevaient soigneusement les herbes foulées par les pieds de leurs compagnons pour qu'il ne restât aucun indice de leur passage.

Le camp, silencieux et calme, prouvait qu'on ne s'était pas encore aperçu de la disparition des sentinelles.

Les Caraïbes le dépassèrent en se tenant toujours dans l'ombre, et, gagnant l'extrémité de la promenade, atteignirent le bananier dans lequel le matelot français avait trouvé un asile. Le rocher qui s'élevait à quelques pas de l'arbre gigantesque était absolument dénudé et se précipitait à pic, de son sommet à sa base.

Mahurec lança un regard rapide autour de lui et, bien certain qu'aucun espion anglais ne surveillait le terrain, il fit un signe à un Caraïbe rouge. Aussitôt le cri triste de la chauve-souris retentit. En même temps une corde, lancée du sommet du rocher, se déroula rapidement et son extrémité fouetta la terre.

— En haut tout le monde ! dit le matelot d'une voix impérative.

Un Caraïbe noir s'élança, saisit la corde et commença sa longue et périlleuse ascension qu'il accomplit heureusement, avec une force et une agilité qui lui valurent un coup d'œil approbateur de Mahurec.

En peu d'instants, les Caraïbes atteignirent le sommet du rocher. Mahurec, demeuré seul, avait fait laisser les armes et le paquet d'habillements.

Le hardi marin attacha solidement sur ses épaules les uniformes, les fusils, les sabres et les gibernes, puis, saisissant la corde, il l'étreignit d'une main vigoureuse, s'enleva lestement et se hissa avec une véritable agilité de singe. Bientôt il atteignit à son tour la cime étroite du récif. De l'autre côté était l'océan.

Les Caraïbes s'étaient blottis dans une petite anfractuosité qui leur permettait à peine de se maintenir, et un escarpement du récif les dérobait entièrement à la vue du fort.

Mahurec, en touchant le sommet aigu du roc, attira à lui la corde et se mit à haler dessus ; puis, quand il l'eut retirée tout entière, il la lança du côté de la mer. L'extrémité du cordage était solidement attachée à une pointe de corail. La corde par laquelle on était monté allait donc servir maintenant à descendre.

Mahurec passa le premier. Enjambant le bord de l'abîme, il se laissa glisser doucement, atteignit d'abord la corniche, puis, écartant la corde en appuyant le pied contre le rocher, il continua à descendre tandis que les vagues, se ruant contre la partie basse de l'écueil, montaient progressivement jusqu'à lui.

Cependant la corde, dont l'extrémité inférieure flottait tout à l'heure au gré du vent et de la mer, se roidit brusquement, et Mahuroc atteignit le bordage d'une grande pirogue de guerre caraïbe.

— Aux autres ! dit-il en saluant d'un sourire quatre rameurs à la peau cuivrée dont tous les efforts réunis suffisaient à peine à maintenir la pirogue à distance du rocher sur lequel elle se serait broyée.

Une secousse donnée à la corde indiqua qu'un second descendeur suivait la voie aérienne et périlleuse. Bientôt tous furent réunis dans l'embarcation et pas un seul n'avait été blessé, pas un accident n'était arrivé.

Une heure du matin sonnait à Kingstown.

LE SOUPER

L'habitation de sir Henri Stephens, le gouverneur, était située au centre de la ville, sur une petite élévation, d'où elle dominait la rade et le port et avait pour horizon les flots de la mer des Antilles.

En revenant de la promenade où elle avait rencontré lord Elen, miss Mary était rentrée dans cette habitation et elle avait annoncé à son père sa résolution de se rendre à la Jamaïque et de partir, la nuit même, sur la corvette. Sir Henri écouta gravement sa fille, hocha gravement la tête et donna, non moins gravement, la permission sollicitée pour la forme, car, dans l'esprit de l'enfant gâtée, elle était accordée d'avance.

Miss Mary remercia son père et se rendit chez lady Harriet pour faire avec elle les préparatifs du voyage, laissant sir Henri dîner seul avec lord Elen.

La conversation entre les deux amis avait attaqué, naturellement, la situation politique des Antilles.

Depuis que l'Angleterre avait entamé sa grande lutte avec la France républicaine, sa supériorité navale avait compromis le sort de toutes les colonies françaises.

Aux Antilles surtout, où la Martinique et la Guadeloupe se trouvaient dans une situation des plus précaires, les choses paraissaient à peu près désespérées.

Ces deux îles étaient déchirées par des factions intérieures. Les riches planteurs étaient presque tous d'extraction noble ou du moins se prétendaient tels. Ils avaient donc accueilli la nouvelle de la terrible révolution accomplie dans la mère-patrie avec une réprobation évidente.

Puis des émigrés étaient arrivés à la Martinique et à la Guadeloupe et avaient encore excité les esprits contre la République.

Dans ces deux îles, les royalistes étaient donc en grande majorité et bravaient ouvertement les ordres du gouvernement central, accablant de termes de mépris les représentants que leur envoyait la Convention nationale.

L'anarchie était au comble et jamais plus belle occasion ne s'était présentée plus favorablement pour un ennemi extérieur.

L'Angleterre, veillant sans cesse avec son avidité particulière, trouvait la partie trop magnifique pour ne pas tenter de la jouer et de s'emparer de deux de nos plus beaux joyaux d'outre-mer.

En conséquence, elle organisait clandestinement une expédition aux Antilles, rassemblant ses forces et attendant une occasion favorable pour un débarquement.

L'égarement des opinions politiques devait l'y aider puissamment, et le petit nombre des troupes républicaines devait être obligé de céder devant la mauvaise volonté des habitants les plus considérables. Mais là était surtout la question, et il fallait s'assurer que la noblesse française coloniale ne ferait pas, le moment venu, cause commune avec les soldats de la République.

L'amiral anglais commandant les forces britanniques aux Antilles avait donc résolu, avant de tenter un débarquement à la Martinique, de jeter dans l'île quelques espions pouvant le renseigner d'une façon précise.

— Et vous croyez que ce Gervais remplira bien cet office ? dit sir Henri lorsque lord Elen parla des intentions de son chef.

— Il a tout ce qu'il faut pour cela, répondit l'officier.

— Il ne connait pas le pays.

— Raison de plus. Il n'apportera aucune prévention dans ses jugements.

— Il n'a pas de naissance.

— C'est ce qu'il faut. Cette noblesse française est la vanité et l'insolence même. Les émigrés sont impossibles à employer. Ils croient que tout leur est dû, et ils n'agissent qu'à leur point de vue. Un noble attirerait l'attention sur lui. Gervais passera inaperçu et pourra nous renseigner précieusement.

— A-t-il de l'esprit?

— Il n'en a pas besoin. Il ne lui faut que des yeux et des oreilles. Qu'il voie et qu'il entende, c'est tout. S'il avait de l'esprit, il pourrait trahir la mission qui lui sera confiée.

— Mais consentira-t-il à faire ce qu'il faut qu'il fasse?

— L'amiral a un moyen bien simple pour le contraindre : il lui montrera un bout de corde et une potence. S'il refuse, il sera pendu ; s'il accepte et qu'il nous serve mal, il sera pendu encore dès que nous aurons pris la Martinique. Il ne peut espérer fuir : aucun navire français ne peut sortir de la Martinique ni y entrer sans la volonté de nos croiseurs. Donc il acceptera et nous servira bien.

— L'amiral a-t-il déjà causé avec lui?

— L'amiral ne l'a pas encore vu. C'est moi qui, en le trouvant à bord du *Britannia*, ai pensé à en faire un espion dont le rôle nous est en ce moment si nécessaire. Je ne l'ai avec moi que depuis huit jours et je compte, à mon arrivée à la Jamaïque, faire part de mon projet à Sa Grâce et lui présenter Gervais, que j'essaie de dresser en conséquence.

— Très bien ! dit gravement sir Henri. A la gloire de l'Angleterre et à la honte de la France !

Les deux Anglais choquèrent leurs verres.

— Que sir Ewes, ajouta sir Henri, nous donne le moyen de pénétrer enfin chez ces chiens de Caraïbes, et, avant six mois, l'étendard anglais flottera sur les deux tiers des Antilles ! Surveillez bien ce sir Ewes, milord !

Lord Elen sourit et fit un geste indiquant que sir Henri pouvait être tranquille.

La conversation continua quelque temps, puis lord Elen quitta son ami pour retourner à son bord, afin, dit-il, de donner ses derniers ordres pour l'appareillage et de faire préparer à miss Mary un appartement convenable.

A dix heures du soir, lord Elen devait venir souper chez le gouverneur. A dix heures, effectivement, tous les convives étaient réunis à l'exception de sir Ewes qui n'était pas encore arrivé.

On l'attendit quelques instants, puis sir Henri se décida à l'envoyer chercher. Sir Ewes fit répondre qu'il allait se rendre chez sir Henri, qu'il achevait un travail qu'il voulait présenter à l'amiral, et qu'il suppliait le gouverneur de ne pas l'attendre.

On se mit à table : une heure s'écoula, puis une heure et demie, et sir Ewes ne se pressait pas de tenir sa promesse. Enfin minuit sonna, et sir Henri, impatienté et inquiet, allait se décider à envoyer de

nouveau chez le personnage attendu lorsque la porte de la salle à manger s'ouvrit et un valet annonça :
— Sir Ewes !

Celui-ci entra : c'était à l'instant précis où les sentinelles anglaises, atteintes par les sauvages, tombaient renversées sur le sol. Sir Ewes était un homme jeune encore, à la physionomie expressive et sérieuse, aux cheveux noirs, et ayant, dans toute sa personne, une distinction parfaite.

— Mille pardons, dit-il à sir Henri dans l'anglais le plus pur qui se soit parlé sur la Tamise, de Greenwich à Westminster-Bridge, mille pardons pour m'être ainsi fait attendre, mais un petit accident m'a retardé... Au moment où j'allais me rendre près de vous, j'ai mis, par inadvertance, le feu à l'un de mes stores et j'ai dû éteindre l'incendie avant de quitter la maison.

Sir Henri désigna à sir Ewes la place demeurée vide à sa gauche. En s'asseyant, le nouveau venu avait M. Gervais en face de lui. C'était la première fois que sir Ewes se trouvait en présence du prisonnier français. Jusqu'alors Gervais était demeuré à bord de la corvette, et sir Ewes n'était à Kingstown que depuis la veille au matin.

Le jeune homme lança un regard rapide sur ce convive qui lui était inconnu ; il examina cette physionomie bonasse, ce front étriqué, ce long personnage enfin, qui formait avec sa voisine, lady Harriet, un pendant presque ressemblant. Sir Ewes, demeurant un moment rêveur, parut réfléchir, chercher dans ses souvenirs, puis il passa la main sur son front et se tourna vers sir Henri qui lui adressait la parole.

M. Gervais, en voyant sir Ewes, n'avait manifesté que cette attention ordinaire et curieuse que l'on accorde à un convive étranger qui s'est fait attendre.

Depuis l'entrée de sir Ewes dans la salle à manger, lord Elen, qui s'occupait fort de miss Mary, avait redoublé d'attention et affecté de rendre à peine le salut adressé par le voyageur aux personnes qui entouraient la table.

La conversation étant en Anglais, le malheureux Gervais ne comprenait absolument rien et n'ouvrait la bouche que pour engloutir les mets que lui présentait une négresse se tenant derrière sa chaise.

Sir Ewes, remarquant ce mutisme absolu, se pencha vers Gervais et lui demanda s'il y avait longtemps qu'il habitait Kingstown. Gervais ouvrit ses petits yeux et ferma sa grande bouche. Sir Ewes renouvela la question sans obtenir de réponse.

— Est-ce que ce gentleman est sourd? demanda-t-il à sir Henri.

— Non, répondit le gouverneur, mais il ne vous comprend pas mieux pour cela.

— Pourquoi?

— C'est un Français.

— Un Français! répéta sir Ewes avec une grimace méprisante qui fit sourire le gouverneur.

Et sir Ewes reprit:

— Il vient de la Martinique ou de la Guadeloupe?

— Non! fit sir Henri; il arrive de France!

— Comment! la paix serait-elle donc conclue?

— Pas précisément. C'est un prisonnier de guerre!

Sir Ewes regarda encore Gervais et fit un hochement de tête significatif. Il ne comprenait pas comment on pouvait allier ensemble le titre de prisonnier de guerre, indiquant un soldat, avec le personnage à l'aspect pacifique qu'il avait en face de lui.

— Est-ce que vous êtes militaire? demanda un peu moqueusement sir Ewes en excellent français et en s'adressant à son vis-à-vis.

— Militaire, moi! fit Gervais tout interdit de la question à laquelle il était loin de s'attendre. Non, Monsieur... non, milord.

Le pauvre prisonnier était fort embarrassé du titre qu'il devait donner à son interlocuteur inconnu.

— Qu'êtes-vous donc, alors? poursuivit sir Ewes.

— Gervais, Monsieur... milord... Gervais, Jean-Chrysostome-Baptiste... bonnetier-brodeur de son état, maître brodeur même, à l'enseigne du *Paon d'or*, rue Saint-Denis, à Paris. Fournisseur des maisons les plus nobles de la c...; c'est-à-dire, continua Gervais en s'interrompant brusquement avec une frayeur comique, fournisseur des plus patriotiques citoyens que.... Au fait, non! je disais bien, poursuivit-il en changeant de ton encore et en se rappelant qu'il était en présence d'ennemis déclarés de la République française; fournisseur des meilleures maisons de la cour.

— Et comment se fait-il que vous soyez prisonnier de guerre?

— Cela se fait parce qu'on m'a pris.

— Les armes à la main?

— Non, jamais! fit Gervais avec une sorte d'indignation qui fit éclater de rire miss Mary.

— Mais comment vous a-t-on pris?

— Ah! fit Gervais en poussant un soupir, c'est toute une histoire que celle de mes malheurs, et si mon noble protecteur, le comte de Sommes...

— Le comte de Sommes! répéta sir Ewes. Mais je l'ai beaucoup connu! C'était un ami du duc de Chartres. J'ai soupé souvent avec lui, chez Son Altesse.

— Précisément, monsieur... milord! répondit Gervais avec étonnement.

— Le comte de Sommes! dit lord Elen dont l'attention venait d'être éveillée par ce nom prononcé; mais je l'ai connu aussi, moi, lors de mon voyage en France. Quand l'avez-vous vu, monsieur?

— Il y a plusieurs années, répondit sir Ewes; c'était vers 1785, car ce fut alors que le duc de Chartres prit le titre de duc d'Orléans à la mort de son père, qui arriva cette année-là.

— Vous étiez en France à cette époque?

— Oui, milord.

— Moi aussi, j'étais à Paris en 1785.

— Paris, répéta miss Mary en rêvant; je voudrais y aller.

Et elle regarda sir Ewes qui était pour elle de plus en plus héros.

— Nous irons aussi, ma fille, répondit sir Henri,

quand l'étendard anglais flottera sur le palais des Tuileries.

— Est-ce que vous étiez en France lors du procès du collier de la reine, sir Ewes? demanda miss Mary.

— Non, miss, répondit le voyageur; j'avais déjà quitté la France à cette époque.

— Eh bien! moi, j'y suis resté précisément pour assister à la fin de cette singulière affaire, dit lord Elen en se renversant sur sa chaise et en prenant ce qu'il croyait être une pose avantageuse. La France était, au reste, bien amusante à cette époque! C'était la plate caricature de l'Angleterre, tant ces pauvres Français s'efforçaient de copier les usages et les mœurs de nos gentlemen. Ils nous avaient tout emprunté... jusqu'à l'habillement. C'était, je vous le répète, très drôle! Et puis chaque jour de nouveaux scandales! Ce procès du collier m'a excessivement distrait! Miss, je vous donnerai sur cette affaire tous les détails qu'il vous plaira d'entendre; mais, avant ce procès, il y en avait eu un autre qui avait également fort préoccupé la cour et la ville... Qu'est-ce que c'était donc déjà?... Ah! je me souviens : il s'agissait d'empoisonnements, d'assassinats, d'incendie pour des questions d'argent, une sorte de vol, je crois... C'étaient des gentilshommes qui étaient accusés, deux marins autant que je puis me souvenir... Mais, ma foi! comment se nommaient-ils? je ne sais plus!

La conversation, depuis que sir Ewes s'était adressé à Gervais, était en langue française que chacun des convives parlait assez convenablement. Gervais avait donc parfaitement compris tout ce qui venait d'être dit. Aussi, lorsque lord Elen s'arrêta en paraissant chercher dans sa mémoire, se pencha-t-il en avant :

— Milord veut sans doute parler du procès du marquis d'Herbois et du vicomte de Renneville? dit-il.

— C'est cela même! s'écria lord Elen : d'Herbois et de Renneville! Ce sont bien les noms des deux misérables!

Depuis un moment, sir Ewes n'avait pas prononcé un mot, mais il était très calme et il écoutait ce qu'on disait.

Lord Elen se tourna vivement vers lui :

— Eh! mais, dit-il, vous deviez être en France à l'époque de ce procès dont nous parlons?

— J'y étais effectivement, répondit sir Ewes d'une voix nette.

— N'est-ce pas que ce procès était intéressant?

— Oh! fit miss Mary qui, depuis un moment, paraissait réfléchir profondément, je me rappelle! J'ai lu les détails de ce procès, dernièrement, dans de vieilles gazettes de Londres. Ces deux jeunes gens, dont vous parlez, étaient deux héros!

— Deux héros de crimes, alors! dit lord Elen.

— Non, deux véritables héros! Pensez donc! ils n'avaient commis tant de crimes que pour rendre riches et heureuses les deux jeunes filles qu'ils aimaient. C'était là le mobile de leurs actions, j'en suis sûre! Oh! c'était très beau, très beau! et on doit être fière d'être aimée ainsi! Ce que je regrette pour eux c'est que le roi leur ait fait grâce de la vie. Ils eussent dû refuser, cela eût été poétiquement noble! Leur mort aurait dû être sublime, tandis qu'ils végètent maintenant comme le commun des martyrs! C'est réellement fâcheux.

— Peut-être, miss, dit sir Ewes d'une voix grave, ces deux jeunes gens, dont vous paraissez blâmer la vie qu'ils ont acceptée, n'ont-ils agi ainsi que parce qu'ils étaient innocents des crimes dont on les accusait.

— Oh! fit miss Mary, ne dites pas cela, vous allez les dépoétiser!

Sir Ewes regarda fixement la romanesque jeune fille. Celle-ci, croyant que le jeune homme ne comprenait pas sa pensée, fit un mouvement d'impatience.

— Quoi! dit-elle, vous trouvez grand et noble que ces deux hommes aient consenti à aller mener, sur une terre étrangère, une misérable existence? Tandis que leurs compatriotes les ont déclarés coupables, que celles qu'ils aimaient les ont sans doute oubliés, car si elles eussent agi convenablement, elles se fussent tuées, tandis que leur nom est honni et déclaré infâme, vous pensez que ces deux hommes fassent bien d'avoir accepté l'existence, comme un mendiant accepte une aumône? Allons! sir Ewes, cela est mesquin, petit, étroit et absolument dépourvu de toute poésie.

— Mais, dit sir Ewes qui avait écouté la jeune fille sans essayer de l'interrompre, si ces deux hommes n'avaient supporté cette misérable existence que pour accomplir une grande œuvre dans l'avenir, l'œuvre de la vengeance? Si ces deux hommes, innocents et injustement condamnés, avaient fait ensemble le serment de vivre jusqu'au jour où ils pourraient contraindre la justice humaine à reconnaître son erreur? Si l'un d'eux était mort dans quelque catastrophe terrible et si le survivant eût juré, sur la mémoire de son ami, de continuer seul la tâche qu'ils s'étaient imposée tous deux. Si enfin celui-là, renversant tous les obstacles, atteignait le but? Si le même jour où luirait l'innocence reconnue voyait s'accomplir la vengeance; car ces deux hommes, s'ils ne sont pas coupables, ont dû être perdus par des ennemis puissants? Trouveriez-vous encore ce qu'ils ont fait mesquin, petit et méprisable? Que penseriez-vous, miss?

— Je penserais, dit miss Mary dont les yeux étincelaient, mais dont la voix était parfaitement calme, je penserais que celui dont vous parlez serait plus qu'un homme, plus qu'un héros! Et si, son vœu de vengeance et de réhabilitation accompli, il repoussait celle qui, sans doute, ne serait plus digne de lui, et pour laquelle il aurait tant souffert, je supplierais mon père de se mettre à sa recherche, de le rejoindre en quelque pays qu'il soit, de me l'amener, et, à la face du monde entier, je lui offrirais ma main et ma fortune!

En entendant la jeune exaltée émettre cette étrange et folle proposition, Gervais ouvrit de grands yeux, sir Ewes sourit tristement et lord Elen fit une grimace significative, car il pouvait conclure aisément que miss Mary n'avait pas pour lui un amour bien enraciné.

Sir Henri remua la tête sans formuler un mot; de sorte qu'on ne pouvait savoir s'il approuvait ou désapprouvait la romanesque pensée de sa fille.

Lady Harriet n'avait rien entendu : elle était en train d'engloutir une assiettée de fruits confits et glacés à la neige qui absorbaient toute son attention.

— Sir Ewes croit donc à l'innocence de ces deux coupables? demanda lord Elen avec une intonation légèrement provocante.

— Non, répondit sir Ewes, je ne crois à rien. Je supposais, voilà tout. Mais permettez-moi de vous rappeler, milord, qu'il est minuit et demi passé et que nous devons partir à une heure. Lorsque j'arrivais, l'un de vos *midshipmen* venait vous annoncer que votre yole vous attendait sur le quai.

L'observation de sir Ewes ayant mis fin à la conversation engagée, les convives quittèrent la table après avoir porté un dernier toast à l'heureux voyage de la corvette. Miss Mary emmena lady Harriet pour faire les préparatifs suprêmes, et sir Henri Stephens prit à part lord Elen pour causer un dernier moment avec lui.

Sir Ewes et Gervais demeurèrent à peu près seuls dans l'embrasure d'une fenêtre de la salle à manger. Sir Ewes était penché sur la barre d'appui, comme s'il eût voulu rafraîchir son front dans la brise. A peine son visage apparut-il au dehors que deux aboiements joyeux se firent entendre au pied de la maison. C'étaient les deux lévriers que tenaient en laisse deux des quatre domestiques nègres qu'il avait amenés avec lui. Sir Ewes répondit aux démonstrations amicales des chiens par un sifflement caressant; puis, se retournant vers Gervais :

— Avez-vous donc connu quelques-uns des personnages compromis dans ce procès dont nous parlions? lui demanda-t-il en fixant, sur le bourgeois de Paris, un œil profondément scrutateur.

— Mais, monsieur... milord.., balbutia Gervais.

— Dites monsieur, interrompit sir Ewes en voyant son hésitation.

— Eh bien! monsieur, j'ai connu effectivement M. le conseiller de Niorres pour lequel j'ai eu l'honneur de travailler : celui qui a vu mourir ses trois fils, ses deux brus, sa sœur et ses petits-enfants, victimes des misérables assassins.

— Je sais! dit sir Ewes en étouffant un soupir. Et ce conseiller, savez-vous ce qu'il est devenu?

— Il est mort.

— Depuis longtemps ?

— Peu de temps après le procès.

Et il est mort en maudissant ceux qu'il regardait comme les auteurs de tous ses maux? dit sir Ewes en courbant la tête. Pauvre vieillard! que n'a-t-il pas dû souffrir?

— On disait que sa fin avait été horrible; ajouta Gervais.

— Il est mort de chagrin?

— Probablement ; quoique...

Gervais s'arrêta.

— Qu'est-ce donc? demanda sir Ewes.

— Il y en a qui prétendaient que sa mort n'avait pas été naturelle.

— Pas naturelle ! s'écria sir Ewes. On l'aurait donc tué, lui aussi ?

— Je ne sais pas, fit Gervais effrayé de l'animation avec laquelle sir Ewes avait prononcé ces paroles. Je répète ce qu'on disait, voilà tout.

— Et, reprit sir Ewes après un moment de silence, le conseiller de Niorres avait une belle-sœur, madame de Niorres qui, elle, avait survécu au désastre...

— Ah! interrompit Gervais, la pauvre chère femme est morte aussi peu de temps après son frère, autant que je me souvienne.

Sir Ewes respira péniblement, comme si le sang,

envahissant sa poitrine, eût gêné la fonction des poumons.

Une dernière question, une question brûlante semblait prête à jaillir de ses lèvres, et il paraissait cependant ne pouvoir parvenir à la formuler.

— Mais, reprit-il d'une voix tremblante, madame de Niorres n'avait-elle pas deux filles?...

— Les deux nièces du conseiller, dit vivement Gervais.

— Oui... c'est cela.

— Celles que devaient épouser le marquis et le vicomte et qui étaient cause de tous les crimes, puisque c'était pour faire passer sur leur tête toute la fortune des Niorres que ces assassinats avaient été commis.

Sir Ewes ne répondit pas. Ses mains étreignaient convulsivement la barre d'appui; il paraissait horriblement souffrir, et, certes, un témoin plus clairvoyant que M. Gervais se fût aperçu de ses souffrances, mais le bourgeois ne parut pas même remarquer ce qui se passait en son interlocuteur.

— Les deux filles de madame de Niorres étaient entrées au couvent, poursuivit-il; mais elles en sont sorties...

— Après avoir hérité de l'immense fortune que leur donnait une horrible série de crimes, dit sir Ewes avec amertume. De sorte qu'elles ont consacré ainsi la condamnation des deux malheureux...

— Mais non, interrompit Gervais, vous vous trompez!

— Comment!

— En entrant au couvent, elles ont renoncé à cette fortune. Cela a même fait un grand bruit dans Paris, car on ne renonce pas ainsi à plusieurs millions de livres...

— Elles ont renoncé à la fortune de leur oncle! s'écria sir Ewes dont la physionomie tout entière resplendit subitement d'un rayonnement joyeux.

— Mais oui, elles ont renoncé...

— Et elles sont demeurées au couvent?

7.

— Oh ! non, Monsieur.

— Pourquoi alors ? Qu'ont-elles fait ?

— Je ne sais pas ; mais il n'y a plus de couvents ; le leur même est devenu un club et un corps-de-garde de sans culottes !

— C'est vrai ! c'est vrai ! murmura sir Ewes : tout a été bouleversé ! Oh ! que sont-elles devenues durant cette horrible tourmente ? Mortes, peut-être ! tuées ! guillotinées !... Ils ont fait exécuter des religieuses !... Oh ! pauvres, pauvres enfants ! pauvres créatures !... Et cette fortune à laquelle elles ont si noblement renoncé, pourrait leur être aujourd'hui d'un immense secours si elles sont vivantes encore ! Seules ! sans protecteurs, sans amis ! persécutées par la Convention ! que peuvent-elles devenir ?

— Quant à la fortune de M. de Niorres, poursuivit Gervais qui suivait son idée, sans se préoccuper des pensées dans lesquelles semblait absorbé sir Ewes, quant à la fortune de M. de Niorres, c'est bien une autre histoire. Il paraît qu'elle devait revenir à un bien brave et bien excellent gentilhomme, ma meilleure pratique, un cœur d'or qui s'était déclaré mon protecteur, le comte de Sommes, enfin.

— Le comte de Sommes ! répéta sir Ewes, que ce nom parut tirer de sa rêverie ; que dites-vous du comte de Sommes ?

— Je dis que c'est lui qui réclamait l'héritage des Niorres.

— Le comte de Sommes réclamait l'héritage des Niorres ! s'écria sir Ewes avec un étonnement profond. Impossible ; quel titre avait-il pour faire une semblable revendication ?

— Ah ! voilà, dit Gervais. J'ai été longtemps à comprendre cela, jadis, moi-même, et mon ami et mon voisin, M. Gorain, le propriétaire de la rue Saint-Honoré, ne comprenait pas plus que moi, mais nous avons fini pourtant par tirer les choses au clair.

— Comment ? Expliquez-vous ! dit sir Ewes avec précipitation.

— Il paraît, commença Gervais, que M. de Niorres

avait eu un enfant naturel avec une femme de Brest...

— La Madone ! murmura sir Ewes en se frappant le front. Oh ! je crois que le jour commence à se faire ! Oh ! mon Dieu ! par quelle voie ta main puissante dirige-t-elle nos destinées ? Après, monsieur, après ?

— Cet enfant devait hériter de son père...

— A défaut d'héritiers légitimes, je le sais, interrompit sir Ewes. Après ? après ? Comment le comte de Sommes se trouve-t-il mêlé à tout cela ?

— Le comte, poursuivit Gervais, avait été lié jadis avec cet enfant devenu homme et il l'avait considérablement obligé de sa bourse. De sorte que l'autre, étant alors sans fortune, avait engagé l'avenir et assuré au comte la possession de tout ce qui pouvait lui revenir un jour, même après sa mort, en garantie de ce qu'il lui devait.

— Eh bien ?

— Eh bien ! cet enfant naturel est mort, lui aussi, débiteur du comte. Le comte avait tous ses papiers en garantie, naturellement, en actes très bien faits, il paraîtrait. De sorte que, lorsque les demoiselles de Niorres ont abandonné l'héritage, il revenait directement au fils naturel, et, celui-ci étant mort, après avoir engagé tout ce qui pouvait lui revenir plus tard du comte de Sommes, le comte devait réclamer l'héritage, et c'est ce qu'il a fait.

— Et on le lui a accordé ? s'écria sir Ewes.

— Ah ! fit Gervais, le comte est un si bon gentilhomme, un si parfait seigneur, il a tant d'amis ! Alors, vous comprenez, les juges ne pouvaient pas méconnaître ses droits.

— Oui, murmura sir Ewes, cet homme a mis en jeu toutes ses influences pour triompher ! Oh ! quel dédale d'infamies !... Mais le fils de la Madone n'avait droit à rien ! Mon Dieu ! pourquoi M. de Niorres nous a-t-il repoussées jadis ? Oh ! Henri aussi est mort trop tôt !

— Un premier jugement, continua Gervais, avait

donc mis le comte en possession de la fortune qu'il revendiquait. C'était, cela, en 89, je crois ; et puis le parlement a cassé ce jugement pour je ne sais quelle cause ; alors l'affaire a été plaidée de nouveau...

— Eh bien ! demanda sir Ewes en voyant Gervais s'arrêter, quel a été le nouveau jugement ?

— Il n'a pas été encore rendu, je crois. La Révolution a éclaté, les parlements, les juges ont été renversés, guillotinés, changés, et, à mon départ de France, tout en était là. Cet excellent comte de Sommes demandait justice à la Convention.

— Il n'a donc pas émigré, lui ?

— Oh ! non, monsieur ; il a abdiqué son titre. Il s'appelle le citoyen Sommes, et c'est un des meilleurs patriotes du district.

Sir Ewes, les deux coudes appuyés sur la barre du balcon, tenait sa tête entre ses mains. Il paraissait plongé dans un flot de pensées tumultueuses. Ses épaules frissonnaient sous un tremblement convulsif.

— Ces assassinats, murmurait-il, donnant la fortune au fils de la Madone pour la transmettre ensuite au comte de Sommes ! Qu'est-ce que cela veut dire ? N'y aurait-il pas là une odieuse machination ? Suis-je sur la voie ?... Cet homme qui, le seul alors que chacun se détournait de nous, nous a donné de si grandes preuves d'attachement !... pourquoi aurait-il agi ainsi, s'il était coupable ?... Pour nous tromper, donc ! Pour mieux nous entraîner dans l'abîme ! Oh ! lui qui servait d'intermédiaire entre elles et nous, n'aurait-il accepté ce rôle que pour mieux nous trahir ?... Horrible !... Mais elles ! elles !... Leur aurait-on persuadé que nous étions coupables ?...

Sir Ewes redressa la tête ; ses traits étaient affreusement crispés, et la plus poignante anxiété se lisait sur sa physionomie. M. Gervais, qui suivant sa coutume ne remarquait rien, regardait attentivement la mer qui s'étendait à perte de vue en face de la maison de sir Henri.

— Quand je pense, dit-il en soupirant, que cet excellent comte, car j'ai toujours continué à lui donner ce titre, moi ; quand je pense que c'est lui, pourtant, qui est cause de tous mes malheurs ! Dieu ! doit-il être malheureux, s'il sait que je suis, à cette heure, prisonnier de guerre des Anglais, monsieur ! C'est véritablement incroyable, tout ce qui m'est arrivé depuis cinq mois. Figurez-vous qu'un soir j'étais dans mon arrière-boutique avec ma femme en train d'examiner les beaux habits brodés d'or qui nous restaient encore, et dont la République une et indivisible paralysait la vente, lorsque tout à coup...

— Une heure! dit une voix sonore. Sir Ewes! miss Mary vous attend pour embarquer.

Sir Ewes tressaillit et se retourna : lord Elen et sir Henri étaient devant lui.

— A vos ordres, milord, dit-il en suivant le commandant de la corvette et le gouverneur de Kingstown qui traversaient la salle à manger.

Miss Mary et lady Harriet étaient prêtes. Sir Henri voulait accompagner sa fille et l'installer à bord de la corvette ; M. Gervais suivait pas à pas la petite troupe à laquelle se joignirent, dès qu'on quitta l'habitation, les quatre nègres et les deux lévriers. Sir Ewes marchait seul, à pas lents, le front penché et chargé de nuages.

— Allons! fit-il tout à coup, comme s'il venait de prendre une résolution énergiquement arrêtée, dans six mois, moi aussi, je serai en France !

Et un regard de feu accompagna ces paroles murmurées intérieurement, puis il ajouta après un moment :

— Mais alors cet enfant, ce portrait vivant de Blanche... qui donc est-il?

XI

L'APPAREILLAGE

L'embarcation, conduisant à bord de la corvette ord Elen et ses passagers, fendait rapidement les eaux limpides du port, laissant dans son sillage une traînée lumineuse.

Sir Ewes était assis près du premier banc des rameurs ; les deux lévriers, accroupis devant lui, posaient, chacun sur l'un de ses genoux, leur tête intelligente ; leurs yeux injectés de sang se levaient vers son visage, et leurs naseaux dilatés paraissaient respirer l'air qu'apportait la brise. Parfois un mouvement fébrile agitait leur corps nerveux et un grognement sourd s'échappait de leur museau allongé. Ils paraissaient inquiets et agités, et sir Ewes, pour les calmer, les caressait de ses deux mains.

Plus la yole avançait vers la corvette et plus cette agitation et cette inquiétude des deux chiens semblaient s'accroître. Se dressant, en appuyant leurs pattes sur les bordages, ils aspiraient plus bruyamment les émanations du vent, et leurs grognements devenaient plus significatifs. Bientôt ces grognements se transformèrent en aboiements féroces.

— Décidément les chiens de sir Ewes en veulent à votre navire, milord, fit observer miss Mary en s'adressant à lord Elen.

La yole, se rangeant à la base de l'escalier de tribord, déposa ceux qu'elle contenait.

Les chiens, qui faisaient des efforts inouïs pour

s'élancer, furent arrêtés par sir Ewes qui les saisit tous deux par leur collier et les retint d'une main ferme, en essayant de les calmer de la voix.

— Qu'ont-ils donc? murmura-t-il avec un certain étonnement, car il ne comprenait rien à la conduite extraordinaire des deux lévriers caraïbes.

Puis, appelant près de lui ses nègres, il leur confia les chiens.

— Maintenez-les, dit-il, et conduisez-les immédiatement dans la cabine qui m'est réservée.

Puis il s'élança sur l'escalier qu'avaient gravi déjà lord Elen, miss Mary, lady Harriet et sir Henri. Gervais monta à son tour avec une gaucherie qui fit sourire les matelots. Les lévriers aboyaient avec une frénésie étrangement furieuse.

Tout à bord était prêt pour le dernier moment de l'appareillage, et tous les ordres s'exécutaient avec cette régularité que l'on n'observe que sur les navires de guerre. Les matelots rangés autour du cabestan, les bras appuyés sur les barres, attendaient le sifflet du contre-maître pour virer un dernier coup et arracher l'ancre qui était à pic. Les gabiers, garnissant les vergues et les hunes, se tenaient parés à larguer les voiles; les officiers, à leur poste respectif, veillant aux manœuvres, encourageant les travailleurs, étaient prêts à transmettre les ordres du commandant.

Lord Elen avait tout inspecté, d'un rapide coup d'œil, en posant le pied sur le pont, et, adressant un geste approbatif à son second, il offrit le bras à miss Mary, pour la conduire à son appartement. C'était le sien propre que lord Elen avait destiné à la jeune fille. Il occupait tout l'arrière du navire et présentait tout ce que le confortable le mieux entendu et le plus élégant peut exiger de richesses minutieuses, d'aménagement commode.

Miss Mary était charmée de retrouver là, sur ce navire, en pleine mer, tout le luxe dont elle se plaisait à s'entourer à terre. Lord Elen s'était réservé pour lui la salle du conseil, abandonnant son salon, sa galerie, sa chambre à miss Mary et à lady Harriet.

La corvette n'étant pas aménagée pour recevoir des passagers, et ses cadres étant au grand complet, on avait construit pour sir Ewes au commencement de la batterie, immédiatement après le carré des officiers, une cabine en toile à voile garnie d'un hamac. Ses nègres devaient coucher sur le plancher de la batterie.

Sir Henri fit ses adieux à sa fille, serra les mains de lord Elen, prit congé de sir Ewes et descendit dans une chaloupe du port à laquelle il avait donné ordre de suivre la yole, et qui l'attendait pour le ramener à terre.

Après le départ du gouverneur, lord Elen, laissant miss Mary et lady Harriet s'occuper de leur installation, prit sa place sur son banc de quart, et la manœuvre interrompue reprit aussitôt son cours. On entendait la chaîne de l'ancre grincer sur l'ouverture ferrée de l'écubier, et une petite secousse que ressentit la corvette apprit que l'ancre était dérapée. Alors on orienta la voilure, et la corvette, s'inclinant coquettement sur un bord, tourna son beaupré vers la haute mer, s'élançant hors de son mouillage comme un oiseau hors de son nid.

Sir Ewes se tenait à l'extrémité de l'arrière, les deux bras appuyés sur le bastingage et les yeux errant sur le magnifique spectacle qu'il avait devant lui et qu'offrent, durant ces nuits féeriques particulières au climat de l'équateur, les riches perspectives des Antilles.

Dès que le jeune homme eut mis le pied sur le pont de la corvette, un singulier changement avait paru s'opérer en lui. Depuis sa conversation avec Gervais, une sombre tristesse s'était emparée de son âme, et sa rêverie était si profonde qu'il n'avait pas prononcé un mot après avoir quitté l'habitation de sir Henri. C'était insensiblement que l'animation extraordinaire témoignée par les chiens l'avait tiré de l'espèce de léthargie morale dans laquelle il était plongé, mais à peine eut-il franchi l'ouverture des bastingages qu'une émotion des plus vives parut l'agiter dans tout son être.

A la vue de la mâture élancée du navire, de ce gréement fin et soigneusement paré, de cette activité qui régnait sur le pont ; en entendant les chants des matelots, le bruit aigre du cabestan, le sifflement des grelins criant dans les poulies ; en présence de toutes ces choses, enfin, inconnues pour l'homme de terre et qui constituent, pour ainsi dire, la preuve de l'existence du vaisseau, sir Ewes avait frissonné. Ses yeux s'étaient subitement enflammés d'un regard joyeux, sa physionomie avait revêtu une mâle expression d'attendrissement, sa poitrine dilatée avait aspiré, à longs traits, cet air imprégné de l'odeur du goudron et des émanations ferrugineuses de la cale, et il avait fait un mouvement comme pour saisir un porte-voix qu'un mousse tenait à la main, derrière l'officier commandant en second la *Tamise*.

Toutes traces de rêverie, de tristesse, de douleur avaient disparu ; son front dégagé s'était redressé fièrement, et un éclair menaçant avait brillé dans son regard, alors que ce regard s'était porté sur le yack anglais flottant à la corne d'artimon. Puis, parcourant toute la longueur du pont, de ce pas ferme et assuré du marin habitué à marcher droit en dépit du roulis et du tangage, il avait gagné l'arrière, et là, appuyé sur le couronnement, il avait assisté à toute la scène de l'appareillage. Sitôt que la corvette avait pris le vent, il s'était penché en avant pour examiner le sillage.

— Beau navire ! murmura-t-il ; Mahurec ne s'était pas trompé ! Bien gouverné, il filerait ses douze nœuds à l'heure ! Ah ! que les couleurs françaises feraient bien au bout de cette drisse de pavillon !

La corvette venait de quitter la rade, et, virant de bord pour contourner Saint-Vincent, elle mit le cap au nord, dans la direction de l'île de la Dominique. La bordée de quart avait pris son poste à l'avant, le reste de l'équipage était descendu dans l'entre-pont prendre possession de ses hamacs. Le capitaine en second, après avoir donné à l'officier chargé du quart de nuit le point et la route, s'était retiré dans une cabine, et la corvette, calme et silencieuse, comme un navire mis en bonne voie par un bon temps, filait en trempant son taille-lame dans un flot d'écume.

Lord Elen, sans accorder la moindre attention à sir Ewes, se promenait à l'arrière. Cette promenade, commencée au couronnement, s'étendait invariablement jusqu'à l'ouverture de la petite écoutille. Là, le commandant s'arrêtait, paraissait réfléchir, hésiter, puis, tournant sur lui-même, il revenait sur ses pas pour descendre ensuite, s'arrêter de nouveau et reprendre encore sa marche.

Plusieurs fois, depuis une demi-heure, lord Elen avait accompli ce manège lorsque, en touchant du pied l'orifice de l'ouverture servant de communication avec l'intérieur du bâtiment, il aperçut une tête ronde et garnie d'une forêt de cheveux roux qui surgissait à la hauteur de la première marche.

— James! dit-il.
— Milord? fit le matelot qui s'apprêtait à monter sur le pont.
— Tu viens de faire ta ronde dans le faux pont?
— Oui, milord.
— Et la Caraïbe?
— Elle ne bouge pas plus qu'un corps mort.
— Tu l'as vue?
— Par l'ouverture de la porte, oui, milord.
— Que faisait-elle?
— Je crois qu'elle dormait; mais, ma foi! je n'ai pas osé trop avancer, car elle a toujours près d'elle sa damnée flèche...
— Enfin elle est calme?
— Oui, milord.

Lord Elen parut réfléchir encore.

— Tu as fait exactement ce que je t'avais commandé tantôt? reprit-il après un moment de silence.
— Oui, milord, répondit James.
— Tu lui as parlé?
— Oui.

— Qu'a-t-elle répondu?

— Rien : elle n'a pas ouvert la bouche.

— Elle n'a pas demandé à manger?

— Non, et elle a aussi bien fait, car je ne lui aurais pas tant seulement largué un quart de biscuit, puisque milord l'avait défendu. Je lui ai porté la cruche d'eau que milord m'avait ordonné de prendre dans sa cambuse ; je la lui ai passée comme à l'ordinaire : elle ne m'a rien dit et je ne lui ai rien répondu. Voilà !

— Bien ! fit lord Elen en réfléchissant toujours. Tu crois qu'elle dort?

— Dame ! oui, je le crois, et c'est pas étonnant ; c'est la première fois qu'elle aura fermé l'œil depuis qu'elle est à bord : elle est toujours sur le qui-vive, cette damnée sorcière !

Lord Elen n'écoutait plus James ; il était absorbé dans ses pensées.

— Je descends dans le faux pont, dit-il enfin. Tu vas veiller dans la batterie ; que personne ne vienne me troubler, tu m'entends? Quoi qu'il arrive, je défends à qui que ce soit de descendre !

— Que milord prenne garde à lui ! murmura James ; ces sorcières rouges sont capables de...

Lord Elen haussa les épaules, écarta le matelot, qui se colla contre la muraille de la cloison pour laisser le passage libre, et il descendit dans la batterie.

En ce même instant, sir Ewes, quittant le couronnement, passa par l'escalier communiquant avec le carré des officiers, traversa ce carré et gagna sa cabine.

La batterie, sombrement éclairée par un seul fanal, ne permettait pas à la vue de s'étendre, de sorte que sir Ewes ne put remarquer dans l'ombre lord Elen continuant à descendre, à l'autre extrémité, vers le faux pont, et que le commandant de la corvette ne vit pas non plus le passager gagner son gite. Les quatre nègres étaient assis dans la cabine, se tenant immobiles et silencieux. En entrant, sir Ewes fut frappé par de sourds gémissements arrivant jusqu'à lui : c'étaient les cris plaintifs des lévriers qui s'approchaient en rampant à ses pieds.

Ces cris étaient sourds, étouffés. Sir Ewes, étonné, se pencha vers les chiens et reconnut qu'ils avaient le museau entouré d'une bande d'étoffe qui empêchait les sons de sortir clairs de la gorge, et qu'une corde solide les attachait chacun à un anneau fixé dans la muraille du navire.

Les lévriers, en s'adressant à lui, avec leurs cris plaintifs, sollicitaient évidemment son aide et sa protection pour les délivrer de l'espèce de bâillon dont ils ne pouvaient parvenir à se débarrasser et du lien qui les faisait captifs. Sir Ewes prit immédiatement un poignard caraïbe qu'il portait sur lui, dans l'intention de trancher les étoffes, mais l'un des nègres se pencha vers lui et lui posa la main sur le bras.

— Laissez les chiens ! lui dit-il à voix basse.

— Pourquoi ? demanda sir Ewes avec surprise.

— Parce que, si vous les faites libres, ils aboieront à réveiller tout l'équipage.

— Mais pourquoi aboieront-ils ? Rien ne provoque leurs cris ici !

— Ils ont trouvé une piste ! dit un autre nègre.

— Une piste ?... à bord de ce navire ?

— Oui ! Depuis que nous sommes arrivés à Kingstown, tous les deux, Coumâ surtout, sont dans une surexcitation, comme s'il y avait dans l'air quelque chose qui ne soit pas naturel. Qu'ont-ils ? nous l'ignorons ; mais cela est certain, et c'est ce navire qui cause leur animation ; plus nous approchions de lui tout à l'heure et plus ils témoignaient d'ardeur et d'anxiété. Si nous les avions laissés libres, ils auraient bien certainement dévoré quelque Anglais.

— C'est étrange ! dit sir Ewes en réfléchissant. Que s'est-il passé sur la corvette qui puisse développer ainsi leur instinct ?

— Ils ont trouvé une piste ! répéta le premier nègre.

— Une piste ? dit encore sir Ewes ; est-ce celle d'un ennemi ou celle d'un ami ?

Les nègres ne répondirent pas : ils ne pouvaient rien conclure. Quant aux lévriers, depuis l'entrée de sir Ewes dans la cabine, ils paraissaient redoubler de supplications pour être délivrés de leurs liens ; leurs regards intelligents faisaient parfaitement comprendre leur pensée.

Sir Ewes se plaça sur le hamac : l'un des lévriers se dressa et posa ses pattes nerveuses sur les genoux du jeune homme.

— Qu'as-tu donc, Coumâ ? dit sir Ewes en caressant la tête de l'animal.

Le chien fit entendre un grognement sourd, regarda fixement son maître et fit un bond pour s'élancer au dehors, mais le lien qui l'attachait le retint sur place.

— C'est étrange ! bien étrange ! murmura sir Ewes ; il ne peut sentir la pirogue... elle doit être encore à trois heues au nord.

II

LA FLÈCHE EMPOISONNÉE

A bord d'un navire, on appelle *faux pont* l'espace compris entre la cale et le premier pont. Cet espace, qui s'étend dans toute la longueur du bâtiment et ne reçoit d'air extérieur que par les hublots, a d'ordinaire une élévation fort restreinte.

Il se divise en six compartiments affectés chacun à une destination différente. Le premier, le plus vaste, celui s'étendant sous l'avant, est la soute aux voiles et aux cordages. C'est l'habitation ordinaire, le lieu de travail, le salon de réception du maître voilier.

Vient ensuite, près de l'endroit où passe le grand mât, la prison, nommée habituellement les *fers*, parce qu'elle est voisine du parc à boulets dont elle n'est séparée que par une cloison, et que souvent elle ne fait qu'un même lieu avec le magasin aux projectiles, d'où il s'ensuit que le matelot, mis *au bloc*, a pour oreiller une masse de fer.

Après la soute aux boulets se présente l'entrée de la *cambuse*, la cave au vin, l'endroit où se préparent les rations de liquide. Enfin, sous l'arrière, s'étend le magasin de poudres, la redoutable *sainte-barbe* et ensuite la soute aux poulies.

La *Tamise* n'étant qu'une corvette et ne possédant, par conséquent, qu'une rangée de canons intérieure, c'est-à-dire qu'une seule batterie, un seul pont, le faux pont se trouvait placé immédiatement au-dessous de cette batterie. C'était là qu'était descendu lord Elen après avoir laissé James en sentinelle au pied de la grande écoutille, avec défense expresse de permettre à qui que ce fût de venir le troubler dans l'expédition qu'il méditait.

Le commandant traversa la soute aux voiles et s'approcha de la prison, c'est-à-dire des fers. Il avait pris dans la batterie une de ces lanternes sourdes dont se servent les matelots pour descendre dans la cale et les officiers pour faire leur ronde.

Aucun bruit intérieur ne se faisait entendre. Seul le clapotement de la mer, dont les vagues venaient se briser sur la coque de la corvette, formait un murmure confus. Lord Elen s'assura qu'un pistolet, qu'il portait à sa ceinture, était bien amorcé; puis il déposa sa lanterne dans un angle et s'approcha de la porte, verrouillée en dehors, qui communiquait avec la prison.

Une large fente était pratiquée dans la boiserie de cette porte. Soit que cette fente fût le résultat du travail du bois, soit qu'elle eût été ménagée avec intention, elle servait au maître d'équipage, faisant sa ronde, pour donner un coup d'œil investigateur aux matelots mis aux fers.

Lord Elen appuya son front contre la porte et fit glisser son regard par la fente. Un hublot éclairait l'intérieur de la prison ; mais la nuit était si pure, si resplendissante d'étoiles brillantes ; la lune, qui venait de se lever, projetait une lueur si vive, qu'une douce clarté bleuâtre régnait dans cet endroit redouté.

L'ameublement en était fort simple. Une sorte de lit de camp dont le sommet montait jusqu'au hublot, et dont l'extrémité inférieure s'abaissait à quelques pouces de la porte, le composait tout entier. Ce lit de camp rendait d'autant plus gênante la position du prisonnier qu'il lui était impossible de se tenir autrement que couché sur le bois ; car ce lit, formant un surcroît d'élévation sur le plancher, ne permettait pas de demeurer debout.

Sous le lit de camp, on voyait les boulets amoncelés et rangés avec ce soin particulier aux matelots dans l'aménagement de leurs navires.

Sur le bois était étendue une créature humaine, dont, au premier regard, il était difficile de reconnaître les formes ; mais à mesure que l'œil s'habituait à la demi-obscurité régnant dans l'étroite pièce, il distinguait à la ténuité des extrémités, aux lignes élégantes du corps, à l'harmonie de la pose, que cette créature était une femme, et une femme même d'une rare et splendide beauté.

Sa peau, fortement cuivrée, attestait son origine indienne, mais on devinait la finesse du tissu en voyant clairement le croisement des veines sur les chairs à peine saillantes et sur le cou fin et parfaitement attaché. Si le corps était admirable de formes et de proportions irréprochables, la tête de cette fille offrait, dans toute sa pureté, le type si étrangement beau de la race primitive des Antilles, type qui, par le croisement du sang espagnol avec le sang indien, a donné aux colonies ces dangereuses sirènes dont les charmes irrésistibles, depuis l'emménagement partiel de l'ancien monde dans le nouveau, ont établi leur fascinante réputation dans les deux hémisphères.

Deux yeux noirs veloutés, aux prunelles diamantées, bordés de cils d'ébène et s'abritant sous une arcade large, puissante, surmontée d'un sourcil de Mauresque, un nez droit et fin aux narines mobiles, une bouche moyenne aux lèvres purpurines, un front élevé, intelligent, ombragé par une véritable forêt de noirs cheveux tressés en longues nattes, formaient l'ensemble du visage dont l'ovale parfait avait une distinction tout aristocratique.

Lord Elen pouvait d'autant mieux contempler cette poétique apparition, éclairée par les feux des étoiles et le doux rayonnement de la lune, que la jeune femme dormait sans faire un seul mouvement.

Son corps, à demi replié sur lui-même, présentait la pose la plus gracieuse. L'un de ses bras, arrondi sous la tête, la défendait du rude contact du bois du lit de camp. L'autre reposait sur sa poitrine, et ses doigts serraient une longue flèche caraïbe dont l'extrémité acérée était hérissée de crans.

L'œil de lord Elen, en caressant successivement toutes ces beautés qui s'étalaient devant lui, s'enflammait d'une ardeur sauvage, et les mains frémissantes du commandant étreignaient les planches de la porte.

La jeune femme ne bougeait pas ; son sommeil paraissait profond et calme. Lord Elen se recula et tira doucement, hors de sa gâche, un premier verrou, puis il regarda de nouveau : la Caraïbe n'avait pas fait un mouvement. Alors il tira le second, la porte s'entr'ouvrit doucement : la jeune femme ne se réveillait pas.

Debout sur le seuil de la porte, les yeux moins ardemment fixés sur la jeune femme que sur la redoutable flèche qu'elle tenait à la main, les doigts appuyés sur la crosse de son pistolet, lord Elen parut hésiter un moment.

La respiration de la dormeuse, arrivant à son oreille calme et mesurée, sembla lui rendre une détermination nouvelle. Il posa son pied droit sur le bord du lit de camp, se pencha en avant et étendit la main droite vers la flèche.

La Caraïbe fit un mouvement brusque et se retourna vivement. Lord Elen était demeuré immobile, l'œil fixe, la respiration haletante, la main gauche armée de son pistolet, prêt à faire feu.

La Caraïbe ne bougea plus : elle dormait encore, et le mouvement qu'elle venait de faire, elle l'avait accompli dans son sommeil. Lord Elen, qui était devenu très pâle, se remit peu à peu.

La flèche n'était plus placée horizontalement le long de la jeune fille ; maintenant posée en travers sur elle, sa main l'étreignait par le milieu, et cette main se trouvant appuyée sur la hanche, l'extrémité de l'arme empoisonnée, dont la moindre atteinte pouvait être mortelle, se balançait dans le vide.

Lord Elen se baissa un peu plus, s'allongea encore comme un serpent qui déploie ses anneaux, étendit de nouveau la main, en retenant sa respiration et, d'un geste brusque, il saisit la flèche par son côté acéré et la rompit d'un coup sec et violent.

— Ah ! fit-il avec un accent de triomphe, en rejetant dans la soute aux voiles les débris de l'arme demeurés entre ses doigts.

Cette action inattendue avait fait tressaillir la jeune fille. Elle ouvrit les yeux, aperçut lord Elen, poussa un cri sauvage et, d'un bond rapide, se mit en défense, brandissant le tronçon de la flèche qu'elle tenait toujours à la main.

— Infâme ! cria-t-elle en français avec un accent guttural. Tu vas mourir !

Et elle leva son arme avec un geste de menace ; mais lord Elen fit entendre un rire méprisant. La Caraïbe poussa un rugissement de rage ; elle venait de s'apercevoir que sa flèche était brisée.

— Ah ! fit le commandant, tu es privée de ton seul moyen de défense, maintenant. Il faut te soumettre, ma belle Fleur-des-Bois, et reconnaître, en moi, celui qui sera bientôt le vainqueur de tous les tiens !...

Allons! ne compte pas sur tes forces; mes bras sont plus nerveux encore que les tiens !... Soumets-toi, ma belle ! Tu es en ma puissance, et il dépend de toi de faire de ton esclavage une véritable royauté ! Tu vas me livrer enfin le secret que j'exige... A moi la gloire de planter sur la *Cabesterre* le drapeau des Trois-Royaumes!

Fleur-des-Bois était demeurée immobile, conservant, quoique désarmée, l'attitude si fièrement menaçante qu'elle avait prise en apercevant le commandant de la *Tamise*. On eût dit la statue de la reine des Amazones à laquelle un miracle fût venu donner une subite animation. Un genou sur le lit de camp, l'autre jambe repliée en arrière, le bras droit levé, l'œil étincelant et les lèvres frémissantes, elle paraissait prête à bondir sur son ennemi.

Son costume étrange prêtait encore un nouveau charme à tout cet admirable ensemble de grâce, de force et de beauté. Elle portait une sorte de casaque en filaments de palmier merveilleusement tressés, qui entourait ses épaules en les laissant découvertes, et descendait jusqu'au-dessus des genoux. C'est cette casaque que les Caraïbes mettent seulement pour le combat et qu'ils nomment leurs *nattes de guerre*. Ses longs cheveux nattés lui descendaient jusqu'à mi-jambe. Un collier de plumes de colibri recouvrait son cou et ses épaules sous son duvet aux couleurs éclatantes. Des bracelets de pierres micacées, montés avec un art remarquable sur une sorte de treillage de lianes, enfermaient ses poignets mignons et ornaient ses chevilles. Sur sa poitrine pendait, attaché par une chaîne semblable aux bracelets, un de ces longs sifflets, indice chez les Caraïbes d'un rang élevé ou d'un commandement militaire.

Ce costume simple et primitif, que ne pouvaient altérer ni les intempéries des saisons ni les fatigues d'un voyage, s'alliait merveilleusement avec la beauté guerrière de la jeune fille et en relevait encore toutes les grâces. Puis cette lumière bleuâtre qui, pénétrant par l'étroite ouverture du hublot, éclairait la prison, ce bruit incessant et monotone des flots se brisant sur la corvette, ces craquements sonores qui accompagnent toujours la marche d'un navire, donnaient au tableau que présentait la jeune fille un charme plus étrange et plus inexplicable.

Bien qu'il eût en face de lui une femme désarmée, lord Elen paraissait se tenir sur ses gardes. Il avait appris à connaître sa prisonnière depuis près d'un mois qu'il la détenait à son bord, et il savait que, jusqu'alors, rien n'avait pu parvenir à triompher de ses élans de fierté.

Après l'avoir écouté avec une expression méprisante, Fleur-des-Bois regarda lord Elen.

Ses narines se gonflèrent, ses lèvres s'entr'ouvrirent :

— Tu oses parler d'esclavage, Anglais maudit ! s'écria-t-elle avec une fureur sourde; tu oses dire que je suis ton esclave, cœur lâche, esprit félon ! Ton esclave, moi ! Ne suis-je donc pas la fille du grand chef caraïbe, et les Caraïbes ont-ils jamais courbé la tête devant les pareils ? Oui, je suis en ta puissance, car tu m'as faite lâchement prisonnière sans avoir eu même la gloire de me combattre et de me vaincre ! Rappelle-toi comment je suis tombée entre tes mains. N'est-ce pas après avoir perdu tous les miens dans l'engagement que venait de soutenir ma pirogue avec un navire de ta nation ? Mes guerriers étaient morts, hachés par la mitraille, ma pirogue coulait sous mes pieds, faisant eau de toutes parts, et je ne m'étais pas rendue ! Je parvins même à me soustraire à une capture presque certaine ! Seule, j'allais atteindre Saint-Vincent lorsque ta corvette m'a donné la chasse. Epuisée, blessée, sans force, ne pouvant plus me défendre, les Anglais m'ont poursuivie. Vous aviez donc peur de moi ? Ah ! si au lieu de vous, j'avais été en face des Français, ils m'auraient secourue, eux, ils m'auraient respectée, ils ne m'auraient pas faite prisonnière et ils m'auraient reconduite chez mon père. Car les Français sont bons, braves, et généreux!

— Les Français! cria lord Elen avec une expression féroce. Je les hais.

— Vous les haïssez parce qu'à part égale vous avez toujours été vaincus! Il faut que vous vous cachiez et que vous doubliez votre force pour triompher?

— Tu oublies que je suis un noble Anglais!

— Toi? un noble Anglais? Toi qui es lâche et bandit! Toi, misérable! qui as ouvert cette porte sans faire de bruit, toi qui as profité de mon sommeil pour me voler ma flèche! Tu es noble, toi! mais tu es infâme! Ose donc encore me dire que je suis ton esclave!

Fleur-des-Bois s'arrêta, dardant sur le commandant anglais ses grands yeux flamboyants. Lord Elen l'avait écoutée en silence, subissant l'attrait enivrant que répandait autour d'elle cette ardente et admirable nature, qui joignait aux avantages donnés par une éducation européenne l'âpre verdeur du caractère sauvage.

— Je t'ai dit, murmura-t-il d'une voix sourde, que ton esclavage pouvait se transformer en royauté!

— Oui, à la condition que je trahirais les miens! répondit Fleur-des-Bois avec un accent dédaigneux. A la condition que je serais aussi lâche et aussi traître que toi!

Lord Elen haussa les épaules.

— Ecoute, dit-il en s'appuyant contre le chambranle de la porte demeurée ouverte, il faut que tu me livres les secrets des passes pour entrer dans la *Cabesterre*. Oui, il le faut! James a dû te dire les dangers que couraient les tiens!

— Je n'y ai pas cru! s'écria Fleur-des-Bois.

— Pour croire, te faudra-t-il donc voir les carbets détruits, ton père pendu au bout d'une vergue et tes frères réduits en esclavage? Eh bien! s'il te faut cela pour croire, tu croiras, car tu le verras bientôt.

— Tu mens, et tu l'as fait mentir! Jamais les Anglais ne soumettront les Caraïbes! Comment pourriez-vous franchir les rochers? Vous ne pouvez pas nous attaquer par mer. Et les Caraïbes vous écraseront du haut des pics!

— Je ne mens pas, je ne te menace pas en vain! répondit froidement lord Elen. Ecoute encore, et, au lieu de me maudire, tu me rendras grâce. Ce secret que tu refuses de livrer à moi, un autre le possède. Depuis que tu es ma prisonnière, un de mes compatriotes a pu parcourir ton pays. Il a relevé, lui, toutes les passes par lesquelles notre armée pourra pénétrer dans la *Cabesterre*. Il a réussi à apprivoiser deux de ces chiens féroces que vous croyez nos ennemis acharnés. A l'aide de ces chiens, il pourra tromper la vigilance des autres, et les Caraïbes, surpris, écrasés, ne pourront se soustraire au sort qui les attend. Une expédition va s'organiser contre eux. Si je laisse faire cette expédition sans me mettre à sa tête, les tiens sont perdus sans ressource. Si, au contraire, tu consens à m'éclairer, je puis solliciter et obtenir le commandement de cette expédition, et, alors, Fleur-des-Bois, il dépendra de toi de voir prodiguer aux tiens les tortures ou de faire de moi un vainqueur clément et généreux. Si tu ne repousses plus ma demande, si tu consens à me dire la vérité, à me conduire au milieu des tiens, ton père sera épargné, ta sœur sera réunie à toi, les Caraïbes demeureront possesseurs de leurs terres, et je signerai avec eux un traité d'alliance qui leur garantira leurs droits à l'avenir. Mais si tu m'accables encore de tes refus, Fleur-des-Bois, si tu me traites en ennemi, si tu laisses à un autre le soin de la conquête de ton pays, oh! malheur alors sur toi et les tiens! car, moi aussi, je serai un ennemi implacable et terrible! Je me joindrai à l'expédition qui se fera, et toutes les forces que mon gouvernement mettra entre mes mains, je m'en servirai pour frapper ta race! Ton père mourra devant toi, ta sœur mourra au milieu des tortures, et pas un des tiens ne demeurera sur sa terre natale. Le nom des Caraïbes sera effacé à tout jamais des Antilles! Je t'ai parlé nettement, Fleur-des-Bois ; me comprends-tu ?

— Je ne crois rien de ce que tu dis. Pour parler comme tu le fais, il faut que tu ne connaisses pas notre pays et ses habitants. Au moment où tu attaqueras, tu mourras! Et si tu as la lâcheté de faire battre les autres sans combattre toi-même, les lévriers te trouveront et Coumâ, qui sentira que tu es mon ennemi, sera celui qui t'étranglera. Et puis, tu oublies donc les flèches empoisonnées ?

— Tu n'as plus la tienne!

— Tu me l'as lâchement volée! mais je n'ai pas peur! si tu oses m'attaquer, je me défendrai et je pousserai de tels cris d'appel que tous les miens viendront à mon secours! Je te tuerai ou tu me tueras, car j'ai trop de mépris pour toi !

Et, se tenant debout devant lui, elle l'écrasa de ses regards foudroyants.

XIII

COUMA

Tandis que cette scène se passait, une autre s'accomplissait au-dessus de l'endroit où elle avait lieu.

Sir Ewes, accroupi sur le plancher de sa cabine, afin que ses paroles arrivassent plus distinctement aux oreilles de ses quatre compagnons, échangeait avec eux, à voix très basse, une conversation rapide et animée. Les deux lévriers, toujours attachés, faisaient entendre, par moments, les gémissements plaintifs qui avaient si fort intrigué sir Ewes, et souvent il était obligé de leur imposer impérieusement silence.

Un changement s'était accompli chez les quatre nègres. Ils avaient quitté leurs riches habillements de livrée qui gisaient entassés dans un angle, et ils apparaissaient revêtus des nattes de guerre des Caraïbes. Un paquet de flèches, des casse-têtes et des haches étaient placés au milieu d'eux.

Les chiens comprenant cette transformation, leurs cris plaintifs se changeaient en grognements menaçants, et leurs prunelles jetaient des lueurs phosphorescentes.

— Il est deux heures, disait sir Ewes en interrogeant une montre élégante de fabrication anglaise qu'il prit dans son gousset. Dans une demi-heure, nous atteindrons la hauteur du canal de Sainte-Lucie. J'ai calculé la vitesse de la marche de la corvette, et ce temps sera strictement nécessaire pour parcourir cette distance. C'est près de la *pointe du Carénage* que sera embusquée la pirogue. Vous vous rappelez le signal! Un feu rouge brillant à l'arrière de la pirogue! Nous l'apercevrons facilement par ce sabord. Entre l'apparition de ce feu et le moment de l'attaque générale, il ne se passera que le temps absolument nécessaire pour que nous puissions agir, ainsi que cela est convenu. Rappelez-vous bien chacun les rôles que vous devez jouer...

En ce moment, Coumâ poussa un hurlement sinistre, et il fit un effort tellement violent pour s'élancer qu'il faillit briser le lien qui le retenait.

— Paix donc! dit sir Ewes d'une voix impérative.

Coumâ gronda sourdement, et il s'allongea et se recoucha en frissonnant.

— Tais-toi ! Tu nous trahiras avec tes hurlements.

Puis, voyant le ien à peu près calmé il reprit, en s'adressant à ses compagnons qui l'écoutaient avec une attention profonde :

— Le signal donné, je m'élance vers l'appartement de lord Elon. Je réponds de lui. Toi, Pakiri, tu sauteras sur le pont, tu précipiteras l'officier de quart à la mer, et tu couperas, d'un coup de hache, la drisse du gouvernail. Vous, continua-t-il en s'adressant aux deux autres Caraïbes noirs, vous garderez, armés de vos flèches, les deux portes du carré des officiers. Qu'aucun d'eux ne puisse monter sur le pont !...

Un nouveau hurlement, plus énergique encore que le premier, interrompit sir Ewes, et Coumâ, l'œil ensanglanté et la gueule écumante, fit encore un effort puissant pour s'élancer.

— Mais qu'a donc ce chien ? dit sir Ewes avec colère et en frappant rudement la pauvre bête.

— Il doit, évidemment, se passer sur ce navire quelque chose qui l'irrite ! dit Pakiri. Jamais l'instinct de Coumâ n'a failli. C'est Fleur-des-Bois qui l'a élevé, et Fleur-des-Bois avait fait de lui la plus sûre de nos sentinelles et le plus intelligent de nos chiens.

Coumâ continuait à donner tous les signes d'une fureur extraordinaire, et son compagnon aboyait aussi.

— Il faut qu'ils se taisent ! dit sir Ewes avec impatience. Ils réveilleront tout l'équipage, et nos amis, au lieu d'avoir en face d'eux une bordée de quart endormie, se trouveront en présence de tous les hommes de la corvette ! Paix, Coumâ ! Tais-toi, tais-toi, je le veux !

Mais le lévrier n'obéissait plus à sir Ewes.

— Allons, je veux savoir ce qu'a ce chien ! dit-il.

Puis, se tournant vers les Caraïbes :

— Veillez attentivement !

Coumâ, devinant sans doute l'intention de son maître, se tut aussitôt. Sir Ewes passa sa main sous ses vêtements, pour s'assurer qu'une paire de pistolets, que lui avait donnés Illehüe, était attachée à sa ceinture, et que sa hache caraïbe était aussi à la portée de sa main. Puis il se baissa vers le lévrier, lui fit un geste impérieux pour lui recommander le silence en détachant le bâillon qui lui serrait le museau et le lien qui le retenait captif. Coumâ fit un bond joyeux en regardant sir Ewes avec une expression de reconnaissance.

— Que se passe-t-il donc? murmura-t-il

Puis, passant son doigt dans le collier du chien pour le retenir à sa portée :

— Viens !

Coumâ, s'avançant rapidement, entraîna sir Ewes. Tous deux marchaient dans la demi-obscurité, car le fanal n'éclairait que l'extrémité opposée de la batterie. Coumâ flairait le plancher, comme s'il eût suivi une trace ; sir Ewes, une main sur le manche de sa hache, le suivait avec un étonnement croissant.

— Qui va là ? dit tout à coup une voix rude, et un homme se dressa subitement devant sir Ewes.

C'était James qui, accroupi derrière une caronade, venait de surgir brusquement. Sir Ewes, qui croyait la batterie déserte, fit un pas en arrière, et il allait formuler une réponse pour expliquer sa présence, mais le chien ne lui laissa pas le temps d'articuler un mot.

En voyant James, les yeux de Coumâ s'étaient animés subitement d'une ardeur féroce, et il avait battu ses flancs de sa queue pelée, comme un jeune lion s'apprêtant au combat. Se repliant sur lui-même, il s'élança d'un seul bond et ses crocs aigus s'enfoncèrent dans la gorge du matelot anglais.

James laissa échapper un râle sourd et porta, convulsivement, les mains à sa gorge pour en détacher l'animal furieux, mais le lévrier tenait ferme. Le matelot tourna sur lui-même, étendit les bras et tomba à la renverse.

Coumâ secoua la tête, déchira les chairs en étranglant James d'un seul coup de dent.

Cette scène sanglante s'était accomplie avec une rapidité telle que sir Ewes n'avait pu avoir le temps d'y jouer un rôle actif. Coumâ tressaillit, poussa un hurlement sonore, et il bondit dans l'ouverture communiquant avec le faux pont.

Ce hurlement avait réveillé l'équipage endormi.

Sir Ewes se baissa, et, saisissant le corps de James dans ses bras, il le lança à la mer par un sabord ouvert.

XIV

LA LUTTE

Fleur-des-Bois était dans la même position dominante. Ses yeux lançaient des éclairs rapides et sa physionomie exprimait une résolution tellement énergique que le commandant anglais détourna ses regards.

Puis il lui dit :

— Tu me livreras le secret des passes. Je saurai t'y forcer !

Fleur-des-Bois ne répondit pas, mais elle l'envahit dans un sourire moqueur et méprisant.

Lord Elen le soutint avec l'aplomb d'un homme sûr de lui-même. Et il ajouta :

— Tu méprises mes menaces ?

— Comme je te méprise toi-même, ainsi que je l'ai dit !

— Mais tu obéiras malgré toi à mes ordres !

— Tes ordres ! dit Fleur-des-Bois en se reculant.

— Oui ! à mes ordres ! répéta Lord Elen, car tu es ma prisonnière, tu es mon esclave et je suis ton maître. Et, dussé-je t'y contraindre par la violence et par les tortures, tu parleras !

Lord Elen s'avançait cauteleusement vers elle.

— Arrière ! s'écria Fleur-des-Bois en glissant sa main dans sa ceinture.

Et la lame aiguë d'un couteau de combat se leva menaçante.

— Cette lame n'a pas été trempée dans le *curare*, dit lord Elen avec dédain. Que m'importe une égratignure ?... Parle, ou tu vas mourir !

— J'en ai tué, avec cela, de plus forts que toi !

L'officier la menaça, mais elle évita l'étreinte en se jetant de côté ; puis, se ruant en avant avec une force irrésistible, elle repoussa lord Elen et elle bondit dans la soute aux voiles. Les morceaux de la flèche étaient en face d'elle. Elle poussa un cri triomphant et se précipita... Mais une main robuste la saisit aux épaules et la rejeta en arrière.

Lord Elen était là, debout et haletant, les traits décomposés par l'émotion violente qu'il ressentait, les yeux ardents, les lèvres humides, les veines du cou et celles du front gonflées à faire croire que le sang allait rompre leur tissu, le corps agité par des saccades nerveuses et ses cheveux roux hérissés.

Il était ivre de rage ; il comprenait que, s'il ne réussissait pas à arracher à la jeune fille le secret des passes, c'en était fait de tous ses rêves d'ambition, et celui qui allait avoir la gloire de conquérir la *Cabesterre* était sir Ewes que miss Mary regardait déjà d'un œil favorable et dont le triomphe consoliderait encore le piédestal sur lequel l'avait érigé la jeune miss.

Fleur-des-Bois se dressait, menaçante, son couteau levé et prête à frapper.

Il y eut un moment de silence et un hurlement se fit entendre à l'étage supérieur du navire. C'était le premier cri poussé par le lévrier. Fleur-des-Bois tressaillit.

— Coumâ! murmura-t-elle avec un élan d'espérance, car elle reconnaissait la voix du chien qui avait été et qui était encore pour elle un vrai compagnon dévoué.

Lors Elen devina ce qui se passait en elle.

— Ah! fit-il, tu reconnais les aboiements d'un lévrier des montagnes. Tu vois bien que je ne te mentais pas, je te disais que deux de ces chiens avaient été privés ; ils sont à bord avec celui qui doit donner la clef des passes à franchir pour envahir le pays des Caraïbes. Ah! tu trembles, maintenant! tu as peur!... Alors tu vas parler et tout me dire et tout m'apprendre!

Fleur-des-Bois se redressa vivement. Sans répondre à l'Anglais, elle leva le bras avec un geste de mépris, mais, en accomplissant ce mouvement, elle vit que, dans la lutte qu'elle venait de soutenir, elle avait été blessée au poignet par les griffes crochues de son adversaire.

Pressant la plaie de son autre main, elle fit dégoutter le sang qui coulait abondamment ; puis, arrachant, de son riche collier une plume blanche d'un oiseau des tropiques, elle la teignit de ce sang.

Le hublot, taillé en rond comme un œil-de-bœuf, est garni d'un gros verre épais, résistant aux vagues et qu'on n'ouvre qu'en bon temps, par une mer calme, car, dans les grains, le flot inonderait l'entrepont.

Fleur-des-Bois qui avait, derrière elle, le hublot à sa portée, étendit le bras dans l'ouverture et, écartant ses doigts, elle laissa échapper la plume ensanglantée dans l'air.

— Vole! vole! ô ma plume qui portes mon sang! dit-elle avec une conviction du cœur. Va apprendre à mon père, à ma sœur, à nos guerriers, tous les odieux traitements que je subis, en proie à un lâche Anglais ! Va chercher la vengeance !

Et se retournant vers lord Elen :

— Et toi, maudit, tu n'oserais pas lutter avec les miens ! Ton courage ne s'adresse pas à des hommes : il n'attaque qu'une femme désarmée !

Et elle accompagna ces mots d'un geste empreint d'un dédain tellement outrageant que l'Anglais se sentit frémir comme s'il eût été frappé au visage. Sa surexcitation ne connut plus de bornes.

— C'en est trop ! s'écria-t-il. Tu payeras cher tes insultes ! Parle, te dis-je, ou tu vas mourir !

Et il se rua sur la jeune fille. Un second hurlement retentit de nouveau.

— Coumà ! cria Fleur-des-Bois.

Et, saisissant le long sifflet pendu sur sa poitrine, elle voulut le porter à ses lèvres, mais lord Elen se précipita sur elle et, l'étreignant avec une rage convulsive, empêcha le mouvement.

La secousse avait été tellement violente que le couteau, que Fleur-des-Bois tenait encore dans ses doigts crispés, lui échappa et roula sur le plancher du magasin aux voiles.

Alors ce fut une lutte où l'Anglais mettait toutes ses forces, toute sa rage, toute sa colère pour vaincre une femme. Fleur-des-Bois cachait sous la gracieuse enveloppe qui recouvrait ses muscles cette énergie que possède, à un si puissant degré, la nature de ces filles de l'équateur. Lord Elen sentait, dans celle qu'il voulait vaincre, un adversaire robuste et déterminé ; mais l'officier anglais était sous l'empire d'un de ces sentiments tumultueux qui décuplent les forces : ce n'était plus un homme, c'était une bête fauve se ruant sur sa proie. Rugissant, bondissant sur elle et l'étreignant dans ses bras nerveux, il essaya de l'enlever pour la renverser sur le plancher.

Fleur-des-Bois se sentait faiblir. Ses muscles cédaient sous la pression qui annihilait leur élasticité, elle allait être renversée lorsque sa main gauche, dégagée, rencontra le sifflet qui pendait encore à son cou. Par un effort suprême, elle le porta à ses lèvres et en tira un son aigu.

Lord Elen, surpris, fit un mouvement involontaire qui rendit un peu de liberté à la jeune fille. Réunissant ses forces, elle le repoussa et parvint à se dégager. L'Anglais, ivre de fureur, jeta un cri rauque et s'élança de nouveau sur sa victime, mais un choc terrible l'envoya rouler au loin.

Un chien de taille gigantesque venait de bondir par l'escalier de l'écoutille et, renversant lord Elen dans sa course, s'était élancé vers Fleur-des-Bois pour la défendre.

— Coumâ! Coumâ! s'écria la jeune fille dont le cœur s'épanouissait.

Lord Elen se releva. Coumâ, s'acculant aussitôt contre sa jeune maîtresse, fit grincer ses dents. L'Anglais saisit son pistolet et en présenta le canon à la gueule menaçante du terrible lévrier.

L'homme et le chien demeurèrent un moment immobiles, se fascinant mutuellement du regard, quand, au même instant, Fleur-des-Bois poussa un cri de surprise plein de bonheur.

— Charles! s'écria-t-elle avec un éclat brillant dans les yeux.

Et, d'un bond, elle s'élança dans les bras de celui qui apparaissait au milieu de la demi-obscurité. C'était sir Ewes qui venait de s'introduire dans le faux pont.

— Ah! fit-il avec une vive expression d'émotion, te voilà donc, toi que je cherchais! J'ai juré, à ton père et ta sœur, de te ramener! Je tiendrai mon serment!

— Oh! dit Fleur-des-Bois, il n'y avait que toi, Charles, capable de me sauver.

— C'est Coumâ, qui te sentait, c'est Coumâ qui m'a conduit vers toi!

— Ah! fit lord Elen avec un grincement de dents, car il comprenait ce qui se passait.

Et il voulut s'élancer, mais Charles était devant lui.

Il y eut un moment de silence... puis le navire reçut une secousse violente, comme s'il venait de toucher sur un écueuil ou comme si ses voiles, fasseyant tout à coup, l'eussent fait porter en dérive au vent. Un grand tumulte éclata dans la batterie et sur le pont. On entendait des cris, des bruits de voix, des sifflements de cordages, des piétinements, et une ombre épaisse s'interposa brusquement entre le hublot du faux pont et le ciel lumineux.

Lord Elen voulait encore passer, et il leva son pistolet.

Charles, dont les regards étaient rivés sur les siens, passa sa main droite dans l'ouverture de son gilet, tandis qu'il enlaçait, de son bras gauche, la taille de la jeune fille qui entourait son cou.

Coumà, devant son maître et sa maîtresse, grondait en levant la tête vers le commandant anglais.

— Va! dit Charles.

Coumà bondit, et avec une telle rapidité, une telle violence, que lord Elen fut renversé et son pistolet s'échappa de sa main.

Coumà le tenait sous sa dent...

XV

UN HOMME A LA MER

Il y avait deux heures environ que la corvette avait quitté le port de Kingstown, et la brise, fraîchissant d'instant en instant, la poussait rapidement vers le nord. La mer, sans être mauvaise, était devenue légèrement houleuse, les vagues relevaient leurs crêtes écumantes; il y avait des *moutons*, comme disent les matelots. La corvette, courant vent arrière, éprouvait un tangage pénible. La nuit était calme cependant, l'air parfaitement pur et le vent favorable ; la bordée de quart dormait paisiblement, et l'officier se promenait en large, à l'arrière, de ce pas régulier particulier au marin.

La partie du navire située entre le mât d'artimon et le grand mât était donc absolument déserte. La petite écoutille, servant de communication avec le carré des officiers, s'ouvrait près du premier de ces deux mâts.

Quelques minutes avant que Charles ne rendît libre Coumâ qui flairait sa jeune maîtresse, l'escalier de la petite écoutille cria sous un pas alourdi et tremblant, et une face blêmissante, portant tous les stigmates d'une grande souffrance intérieure, apparut au sommet de l'escalier. Une main vacillante s'accrocha à la balustrade de cuivre et un homme posa un pied tremblant sur le pont assez vigoureusement balancé par le tangage et le roulis.

Ce promeneur nocturne était M. Gervais. Le pauvre bourgeois, manquant d'air dans l'étroite cabine qui lui avait été assignée, et se sentant atteint par un horrible malaise qui lui faisait croire qu'il allait rendre l'âme, avait voulu essayer de combattre, par l'air frais de la nuit, les pénibles sensations qu'il éprouvait.

Profitant d'un léger moment de calme, Gervais quitta le point d'appui qui lui servait à conserver son équilibre, et s'élança pour franchir la distance qui le séparait du bastingage. Mais, soit qu'il eût mal calculé le chemin à faire, soit qu'il eût trop présumé de ses forces, cette manœuvre faillit se terminer par un accident.

Une vague, plus puissante que les précédentes, fit donner plus fortement de la bande au navire qu'elle prenait par le travers : la corvette s'inclina davantage. Le malheureux Gervais s'enchevêtrait, en cet instant, les pieds dans un amas de cordages qu'il n'avait pas aperçus. Perdant son aplomb par deux motifs à la fois, il écarta les bras dans le vide pour chercher un point d'appui ; puis tournant sur lui-même par suite des efforts qu'il faisait pour ne pas tomber, il aperçut béante devant lui l'ouverture de l'escalier par lequel il venait de grimper sur le pont.

La peur d'une chute dangereuse lui fit accomplir un mouvement en sens inverse du premier, et peut-être, grâce à ces deux mouvements contraires, allait-il rattraper son équilibre, lorsqu'une seconde vague inclina plus fortement encore la corvette. Gervais, incapable de résister plus longtemps, se pencha comme un arbre déraciné par la tempête et battit l'air de ses bras.

En cet instant critique, sa main droite rencontra un obstacle solide et, s'y cramponnant avec l'énergie du désespoir, arrêta la chute complète du corps au moment où elle allait s'accomplir.

Un cri aigu, discordant, mélangé de colère et de terreur, déchira l'oreille du malheureux bourgeois, et des doigts secs et crochus, le prenant à la cravate, faillirent l'étrangler subitement.

— Hein !... qu'est-ce que c'est ? balbutia-t-il en se redressant, sans lâcher cependant le point d'appui inconnu qu'avait rencontré sa main.

— Au secours !... à l'aide !... à moi !... cria en anglais une voix retentissante.

Et lady Harriet offrit, aux regards étonnés du bourgeois de Paris, son maigre visage empourpré et sa chevelure en désordre.

La même cause, qui avait déterminé Gervais à quitter sa cabine, avait engagé la gouvernante de miss Mary à venir prendre l'air sur le pont. Elle achevait de gravir l'escalier au moment où Gervais perdit l'équilibre. Le même mouvement de roulis avait failli, également, renverser lady Harriet, laquelle s'était jetée en avant pour s'accrocher aux barres de cuivre formant la tête de l'écoutille.

Ce mouvement lui avait été fatal ; sa chevelure, formant un respectable édifice, avait rencontré les doigts de Gervais qui, saisissant ce secours inattendu, s'y étaient cramponnés pour éviter la chute.

— Aôh! choquant! choquant! fit la gouvernante en voyant Gervais se reculer avec confusion.

L'officier de quart, qui était accouru aux cris de la malheureuse femme, haussa les épaules et regagna le couronnement. Lady Harriet allait probablement fulminer une série de justes récriminations, mais le roulis, qui avait fait d'elle et de Gervais deux adversaires, les réconcilia promptement.

Une nouvelle secousse faillit renverser la gouvernante, et elle fut trop heureuse, cette fois, de s'accrocher à la main secourable que lui présentait Gervais. Puis tous deux, d'un même élan, gagnèrent en trébuchant un banc situé contre le bastingage et y tombèrent à demi évanouis. La terrible indisposition qui éprouve tous les apprentis marins, leur faisait ressentir ses plus poignantes atteintes.

— Ah! ma chère dame, balbutia Gervais en pâlissant et en faisant une pénible grimace, je me sens bien malade!

— Aôh! fit lady Harriet dont le mouchoir était placé près de la bouche. Moi aussi! souffrir beaucoup!

— C'est ce mouvement incessant du navire qui me met dans cette situation désagréable... Et puis, les craquements... Oh! cela m'inquiète!

— Et pourquoi êtes-vous aussi inquiet, monsieur de Gervais?

Ce de, prononcé par lady Harriet, et ajouté au nom du bourgeois, le rendit, durant quelques instants, fier de lui-même.

— Je suis inquiet du craquement, reprit-il, parce que je crois que le navire va s'ouvrir.

— Aôh! ne craignez rien à cet égard.

— Ah! je n'aime pas la mer! j'aime à voyager en terre sèche!

Il y eut un roulis qui fit fermer les yeux à lady Harriet et qui émut douloureusement le cœur de Gervais.

— Mon Dieu ! fit-il, il me semble que je vais mourir !...

— Aôh ! je suis morte ! répondit faiblement lady Harriet.

— Quelle abominable invention que celle de ces vaisseaux !...

— La marine est une belle chose ! dit lady Harriet chez qui l'amour-propre national triompha de l'indisposition.

— Pour les marins, cela est possible, balbutia Gervais, mais pour les hommes de terre... et je suis un homme de terre, moi, ma respectable dame... Ah ! mon Dieu ! mon Dieu ! est-ce que je pourrai supporter de pareilles épreuves ?... Ah ! mon Dieu ! si vous saviez tout ce que j'ai déjà souffert, en venant dans cet abominable pays... et cela n'était pas pour mon plaisir, allez !

Lady Harriet ne répondit pas ; elle était dans un état de prostration complète.

— Ah ! ma pauvre rue Saint-Denis... mon pauvre pays... mon beau Paris !... où êtes-vous ? vous reverrai-je jamais ? continua Gervais du ton le plus lamentable. Et quand je pense que c'est la Révolution... et mon ami le comte de Sommes qui sont cause que... Ah ! mon Dieu !... mais la mer est affreuse !... si nous allions périr ?

— Cela m'est indifférent ! balbutia lady Harriet.

— Ma chère dame, il faut faire notre prière ! Ah ! sainte Vierge !... tous les saints !...

— Aôh ! fit la gouvernante avec une indignation qui lui rendit une apparence de force, un papiste !...

— Ma chère dame, ne me repoussez pas ! s'écria Gervais. Laissez-moi mourir près de vous ! ce sera ma consolation. Ah ! mon Dieu ! ma pauvre femme qui sera veuve... et ma boutique... et mes amis... et mes économies !... et tout cela pour un habit brodé... Tenez ! il faut que vous sachiez mon histoire avant de quitter ce monde. Figurez-vous qu'un soir, j'étais dans mon arrière-boutique avec ma femme, en train d'examiner les beaux habits brodés d'or qui nous restaient, et dont la République une et indivisible paralysait la vente, lorsque tout à coup...

Un second violent coup de roulis interrompit encore brusquement Gervais et faillit l'envoyer par-dessus le bastingage. Lady Harriet, effrayée, le saisit par les vêtements, et s'y cramponna, non pour le retenir, mais pour s'empêcher de tomber elle-même.

Par un mouvement naturel, en se sentant tirer, Gervais s'accrocha des deux mains aux enfléchures, placées entre lui et la mer comme une barrière solide. Sa tête passant entre les cordes et la corvette s'inclinant, il aperçut tout le flanc, quand elle se redressa en s'élevant au-dessus des flots.

— Ah! fit-il en poussant un cri d'effroi, qu'est-ce que j'ai vu là?

— Quoi? demanda lady Harriet, que ce cri de son compagnon tira de sa stupeur.

— Un homme qui vient de tomber!

— Où cela?

— Là ! là!... au-dessous de nous!... dans la mer! Tenez, regardez ! c'est ce qui s'en va là-bas.

— Qu'est-ce que c'est?

— Un homme!

— Un homme à la mer !

— Oui, oui! je l'ai vu... il vient de tomber de là... en dessous !

— Ah ! mon Dieu ! cria la gouvernante, au secours! au secours !

— Encore! dit Gervais.

— Quoi!

— Quelque chose qui s'envole

— Qu'est-ce que c'est ?

— Une plume... Tenez, la voilà!..,

Et Gervais attrapa au vol la plume blanche, qui s'élevait dans les airs et qu'un tourbillon de vent venait d'apporter au-dessus du pont de la corvette.

— Ah ! mon Dieu! fit encore Gervais.

— Qu'est-ce que vous avez? demanda sa compagne vivement émotionnée par toutes les exclamations du bourgeois.

— Cette plume...
— Eh bien !
— Elle est pleine de sang !
— De sang ?
— Et tout frais, encore ! J'en ai plein les doigts. Ah ! ma chère dame ! qu'est-il arrivé ? qu'allons-nous devenir ?

— Au secours ! au secours ! balbutia la gouvernante.

— Mort-diable ! qu'avez-vous donc tous les deux à crier ainsi ? demanda l'officier de quart en se rapprochant du couple.

— Une plume... du sang ! Un homme à la mer ! répondit lady Harriet.

— Un homme à la mer ! s'écria l'officier obéissant à ce sentiment si naturel au marin en entendant ce cri sinistre. Un homme à la mer ? En êtes-vous sûrs ?

— Je l'ai vu tomber ! dit Gervais.
— D'où cela ?
— De là-dessous.
— D'un sabord de la batterie ?
— C'est cela !
— Vous en êtes certain ?
— Je vous le jure ! Il est là-bas ! là-bas ! Tout là-bas !

— Oui ! oui ! dit lady Harriet.

— Tout le monde sur le pont ! cria l'officier d'une voix tonnante. Un homme à la mer ! Coupe les bouées ! A l'eau les bancs de quart et les cages à poules ! Aux palans ! Le grand canot à la mer ! La barre dessous, timonier ! en panne !

En un clin d'œil la bordée de quart fut sur pied, et les matelots déjà couchés dans les hamacs surgirent sur le pont, à demi vêtus.

C'est qu'à ce terrible cri : *Un homme à la mer !* toutes les poitrines se serrent, toutes les voix expirent dans la gorge et chacun sent ses forces se décupler pour se précipiter à l'aide du marin en danger. Bouées, bancs, planches, tonneaux vides, cages à poules, tout ce qui peut aider un homme à se soutenir

9.

à la surface de l'eau était déjà passé par-dessus le bord.

La corvette était en *panne*, c'est-à-dire que ses basses voiles et ses perroquets avaient été lestement cargués, et, qu'à l'avant et à l'arrière, ses huniers étaient les uns brassés sur le mât, les autres ouverts à porter. Le vent, par suite de la manœuvre du gouvernail, arrivant perpendiculairement aux flancs du navire et rencontrant les voiles disposées en sens contraire les unes aux autres, neutralisait ainsi ses effets lui-même et, s'il ne rendait pas la corvette stationnaire, il ne la faisait que dériver. Le canot décroché glissait sur ses palans et prenait la mer.

C'était le tumulte causé par ces différentes manœuvres qui avait fait frissonner sir Ewes. A l'horizon on apercevait les terres ombragées de Sainte-Lucie formant une masse noire dans la nuit plus claire, et la *pointe du Carénage* se dessinait nettement, à un quart de lieue à peine.

C'était là que devait être embusquée la pirogue montée par Mahurec et les Caraïbes. Le moment de l'attaque approchait, et la pirogue, qui croyait surprendre un navire endormi, allait se trouver en présence de tout un équipage tenu en éveil.

C'était le corps de James, lancé à la mer par sir Ewes, qui avait excité l'attention de Gervais.

— Allez prévenir le commandant ! dit l'officier de quart à un jeune mousse qui se tenait à ses ordres.

L'enfant se précipita par l'ouverture de la petite écoutille. Pendant ce temps, la chaloupe, s'éloignant rapidement, disparaissait dans l'ombre, et tous les matelots penchés sur le bordage, dans les vergues, sur le gui, accrochés à l'intérieur du navire, exploraient la mer d'un regard investigateur.

— Le commandant n'est pas chez lui ! dit le mousse en remontant sur le pont.

— Le commandant n'est pas dans sa chambre ? répéta l'officier de quart avec étonnement.

— Non, mon lieutenant !

— Où est-il ?

— Je ne sais pas !

— Le commandant ! cria l'officier en s'adressant aux matelots. Prévenez le commandant !

Vingt hommes s'élancèrent à la fois, s'éparpillant dans tout le bâtiment.

— Le commandant ! Le commandant ! répétait-on de toutes parts.

— Il était, il n'y a qu'un instant, dans la batterie ! dit une voix brève.

L'officier de quart se retourna et aperçut sir Ewes qui venait de monter sur le pont.

— Dans la batterie ? répéta-t-il.

— Oui, monsieur. Je l'ai vu il y a à peine dix minutes !

— Serait-ce donc le commandant qui serait tombé à la mer ? s'écria un jeune *midshipman* en se précipitant sur une longue-vue qu'il braqua dans l'obscurité.

— Cela est possible, en effet ! dit sir Ewes, car il était assis près d'un sabord. Peut-être un étourdissement subit...

— Tous les canots à la mer ! hurla l'officier.

Les matelots se précipitèrent sur toutes les embarcations.

Un éclair joyeux passa sur la physionomie de sir Ewes. Il venait d'apercevoir, en face de lui, un feu rouge qui avait subitement brillé dans la mer et s'était éteint presque aussitôt. Courant vers le panneau ouvert qui servait à donner de l'air dans le carré des officiers :

— Holà ! cria-t-il. Jean ! Christophe ! Jérémie ! Allons ! un homme à la mer ! N'avez-vous pas entendu ?

Il achevait à peine que deux nègres presque nus s'élançaient sur le pont.

— Sauve le commandant ! dit sir Ewes à l'un d'eux.

Celui auquel il s'adressait sauta d'un bond sur le bastingage et s'élança dans les flots. Le nègre nagea vigoureusement vers le point sur lequel se dirigeaient les recherches des canots, mais soit qu'il eût aperçu quelque chose attirant son attention, soit pour tout autre motif, il changea subitement de route et se dirigea vers l'endroit où était apparue, quelques instants auparavant, la clarté rougeâtre qui avait brillé durant l'espace d'un éclair.

Personne ne fit attention à cette manœuvre du nègre. Sir Ewes, toujours calme et impassible, la suivit seul d'un œil approbateur.

— Allons, murmura-t-il, tout va bien! ce qui devait nous perdre nous aura sauvés!

XVI

VIVE LA FRANCE!

Le mal de mer, cette cruelle indisposition qui cause les souffrances les plus pénibles, disparaît presque subitement en présence d'une émotion forte. Les passagers les plus abattus se redressent, en dépit du tangage et du roulis, et ils affrontent, sans souffrir, une mer bien plus mauvaise que celle qui les avait rendus précédemment malades, quand on signale la terre. La joie d'atteindre le but si ardemment souhaité triomphe du malaise et rend les forces aux plus faibles.

Durant un naufrage, il n'y a plus de malades, lors même que la veille les cabines et le pont eussent été encombrés de passagers indisposés. La terreur cause le même effet que la vue des côtes.

était précisément ce qui avait eu lieu, à bord de la *Tamise*, pour lady Harriet et M. Gervais. Depuis le moment où ils avaient vu réellement un corps humain tomber à la mer, le malaise qui les torturait s'était presque instantanément dissipé et, fort, émus tous deux, ils ne s'occupaient plus qu'à suivre avec anxiété les péripéties du drame émouvant dont ils avaient été les promoteurs principaux, et qui s'accomplissait sous leurs yeux.

— Le commandant à la mer! disait Gervais en se lamentant. Qu'est-ce que nous allons devenir, s'il est noyé?

— Le second prendra le commandement, répondit tranquillement lady Harriet qui avait quelques notions des règlements de la marine.

— Vous croyez que cela se passera ainsi, et que nous n'aurons aucun désastre à redouter?

— Mais sans doute!

— Le ciel vous entende, ma bonne dame! J'avais toujours cru que lorsque le commandant d'un navire était mort, le navire devait forcément faire naufrage!

Lady Harriet regarda son interlocuteur avec tous les signes d'un dédain manifeste.

— Ces Français sont bien réellement stupides! murmura-t-elle.

Puis, se retournant vers Gervais:

— Vous n'avez donc jamais navigué? dit-elle.

— Oh! si! fit Gervais en poussant un profond soupir. Je suis venu de France jusqu'ici, ainsi que je vous le disais, il n'y a...

— Comment êtes-vous venu ici, à Kingstown? interrompit lady Harriet.

— Comme prisonnier de guerre, hélas!

— Aôh! vous êtes militaire?

— Moi, non! Ah! non, ma chère dame!

— Alors, comment êtes-vous prisonnier de guerre?

— Je vais vous raconter ce que je voulais vous confier! répondit Gervais. Figurez-vous qu'un soir j'étais dans mon arrière-boutique avec ma femme, en train d'examiner les beaux habits brodés d'or qui nous restaient, et dont la République, une et indivisible, paralysait la vente, lorsque tout à coup...

— Aôh! interrompit lady Harriet. Qu'est-ce que ce canot?

— Quel canot? demanda Gervais.

— Là... devant nous... dans la nuit!... Aôh!... c'est une pirogue avec des soldats anglais!

Effectivement, on apercevait, au loin, une longue embarcation s'approchant rapidement, et qu'éclairait le reflet de la lune. Six embarcations étant à la mer, à la recherche du commandant, il y avait à bord une vingtaine de matelots et quelques officiers.

Depuis un moment, sir Ewes s'était rapproché du gouvernail, et l'un de ses lévriers, celui qu'il avait laissé avec les Caraïbes noirs dans la cabine de la batterie, était couché à ses pieds.

Des quatre Caraïbes, un s'était élancé à la mer, l'autre se tenait près de l'officier de quart et du second du navire qui causaient ensemble avec animation et les deux derniers gardaient la batterie.

— Qu'est-ce que cette pirogue qui entre dans nos eaux? dit le second de la corvette en désignant à l'officier de quart l'embarcation que lady Harriet suivait des yeux.

— Sans doute, c'est une pirogue venant de Port-Castines, chargée des dépêches du gouvernement de Sainte-Lucie, répondit l'officier. Je reconnais les uniformes de notre armée de terre des colonies. On nous aura aperçus de la côte et on vient peut-être aussi demander des renseignements.

— Dans tous les cas, William, faites héler cette embarcation!

L'officier prit son porte-voix.

— Ho! du canot! cria-t-il.

— Ho! répondit une voix sonore.

— Qui êtes-vous?

— Envoyés de Sainte-Lucie! répondit-on encore en excellent anglais.

— Accostez à bâbord!

La pirogue se dirigea du côté indiqué du navire.

— Nos chaloupes ne reviennent pas! dit le second

de la *Tamise* avec impatience. Lord Elen se serait-il donc noyé?

Sir Ewes suivait, avec une attention extrême, la manœuvre opérée par la pirogue, et Gervais et lady Harriet, appuyés sur le bastingage, reprenaient leur conversation interrompue.

— Vous disiez donc? demanda lady Harriet.

— Je disais, répondit Gervais, que mon histoire est vraiment bien lamentable et bien extraordinaire, ma bonne dame! Figurez-vous qu'un soir j'étais dans mon arrière-boutique avec ma femme, en train d'examiner les beaux habits brodés d'or qui nous restaient encore, et dont la République une et indivisible paralysait la vente, lorsque tout à coup...

Un cri perçant, suivi d'un hurlement formidable, retentit subitement dans l'un des étages inférieurs de la corvette. Officiers et matelots se retournèrent; sir Ewes bondit en avant.

Par l'écoutille venait de surgir un homme aux vêtements déchirés, au visage ensanglanté, aux yeux hagards, et qui s'élança sur le pont, poursuivi par un lévrier poussant des hurlements féroces et en proie à une rage furieuse.

— Le commandant! s'écrièrent les officiers et les matelots stupéfaits.

Le chien se rua sur lord Elen, mais un matelot de taille colossale se précipita entre l'animal et son chef et reçut le terrible choc. Renversé, il fut étranglé aussi rapidement que venait de l'être James.

Coumà se recula, cherchant une autre proie.

Lord Elen, écumant de fureur, ne pouvait formuler les paroles qui se pressaient sur ses lèvres.

D'un bras frémissant, il désigna sir Ewes qui semblait hésiter à prendre un parti.

— Tue, tue! cria-t-il d'une voix rauque; un Français! un traître!

— Un Français! répétèrent les officiers.

— Un Français, oui! Il a voulu me tuer. Feu sur lui!

Quatre hommes s'élancèrent vers sir Ewes qui,

faisant une retraite rapide, s'accula contre le bastingage et leva un pistolet de chaque main.

En ce moment, la pirogue de Sainte-Lucie accostait à bâbord. Un sifflement retentit.

Vive la France! s'écria Charles en lâchant ses deux coups de pistolet.

Deux hommes tombèrent morts, et les lévriers, venant à son aide, renversèrent les deux autres.

— Vive la France! mort aux Anglais! s'écrièrent des voix puissantes.

— Trahison! Aux armes! Tue! tue! Ferme les écoutilles et les panneaux! hurlèrent les officiers anglais en tirant leurs poignards. A la mer, les Français!

— Les canots! cria l'officier de quart en se précipitant vers l'escalier de tribord.

Effectivement, l'une des embarcations envoyées à la recherche de l'homme tombé à la mer revenait en ce moment vers la corvette. C'était la plus grande; celle contenant quinze rameurs.

Sur le pont de la *Tamise*, il y avait un épouvantable tumulte.

Dans l'angle du couronnement, Charles, assisté de ses puissants auxiliaires, faisait tête à cinq Anglais qui l'entouraient. Le reste de l'équipage, sur l'ordre de lord Elen, s'était élancé vers l'escalier de bâbord pour repousser Mahurec et ses Caraïbes qui, s'accrochant aux flancs du navire, s'efforçaient d'atteindre son pont. Des matelots, descendant dans la batterie, revinrent chargés d'armes à feu au moment où l'équipe du grand canot remontait rapidement à bord.

Les assaillants, ayant devant eux un nombre double d'ennemis, n'étaient cependant pas dans une position critique.

Mahurec et les Caraïbes attaquaient avec cette rapidité et cette énergie de gens résolus à ne pas reculer, et, dans leur élan, les Anglais qui étaient entassés dans l'escalier, furent écrasés ou tombèrent dans la mer.

Au même instant, quatre lévriers furent détachés,

et, se ruant de la pirogue sur les marches ascendantes, ils firent culbuter tous les matelots, et, enfonçant leurs crocs dans les jambes, ils rendirent libre le passage.

Mahurec et les Caraïbes atteignirent rapidement le pont, et l'attaque se fit avec cette agilité particulière aux fils des Antilles.

Les casse-tête, les flèches empoisonnées faisaient des vides.

Et pendant que le combat commençait, après ce rapide assaut, Charles, entouré d'un groupe, se défendait avec un acharnement plein de bravoure.

Cinq fusils s'abaissèrent devant lui, mais les cinq tireurs n'eurent pas le temps de faire feu. Deux roulèrent sous les dents aiguës des lévriers, un troisième fut tué par Charles et les deux derniers percés de flèches.

C'étaient les deux Caraïbes noirs qui venaient de s'élancer tout à coup sur le pont avec leur costume de guerre et leurs terribles armes. La vue de ces deux sauvages criant, hurlant et brandissant leurs flèches causa un moment d'hésitation parmi les Anglais, tandis qu'elle redoublait encore l'ardeur des assaillants.

Cependant la lutte était trop inégale pour que le succès fût maintenant douteux, car les autres embarcations, rappelées par les cris, les coups de feu et le tumulte, se dirigeaient à force de rames pour rallier la corvette.

Charles, renversant d'un coup de poignard le seul ennemi qui restât debout devant lui, s'était élancé vers la tête de l'escalier de bâbord où avait lieu le combat le plus acharné. Coumâ et son compagnon se placèrent de chaque côté de leur maître.

Mahurec, armé d'une pique qu'il venait d'arracher à un matelot anglais, tenait tête à tout un peloton d'ennemis. Jurant comme un véritable païen, le vieux gabier abattait un Anglais pour chaque blasphème, et avait évité jusqu'alors toutes les balles qui sifflaient à ses oreilles. La surprise causée par l'attaque avait jeté la confusion parmi l'équipage, mais ce moment avait été de courte durée.

Mahurec et les Caraïbes étaient entourés de toute part par les matelots et les officiers armés, à la hâte, de sabres, de piques, de haches, de pistolets, et de fusils.

Lord Elen, dont la fureur, loin de s'apaiser, semblait redoubler d'énergie, s'efforçait de repousser les Caraïbes avec une rage sans égale.

Mais les quatre chiens avaient déjà étranglé de nombreux matelots, et Coumâ et l'autre, arrivant avec Charles, sautèrent sur le dos des Anglais comme sur une hyène.

Une vive fusillade s'était engagée presque à bout portant, et devenait tellement meurtrière qu'il était impossible qu'elle se prolongeât encore.

Les cinq autres canots, contenant le reste de l'équipage, s'approchaient formant flottille.

— A bâbord! leur cria lord Elen en s'élançant à l'arrière.

Les canots obéirent vivement et se dirigèrent vers l'endroit par lequel venait d'accoster la pirogue. Les assaillants allaient donc être pris entre deux feux ou du moins deux attaques.

Déjà les chaloupes approchaient, et les rameurs, en levant leurs avirons pour en faire des armes, laissaient courir sur leur *erre* les embarcations lancées à toute vitesse. Déjà les Anglais, certains de la victoire, grâce à ce nouveau et puissant renfort qui allait opérer une diversion terrible, poussaient des hurlements de triomphe...

Charles, désespéré, voyant tout perdu, s'élançait comme un fou au milieu du carnage... Les Caraïbes combattaient furieusement et peu avaient été blessés: deux seuls étaient morts. Mahurec, admirable d'audace, de sang-froid et de force, s'entourait d'un amas de cadavres.

Tout à coup, et au moment où les chaloupes arrivaient, une double et formidable détonation ébranla la corvette, un nuage de fumée monta le long du bord, des cris déchirants se firent entendre. Une rafale de vent emporta la fumée, et les embarcations avaient disparu, brisées, broyées, anéanties par deux boulets partis de la batterie. Puis le cri de guerre des Caraïbes retentit et un guerrier s'élança sur les Anglais. C'était Fleur-des-Bois, la fille intrépide du grand chef.

Qu'était-elle devenue, depuis le moment de l'attaque?

Lord Elen, que sir Ewes avait confié à sa garde, étant parvenu à s'échapper en terrassant la jeune fille, Fleur-des-Bois était restée quelques instants sans connaissance. Rappelée à elle par le bruit du combat acharné qui se livrait au-dessus de sa tête, elle s'était élancée au secours de ses amis. La soute aux armes était à sa portée : elle prit une paire de pistolets, puis gagna la batterie. En ce moment arrivaient les chaloupes et retentissaient les cris de triomphe des Anglais.

Voyant les canots par un sabord ouvert, comprenant l'importance de ce renfort qui survenait, elle se précipita sur les deux caronades qui prenaient en enfilade les embarcations anglaises, les pointa, en arracha la platine pour découvrir l'amorce, et, certaine que ces pièces étaient chargées puisque l'on était en temps de guerre, elle y mit le feu simultanément à l'aide de ses deux coups de pistolet.

L'effet de cet acte énergique avait été terrible. Les canots broyés, anéantis, Fleur-des-Bois, rechargeant ses armes, avait bondi sur le pont. D'un seul élan, elle fut auprès de Charles. La double détonation, l'anéantissement des canots avaient frappé les Anglais de stupeur.

La présence de la jeune fille enflamma d'une ardeur nouvelle les Caraïbes qui poussèrent des rugissements de joie à sa vue. En apercevant tout à coup la fille bien-aimée du chef, qu'ils regardaient comme un être supérieur, comme un gage certain de triomphe et qu'ils croyaient morte, les Caraïbes redoublèrent leurs forces et s'animèrent d'une telle fureur qu'ils se ruèrent sur leurs ennemis, et, en une seule charge refoulèrent les Anglais jusqu'à l'avant.

— Ferme les panneaux ! cria Mahurec en saisissant de ses bras herculéens une caronade placée sur le pont, qu'il fit rouler en arrière et braqua lestement sur les Anglais.

En ce moment, lord Elen et les siens poussèrent des cris de fureur. Le pavillon anglais flottant à la corne venait de tomber à la mer. C'était Charles qui, s'élançant sur la vergue de la brigantine, venait de l'amener en tranchant la drisse d'un coup de hache.

— Vive la France ! hurla Mahurec en se penchant pour mettre le feu à la pièce.

Charles s'arrêta.

— Rendez-vous ! cria-t-il aux Anglais.

Une balle, heureusement mal dirigée, fut la seule réponse qu'il obtint.

— Feu ! dit-il.

La caronade tonna et mitrailla les Anglais.

Les Anglais étaient nombreux encore cependant et se battaient avec cette froide ténacité qui fait la force militaire de leur nation.

Le carnage recommença : le pont était jonché de blessés et de mourants.

Mahurec, Charles et Fleur-des-Bois n'avaient reçu aucune blessure.

Puis les six chiens, ivres de sang, et ayant vu et entendu leur maîtresse qu'ils adoraient, se ruèrent comme des boulets, faisant des trous dans la masse.

Coumâ cherchait des yeux lord Elen et, le voyant, il bondit sans pousser un cri, le renversa en avant, et, passant ses crocs dans l'épaisseur du collet, il traîna le commandant, évanoui par la chute et qu'on croyait mort, jusqu'aux pieds de Fleur-des-Bois.

Le jour naissait, et ses premiers rayons éclairaient le pont de la *Tamise*. A peine quelques Anglais étaient-ils encore debout. Il y avait plus de morts que de blessés.

Charles s'avança vers eux.

— Je ne demande pas vos armes, dit-il, ni que vous

vous rendiez. Voici ce que je vous propose : c'est de vous donner un canot, dans lequel on descendra les blessés et qui vous permettra d'aborder à Sainte-Lucie.

Les Anglais ne répondirent pas, mais, comme ils ne se battaient plus, Charles fit préparer leur embarcation. Et, quand le canot s'éloigna, Mahurec déploya un drapeau tricolore, l'attacha à une corde et il se tint prêt à tirer.

— Vive la France ! dit Charles.

Mahurec enleva le pavillon qui flotta à la corne.

Sur le pont, il y eut des cris de joie.

Charles était près de Fleur-des-Bois et lui souriait :

— Nous allons retourner à Saint-Vincent, dit-il. Et toi, que j'aime comme une sœur, je te dirai tout ce que je veux faire. Illehüe et Etoile-du-Matin vont être heureux de nous revoir.

— Ah ! dit la jolie Caraïbe, c'est toi qui m'as sauvée !

XVII

BREST

« N'est point duc de Bretagne qui n'est sire de Brest ! » prétend un vieux dicton remontant au treizième siècle et qui prouve qu'au moyen âge Brest avait déjà une grande valeur relative ; mais si Brest avait aussi un beau renom et un *fort château*, si ce château avait victorieusement repoussé les Anglais en 1512 et en 1557, et les Espagnols à la fin du même siècle, comme port et comme ville, Brest n'avait encore réellement aucune importance à l'époque de la mort de Henri IV, car son port ne possédait que quelques barques de pêche, et la ville renfermait à peine 1,500 habitants.

Il appartenait à un homme qui devait, cependant, laisser un renom haï du peuple, de fonder ce grand établissement maritime appelé à rendre, un jour, de si importants services à la France. Cet homme, c'était le cardinal de Richelieu.

Singulière vérité, et dont demeurent convaincus tous ceux qui étudient sérieusement l'histoire du pays, les deux hommes qui, sous l'ancienne monarchie, ont fait le plus de choses pour le bien public et ont le plus contribué à la grandeur de la France ont laissé, tous deux, les souvenirs les plus impopulaires : Louis XI et Richelieu sont demeurés méconnus. Pourquoi ? L'un et l'autre n'ont jamais frappé que la *féodalité*. Avant Louis XIII, notre marine était nulle. Richelieu voulut nous en créer une. Le siège de La Rochelle terminé, il chargea Le Roux d'Infreville de visiter tous les havres de l'Océan et de choisir l'emplacement de trois arsenaux. Brouage, Brest et le Havre-de-Grâce furent désignés, acceptés « et, dit l'ordonnance du 29 mars 1631, trois commissaires royaux demeurant auxdits ports auront soin de pourvoir à la conservation et au radoub des vaisseaux, à l'entretien des matelots pour la garde d'iceux, et de tenir tous agrès et apparaux prêts dans les magasins... »

Un vaste magasin et des hangars furent aussitôt construits à Brest et on mit sur chantier dix vaisseaux de ligne et six frégates. Le port de pêche recevait son baptême de port militaire.

Mais un temps d'arrêt, qui pouvait devenir fatal, menaça la nouvelle cité maritime à deux doigts de sa perte. Louis XIV et Colbert ne favorisaient que deux ports en France : La Rochelle et Rochefort. Brest, abandonné et délaissé, existait à peine, lorsque Duquesne, sondant tous les points des côtes de Bretagne, comprit les avantages énormes que présentait la position de la ville bretonne.

Il envoya son avis à Colbert, qui chargea de venir à Brest un intendant nommé de Seuil, homme excessivement capable. Duquesne et de Seuil eurent pleins pouvoirs, les caisses de l'Etat leur furent ouvertes, et ils se mirent à l'œuvre avec une activité fiévreuse.

Duquesne faisait baliser les rades et les entrées des rivières, en dressant une carte détaillée des abords de Brest, tandis que de Seuil faisait construire quarante-quatre magasins en pierre, une corderie, des étuves, un moulin à poudre, deux forges pour les ancres. Colbert envoya, en même temps, l'ingénieur Sainte-Colombe pour établir les lignes de fortifications, et Hubac, charpentier du roi, pour organiser les chantiers sur le modèle de ceux de Hollande et d'Angleterre, que son fils, Seignelay, visitait minutieusement. Brest prit rapidement le premier rang, car, en 1669, neuf navires étaient lancés, et l'œuvre, commencée par Richelieu, grandissait encore.

Vauban fut envoyé à Brest et vint s'y installer en 1683. En peu de temps, il acheva, corrigea, perfectionna tout ce qui avait été fait ; puis, après avoir dressé des forts et des redoutes sur tous les points principaux commandant la ville : au Conquet, à l'anse des Blancs-Sablons, à Bertheaume, à Quélern, l'île Longue et Camaret, il voulut apposer sa signature indélébile sur quelque œuvre gigantesque, réputée impossible.

La rade de Brest ne s'ouvre, sur la mer, que par une passe de seize cent cinquante mètres de large, passe profonde, encaissée dans de hautes falaises coupées à pic, et appelée justement le *Goulet*. Au milieu de ce passage, déjà difficile, s'élève un rocher énorme, le *Mengant* (pierre boiteuse), qui domine complètement l'entrée de la rade à droite et à gauche. Seignelay, le fils de Colbert, frappé par l'avantage que l'on pouvait tirer, comme moyen de défense, de cette bizarrerie de la nature, avait tout tenté pour établir, sur le *Mengant*, un fortin ou même une simple batterie, mais il avait fallu reculer devant l'impossibilité matérielle ; les flots, toujours en fureur autour du rocher, en rendaient l'abord tellement dangereux qu'il était impraticable. Ce fut alors que Vauban, puisant de nouvelles forces dans son génie, résolut de reprendre ce travail, et, réussissant, il acheva et couvrit de batteries les falaises du *Goulet*, en enveloppant *Recouvrance* dans l'enceinte des fortifications.

De Brest partit, en 1688, Château-Renault avec l'escadre qui conduisit Jacques II en Irlande, et, en 1690, Tourville, à la tête de sa flotte de soixante-quinze vaisseaux de ligne. Deux ans plus tard, en 1692, Tourville attendait l'arrivée du comte d'Estrées qui commandait l'escadre de la Méditerranée, mais Louis XIV lui envoya l'ordre de partir sans ce renfort, ce qui causa le désastre de la Hogue. Après ce revers, on pensa que l'ennemi allait fondre sur Brest que l'on crut perdue, mais Vauban, venant occuper la place, écrivit au roi :

« Votre Majesté n'a rien à craindre : tous les passages qui sont sous le château sont à l'épreuve de la bombe. J'ai placé 90 mortiers et 300 canons. Nos vaisseaux sont hors de portée. »

Effectivement, une flotte anglo-hollandaise, forte de 10,000 hommes, vint en débarquer 3,000 près de Camaret, mais, sur ces 3,000 hommes, 600 furent tués par la garnison bretonne et TOUS LES AUTRES furent faits prisonniers.

« *Batavis et Anglis ad littus armoricum cæsis*, 1694 » fut l'exergue de la médaille frappée à cette occasion.

Au siècle suivant, Brest acquit, chaque jour, une importance nouvelle. Elle fut dotée, en 1745, du magasin général ; en 1747, de la corderie. Le bagne fut construit en 1751, la caserne des marins en 1767, la voilerie en 1768.

Du côté de *Recouvrance*, on établit trois bassins de construction et les ateliers de mâture. Enfin, en 1769, le directeur du génie d'Ajot construisit cette magnifique terrasse plantée d'ormes superbes et longue de près de sept cents mètres, qui s'élève au bord de la rade, la dominant, et que l'on appelle le *Cours d'Ajot*.

En 1780, Brest avait 22,000 habitants, 6,000 hommes de garnison et 2,000 ouvriers dans ses arsenaux, et on était en pleine *guerre de l'Indépendance*.

Depuis la fondation de Brest jusqu'aux années de la Révolution, le corps des officiers de marine se partageait, alors, en deux catégories bien tranchées: l'une, nombreuse, riche, influente, recrutée dans la noblesse, formait ce que l'on appelait le *grand corps*. L'autre, presque imperceptible, pauvre et méprisée, était composée des officiers de fortune que le hasard et un mérite supérieur avaient tirés de la classe des pilotes, et que l'on désignait sous le nom d'*officiers bleus*.

Avant de faire partie du *grand corps*, les cadets des *familles titrées* passaient par l'École des *gardes de pavillon* qui, à de très rares exceptions près, leur était exclusivement réservée. Cette École, soumise à une discipline fort relâchée, était, pour Brest, une cause perpétuelle de désordre.

— Il n'y aura pas de spectacle ce soir ! disait l'un d'eux.

Et, quand la foule arrivait au théâtre, on trouvait deux de ces messieurs à la porte, le chapeau sur l'oreille, l'épée nue à la main.

— On n'entre pas ! disaient-ils.

Et il fallait rebrousser chemin.

Un autre jour, c'était la promenade qui était mise en interdit. A ceux qui se présentaient, on criait de loin :

— Les gardes de marine se promènent !

Et il fallait se retirer. Toute résistance était impossible ; le *grand corps* protégeait ces messieurs !

Les officiers supérieurs du *grand corps* donnaient eux-mêmes l'exemple de cette licence, qui, parfois, dégénérait en véritables crimes. Malheur à la mauvaise tête qui tentait de résister ! Malheur au bourgeois qui prétendait préserver sa mère ou sa sœur d'une insulte ! il était tué en duel et tout était dit !

Quant au dédain que le *grand corps* affectait pour les officiers sans naissance, il était écrasant.

Les *officiers bleus* ou les *intrus*, comme on les nommait journellement, étaient mis au ban par cette noblesse, jalouse de conserver, pour elle seule, les privilèges des officiers de mer et froissée de voir parmi elle des hommes sortis du peuple, de ces hommes dont le courage et le talent avaient grandi au bruit des risées, et qui étaient entrés dans le corps aristocratique comme sur le gaillard d'un vaisseau ennemi, le pistolet, la hache au poing et à la main.

Cette protestation vivante, dans leurs rangs, du talent contre la naissance, excitait, à chaque instant, le mépris des officiers du *grand corps*. Aussi l'insolence envers un intrus était-elle non seulement permise, c'était une sorte de *devoir sacré* qu'on ne pouvait oublier sans s'exposer soi-même à la raillerie de ses camarades.

En 1789, il existait, à Brest, un ancien officier bleu qui, durant sa vie maritime, avait fait amener pavillon à *soixante* navires anglais de toute force, et qui comptait *trente-deux* blessures reçues dans plus de *quarante* combats ; ce vieux capitaine avait deux fils, admis, par grâce spéciale, dans le corps des gardes de pavillon. Sortis de l'École, ces deux fils cessèrent tout à coup de voir leur père. Le vieillard étonné leur fit reproche, un jour, de leur négligence. Les jeunes gens rougirent, mais enfin, pressés de questions.

— Que voulez-vous, mon père ? dit l'un deux ; nos camarades nous ont signifié que nous ne pouvions vous voir... Vous êtes un officier bleu !

Et cet autre officier bleu, ce Charles Cornic qui, pour prix de ses immenses services, reçut l'ordre de quitter Brest, après avoir été contraint de se battre en duel, dans la même matinée, sept fois contre sept officiers du *grand corps*, qu'il avait délivrés, en coulant une frégate anglaise sur laquelle ils étaient prisonniers de guerre.

Cornic les ramena à Brest, mais ces sept officiers du *grand corps* ne pardonnèrent pas à un *officier bleu* d'avoir été leur sauveur. Sur ces sept contre un, trois furent tués et quatre blessés. La population détestait ces marins de noblesse

Aussi, quand les premières bouffées de la liberté

soufflèrent à Brest, et que l'explosion éclata, les officiers du *grand corps*, voulant s'enfermer dans le fort pour canonner la ville, furent repoussés par le peuple mugissant et qui poussait ses premiers cris.

En présence de la Révolution qui éclatait, tous les officiers de noblesse émigrèrent : les uns, entrainés par un aveugle esprit de parti ; les autres, contraints par les proscriptions de la Convention.

Les *officiers bleus* étaient rares, et, en 1793 et en 1794, les capitaines de vaisseau manquaient.

Jean-Bon Saint-André, Prieur de la Marne, Bréard et Ance, le bourreau de Rochefort, furent envoyés à Brest par ordre du Comité de *salut public*.

Le lendemain de l'arrivée, la guillotine fut dressée et le tribunal révolutionnaire fonctionna avec activité. Le président Ragmey ferma la bouche aux défenseurs qui se présentèrent pour assister les accusés, en déclarant que, *s'ils prétendaient justifier les aristocrates, ils auraient eux-mêmes à passer en jugement.*

Ance, dont l'éducation féroce avait été faite par son père, *bourreau et tourmenteur*, ayant, à Brest, bonne besogne, était loin de s'en plaindre.

Un soir, trois condamnés arrivent dans la dernière charrette. Il faisait presque nuit. L'un des trois se nommait Toullec et était simple fermier. Il prend la torche qui éclairait l'échafaud, embrasse ses amis et les regarde mourir sans manifester la moindre émotion. Ance aimait à ce que l'on tremblât devant lui. Irrité de cette fermeté :

— Tu ne les aimais donc pas? dit-il.

— Ne vais-je pas les suivre? reprend Toullec.

— Et tu n'as rien senti en voyant leur tête dans le panier?

— J'ai pensé que la guillotine était bonne!

Ance sourit méchamment, fait monter Toullec, et le place lui-même sous le tranchant, qui s'abat sans tuer la victime. Toullec, horriblement mutilé, ne fait entendre aucune plainte. Le couteau s'abat encore et le blesse de nouveau :

— Crois-tu encore la guillotine si bonne? demande Ance avec une ironie féroce.

— Toujours, répond Toullec, mais le bourreau est mauvais !

Tandis que de pareilles scènes se passaient sur la place publique, Prieur composait, dans son cabinet, des programmes de *fêtes civiques* et faisait des vers destinés à briller sur des transparents aux trois couleurs, et Jean-Bon Saint-André, se persuadant qu'il était homme de mer, parce que la Convention l'avait envoyé à Brest, passait ses journées à transmettre aux amiraux des ordres d'une exécution impossible, ce qui entraînait conflit sur conflit...

Et l'Angleterre, entassant armements sur armements, flottes sur flottes, bloquait les passes de Brest, non dans l'espoir de prendre la ville, mais pour s'opposer aux navires rentrant au port.

La France ayant été privée de blé l'année précédente, par une intempérie de la saison des récoltes, la famine causait une douloureuse désolation.

La Convention, pour atténuer la disette, avait résolu d'envoyer deux cents navires pour les charger de blé aux États-Unis et que l'amiral Vaustabel escorterait au retour.

C'était cet immense convoi, attendu sur les côtes de Bretagne, que l'Angleterre voulait arrêter dans sa marche, afin d'intercepter les secours qu'attendaient nos populations affamées.

Quarante-six vaisseaux de ligne, dont dix à trois ponts, sillonnaient les côtes de la Bretagne, et l'escadre de Brest, la seule qui restât à la France, son unique espoir pour préserver et défendre le convoi si impatiemment attendu, se composait d'une vingtaine de navires, dont la plupart, ayant fait les campagnes d'Amérique et des Indes, étaient dans un état de vétusté. Puis l'artillerie de marine était en petit nombre, les équipages étaient composés de jeunes réquisitionnaires et les bons officiers étaient rares.

1794 fut une année maudite pour la France, car il y avait du sang partout, et du pain nulle part, et sur terre, sur mer, sur ses frontières, dans ses villes, dans ses campagnes, guerre d'extermination.

Et, parmi ces villes placées sur des volcans, la plus fulminante était Brest. Derrière elle, la Vendée, la Bretagne, désolées par la guerre civile, toutes ses routes coupées par les chouans ; devant elle, les formidables escadres anglaises ; à l'intérieur, la misère, la famine, la guillotine et les fêtes patriotiques de Prieur de la Marne, alternant avec les exécutions de Ance et les évolutions que Jean-Bon Saint-André ordonnait à une flotte dont les navires ne se soutenaient sur l'eau qu'au moyen des pompes d'épuisement.

Cet hiver avait été fort rigoureux de 93 à 94 ; mais le printemps se montrait précoce, et la chaleur précédait les mois d'été. Le 20 mai, le temps était superbe, le soleil éclatant et la mer fort calme.

L'activité que donnait à la ville le travail exigé par cette mauvaise flotte, qu'il fallait remettre au plus vite en état, donnait l'aspect à Brest, le matin, d'un vaste atelier, et le soir d'une immense tabagie. La population était doublée, et au delà, par une multitude effervescente qui remplissait la ville entière.

Au coup de canon de diane, le port fourmillait de travailleurs et d'embarcations. Aussi, de tous les côtés, s'occupait-on des mâtures, du transport des vivres, des armements, du nettoyage et de la descente, dans la soute Sainte-Barbe, des barils de poudre.

Puis, bordant le quai, des quantités de chaloupes embarquaient des détachements de troupes, de petits bâtiments qualifiés de *citernes* transportaient l'eau douce en tonneaux et de nombreux chalands, se succédant, conduisaient, à bord des navires, des parcs entiers de boulets, des caisses de viandes salées, de jambons, de biscuits secs, des voiles, des câbles, des ancres, tout enfin ce qui sert à l'aménagement.

Le soir, au dernier coup de cloche, toute la foule des travailleurs, concentrée avec celle des matelots, se presse sur les quais, les places, les rues, tandis qu'arrivent ceux de la corvée de nuit.

A cette première heure, le faubourg de Recouvrance devenait un vaste cabaret : la rue des *Sept-Saints*, qui s'élève en amphithéâtre par de larges degrés, avait, dans sa perspective, des milliers de buveurs attablés dans toute sa longueur, les maisons ne pouvant suffire à les contenir.

De distance en distance, des bals publics égayaient les échos par la musique de l'orchestre et les cris des danseurs et des danseuses, car il y avait là un mélange de matelots, de forçats, d'ouvriers et de sans-culottes, avec ces furies de débauche et ces furies de la guillotine y pullulant.

Ce soir-là du 20 mai, Brest semblait encore plus fiévreusement surexcitée. C'est que l'on avait annoncé que, sous peu de jours, la flotte allait prendre la mer et porter aux Anglais un énergique défi. Dans toutes ses rues, il y avait procession de matelots, de soldats, d'artilleurs, ornés de rubans bariolés, suivant en troupes des violons enroués, des binious criards, et armés de verres et de brocs de vin, marchant en chantant et dansant, sans se soucier de la famine qui désolait la ville.

Dans cette rue des Sept-Saints surtout, le tumulte, qui avait le bruissement des vagues et l'éclat de la tempête, tonnait dans les cabarets où regorgeaient les buveurs.

La guinguette la plus préférée était celle portant pour enseigne un nègre à visage à moitié fariné, avec cette inscription :

AU DEMI-BLANC

Ce salon festinant était le rendez-vous des gabiers, des timoniers et des matelots de première classe. Calfats, voiliers, mousses en étaient bannis, et, en dépit de l'égalité républicaine, alors à l'ordre du jour, l'aristocratie des bordées avait établi là son club.

Huit matelots, au teint basané, aux mains calleuses, aux bras nerveux et couverts de goudron, aux pantalons serrés sur la hanche, à la chemise ouverte sur le gilet de laine, aux cheveux crépus, aux oreilles rouges garnies de boucles d'or; huit de ces hommes qui semblent appartenir à une classe particulière de l'espèce humaine, et dont l'existence entière s'est passée entre le ciel et l'eau, écoutaient tout en l'interrompant à chaque mot, un neuvième personnage au costume débraillé, aux yeux ardents, à la parole rapide, et dont l'accent décelait un enfant du midi de la France.

C'était un matelot marseillais, un fils de la vieille cité phocéenne.

— Eh qué! troun de l'air de bêtes! criait-il avec le formidable accent des enfants de la Provence, que tu es donc sourd, vous tous! Qué! tu ne comprends pas? C'est plus simple qu'un nœud de garcette! Comprends, mon bon! Je coulais à fond comme un culot de gargousse, qué! J'avais dix brasses sur la tête.

— Eh bien! quoi! t'avalais ta gaffe? interrompit un vieux matelot normand.

— Et il t'a repêché? ajouta un troisième buveur.

— Je filais sous la quille du *Sans-Pareil!* poursuivit le Provençal.

— Tu ne sais donc pas nager, *maucot?*

— Qué? je traverserais le goulet à la nage, sans éteindre tant seulement ma pipe!

— Alors, pourquoi que tu coulais?

— Comprends! cria le Provençal avec un redoublement d'énergie. Quand le *youyou* a capoté, j'avais tous les filets de pêche sur moi, et plus que je voulais m'en dépêtrer et plus que je m'entortillais!

— T'étais pris comme un vrai marsouin ?

— Il est sûr et certain, dit un autre buveur, que le *maucot* devrait, à cette heure, chercher des huîtres au fond de la mer. J'y étais, moi, et tonnerre ! j'en ai vu bleu !

— Ah ! tu y étais, La Rochelle ? dit le Provençal.

— Oui, j'étais sur la poulaine du *Sans-Pareil*, et j'ai tout vu.

— Conte-nous ça, alors ! reprit le Normand. Nous y comprendrons peut-être quelque chose.

— Pour lors, dit La Rochelle en rallumant sa pipe ! quand le canot a capoté, c'était en pleine rade, quoi ! juste sous le taille-lame du *Sans-Pareil*, et au moment où le *Tigre* arrivait bord à bord avec lui. Les deux navires étaient à une longueur de gaffe l'un de l'autre, et le *maucot*, en s'affalant à la mer avec tous ses filets de pêche, était porté droit sous les deux coques. « Un homme à la mer ! » qu'on crie de tous les bords. Mais, bernique ! le sauvetage était impossible. Le *maucot* coulait droit sous les vaisseaux. En v'là un qui boira le grand coup, que je dis, et les autres aussi. Vous savez, quand on voit un homme qui se noie, ça remue le cœur du matelot. Nous jetons à la mer toutes les cages à poules, les bancs de quart, les bouées, tout, quoi ! qu'il y en avait un chambernement général à tous les bords ! Mais je t'en souhaite ! le *maucot* était par dix brasses au fond de l'eau, toujours entortillé dans ses filets, et tant seulement incapable de se pomoyer sur un bout de grelin. Pour être juste, faut dire que le relèvement n'était pas facile à prendre. La mer était houleuse, la brise fraîche, la lame courte et la rade encombrée. Se jeter à la mer pour aller repêcher le *maucot*, c'était jouer sa vie contre quatre-vingt-dix-neuf chances d'être affalé à jamais sous la quille des vaisseaux. Aussi tout le monde se donnait du mouvement, mais personne n'osait se jeter à la nage. Dame ! le matelot est matelot, c'est vrai ; mais tant qu'il tienne à la peau d'un matelot, il tient encore plus à la sienne... Enfin, le *maucot* était, comme on dit, à *Dieu va!* et il y en avait qui faisaient déjà un signe de croix sur la vague, quand au moment où tout un chacun croyait le sauvetage abandonné, v'là un homme qui pique une tête du haut du couronnement du *Tigre*... Il plonge, il remonte, il replonge, il remonte encore, et puis il replonge encore une troisième fois, droit entre les deux coques qui formaient quasivement un couloir dans lequel les vagues dansaient, fallait voir! Nous étions tous là, le nez sur l'eau... On ne respirait plus, quoi!... « Deux hommes à la mer! » qu'avait crié une vigie. Et rien ne remontait. « Tonnerre! que je dis, c'était un vrai matelot, tout de même! » Mais, bah! entre deux vagues, je vois quelque chose qui grouille. J'envoie un bout d'amarre, on hale dessus : c'était l'homme du *Tigre* qui tirait le *maucot* à la remorque. Il avait été le crocher sous le *Sans-Pareil*... On crie, on bat des mains... vingt canots accourent... les deux hommes sont sauvés! Le *maucot* se pâmait comme un marsouin accroché à un bord. On le hisse sur le bord, oh l'astique, il ouvre l'œil... « Oùs qu'est mon sauveur? » qu'il demande. On se retourne, on cherche, on appelle... Bernique! l'homme avait couru une bordée de longueur.

— Caramba! s'écria brusquement le Provençal en interrompant le récit du matelot, c'est aussi vrai que la mer est grande, ce qu'il vous largue là!

— Eh bien! qui que c'était qui t'a repêché? demanda le vieux Normand.

— Troun de l'air! j'en sais rien, qué! Comprends-tu, vous tous? Que j'étais dans une pâmoison pire qu'une bête... que j'ai rien vu, rien entendu!... Mais le *maucot* a de ça (et le marin se donna un vigoureux coup de poing dans le creux de l'estomac), et que je retrouverai mon homme!

— Et pourquoi qu'il s'est sauvé? demanda un autre.

— Eh! donc, on ne sait pas!
— C'était-il un matelot de la flotte?

— Je l'avais jamais vu sur aucun bord! répondit La Rochelle.

— Un ouvrier du port, peut-être?

— Possible, mais j'en sais rien.

— Enfin, comment qu'il était?

— Dame! reprit La Rochelle, il était comme toi zet moi, sauf qu'il était plus grand que moi et moins gros que toi ; et puis des cheveux noirs qui lui tombaient sur les sourcils, et une barbe qui lui montait jusqu'aux yeux... une ceinture de laine rouge, une vareuse bleue rapiécée sur l'épaule avec du drap brun, un pantalon rayé brun et rouge... Ah! et puis j'oubliais : au-dessous de l'œil gauche, une grande cicatrice, encore toute fraîche. Voilà son relèvement.

— C'est drôle tout de même, qu'il ait filé son nœud comme ça! fit observer le Normand.

— On aurait juré qu'il voulait se cacher! ajouta La Rochelle.

— Qu'il se cache ou non, s'écria le Provençal, je relèverai son gisement, moi! et, quand je devrais courir une bordée de longueur, comme qui dirait du cap nord au cap sud, je mettrai le grappin dessus! Le *maucot* a contracté une dette, troun de l'air! il faut qu'il la paye!

Et, pour donner plus d'énergie encore à son discours, le Provençal déchargea, sur la table, un vigoureux coup de poing.

En ce moment, un homme vêtu en simple bourgeois et qui, depuis une heure environ, avait fait son apparition dans la rue des Sept-Saints, s'approcha doucement du groupe des buveurs. Cet homme, dont l'âge était incertain et auquel on ne devait pas donner moins de trente-cinq ans, si on ne pouvait lui en faire dépasser cinquante, avait dans sa démarche quelque chose de souple, d'insinuant, tenant des allures du renard.

Une petite perruque grise recouvrait son front plissé, à la peau jaunâtre; de petits yeux extrêmement vifs parfois, profondément ternes à d'autres instants, s'enchâssaient sous de minces sourcils dont la nuance pâle augmentait encore la ténuité. Un nez long et mince, une bouche grande aux coins serrés et vigoureusement arrêtés, un menton fortement accusé, et des joues creuses et blafardes complétaient l'ensemble de cette physionomie, qui pouvait déplaire au premier abord, mais à laquelle on finissait par s'habituer, en la détaillant. Un corps sec et maigre, des mains osseuses et soignées décelaient une condition sociale convenable et qui n'avait rien de celle des classes ouvrières.

Ce personnage, qui était arrivé près de la table occupée par les matelots, au moment où La Rochelle commençait le récit du sauvetage du *maucot*, avait paru suivre les différentes phases de cet événement avec un intérêt croissant.

Lorsque le matelot en était venu à raconter comment était le généreux sauveur, l'homme vêtu en bourgeois s'était rapproché davantage du groupe; puis, lorsque le Provençal se mit à exprimer si énergiquement son intention formelle de tout faire pour retrouver son inconnu, il laissa échapper un vif mouvement de satisfaction : ses yeux s'animèrent et ses lèvres se contractèrent comme pour étouffer un soupir de contentement. Faisant encore un pas en avant, il allait, sans aucun doute, adresser la parole aux buveurs, lorsqu'au milieu des rangs serrés de la foule qui obstruait la rue, un jour se fit brusquement, et un artilleur de marine, la physionomie extrêmement animée, en proie à une émotion évidemment très forte, arriva en face de la table occupée par le Provençal, La Rochelle et leurs compagnons.

C'était un grand jeune homme de vingt-deux à vingt-cinq ans, bien découplé, élancé, aux allures rapides et élégantes, et, sans être absolument beau de visage, il était porteur de l'une des ces physionomies amicalement expressives qui charment au premier abord.

— Eh! s'écria le matelot normand, c'est Petit-Pierre! Qu'est-ce que tu as donc, mon fieu? Tu as la face tout vent dessus vent dedans!

A l'interpellation du matelot normand, le nouveau venu s'arrêta comme si, la respiration lui manquant tout à coup, il se fût trouvé suffoqué !

— Eh donc ! qué, mon bon ? dit le Provençal en interrogeant l'artilleur du regard.

— Petit-Pierre a l'air d'avoir avalé une gaffe !... ajouta en riant La Rochelle.

— Ne ris pas, matelot ! dit enfin l'artilleur d'une voix tellement impérative que tous tressaillirent, convaincus qu'il s'agissait de quelque grave événement.

Le bourgeois s'était reculé un peu, mais la distance à laquelle il se trouvait de la table lui permettait de tout voir et de tout entendre.

— Eh bien ! qu'est-ce qu'il y a ? reprit le Normand.

— Ce qu'il y a ?... répondit Petit-Pierre ; vous connaissez tous mon vieux père, hein ?

— Cette bêtise ! dit le Provençal ; qu'est-ce qui ne connaît pas le père Kervoura, le vieux gabier, le père Rogomme, l'ami du matelot, qué ! celui qui a toujours une gourde de rhum et un bon conseil au service d'un chacun ? Eh donc ! qué qu'il a fait, ton vieux père ?

— Il a failli courir aujourd'hui sa dernière bordée.

— Bah ! firent les auditeurs avec étonnement ; comment ça ?

— Ance a failli le crocher, tonnerre !

— Ance ! le bourreau ! s'écrièrent les marins.

— On a voulu le guillotiner ? dit la Rochelle.

— Oui !

— Guillotiner le père aux matelots ! Caramba ! troun de l'air ! cré !... fit le *maucot* en faisant rouler le *cré...* dans sa gorge avec une expression menaçante.

— Oui, que je vous dis ! répéta Petit-Pierre avec une animation extrême. Ça s'est passé ce tantôt, au troisième quart piqué. Le pauvre vieux était dans sa chambre à préparer ses rations pour les amis... J'étais au tir, moi. Vous savez que le père aimait le bailli de Suffren, hein ?

— Son amiral ! exclama le Provençal ; c'est connu, ça ! Le père Kervoura et Mahurec, c'étaient les matelots du bailli à la vie, à la mort! Le pauvre Mahuree! en voilà encore un qui a filé sa dernière écoute, sans qu'on sache tant seulement sur qué bord il a sombré!

En entendant prononcer le nom de Mahuree, le bourgeois écouteur, qui prêtait la plus active attention à ce qu'il entendait, fit un geste indiquant une émotion subite, mais cette émotion ne devait être nullement pénible, car un éclair joyeux jaillit de sa prunelle verdâtre.

— Or donc, reprit Petit-Pierre, le père avait dans sa case, accroché sur son mur, un beau portrait de l'amiral!...

— Connu! connu! fit le Provençal; à preuve qu'il y avait au-dessous du portrait un morceau de pavillon que l'amiral avait donné au vieux matelot en témoignage d'estime.

— Oui, continua Petit-Pierre, c'était un jour de combat, qu'un boulet anglais avait coupé un morceau du pavillon de France et que le père s'était jeté à la mer, sous les bordées, afin de repêcher le lambeau et pour pas qu'il soit dit que le pavillon de son amiral eût un coin détérioré par l'ennemi. Le bailli lui avait donné ce morceau avec son portrait, comme qui dirait pour le remercier. Mais voilà, sur le morceau blanc, il y avait une fleur de lis d'or détériorée par l'eau de mer. Le père n'y avait jamais pensé. Il avait là, dans sa case, ce portrait et ce bout de pavillon comme de vieux amis, quoi! Pour lors, voilà tantôt les sans-culottes qui passent devant sa cabine: ils demandent du rhum; le vieux n'aime pas les *terriens*, ça ne le réjouissait guère de leur donner le rhum des matelots, mais enfin, n'empêche! il passa la bouteille. Les sans-culottes boivent, et puis ils s'amusent à relever le gisement.

« — Tiens! que dit l'un en avisant le portrait, un ci-devant!

« — Mon amiral! que répond le vieux.

« — Faut arracher ça! dit un autre.

« — C'est un aristocrate!

« — Au panier ! que crient les sans-culottes.

« — Une fleur de lis ! que dit un autre en montrant le morceau de pavillon ; c'est un chouan ! »

« Et là-dessus un branle-bas général. Le vieux père est bon, vous savez, mais faut pas l'agiter longtemps pour lui mettre vent sous vergue. Quand il voit que les sans-culottes veulent abîmer son amiral et son bout de pavillon pour qui qu'il avait risqué sa peau, il veut leur expliquer la chose, mais les autres n'y entendent rien. Ils menacent le père, ils lui disent qu'ils l'arrêtent et ils lui lâchent un tas de bordées de sottises que le vieux en saisit, tout simplement, une barre d'anspect laissée dans un coin, et qu'il les aborde dans le grand genre, ni plus ni moins que des Anglais. Les sans-culottes étaient nombreux, mais le père est encore solide malgré ses soixante ans, et puis, quoi ! un tas de *terriens* de malheur ne vaut pas un doigt de matelot, c'est connu ! Et là-dessus brasse à culer partout ! il at les amarres à bloc ! Et les *terriens*, drossés, génopés, virent de bord, prennent chasse et ne demandent qu'à larguer de la toile.

— Bravo ! caramba ! s'écria le Provençal avec admiration. Vive le vieux !

Et tous les auditeurs battirent des mains. L'amour-propre des matelots était singulièrement flatté par les exploits du vieux gabier.

— Oui, continua Petit-Pierre, mais c'était pas fini. Ces *terriens* de malheur avaient été chercher du renfort, et le père voit sa case entourée. Pas un matelot pour lui donner un coup de main. Il reprend sa barre, mais plus moyen ! Les sans-culottes étaient trop cette fois... et le vieux, bousculé, croché, abordé, coulé, battu, est arrêté par les terriens.

— Tonnerre ! s'écria La Rochelle. Et nous souffririons cela ? En avant les matelots ! Allons chercher le père Kervoura !

Et le jeune homme se leva vivement ; mais Petit-Pierre l'arrêta du geste.

— Si le vieux t'avait attendu, dit-il, sa tête serait

à cette heure, dans le panier du bourreau, et Anca vendrait ce soir sa défroque. Heureusement qu'un autre est venu à temps.

— Quel autre ?

— Tu vas voir. Espère un peu ! Pour lors les sans-culottes, qui gardaient rancune au père de la première volée qu'ils avaient reçue, voulaient le pendre tout de suite à la lanterne...

« — Non, que dit l'un d'eux, le tribunal fonctionne encore ; il y aura de la place dans la dernière charrette ; allons-y ! »

« Et les voilà qui traînent le père devant les juges... Et dire que moi, son fils, je n'étais pas là !... Enfin n'empêche ! Le vieux est solide toujours ! Il entend condamner sans rien dire ceux qui étaient avant lui, et ça n'était pas long, allez ! et puis son tour arrive. Et voilà qu'on l'interroge, et voilà le vieux qui regarde tout le monde. Quand, tout à coup, un citoyen qui était là dans la foule arrive en face des juges et saute à côté du père.

« — Avant de juger cet homme, vous allez m'entendre ! qu'il dit.

« — Tourne ta langue au taquet ! » qu'on lui répond.

« Mais n'empêche ! L'autre parle toujours, et voilà qu'il se met à dévider un chapelet de longueur et qu'il leur largue un tas de choses plus belles les unes que les autres... Et les blessures du vieux, qui en a dix-sept sur la coque... et ses batailles... et les Anglais qui bloquent les côtes...

« — Et, qu'il dit encore en regardant les sans-culottes et les juges, si, parmi vous, il s'en trouve un seul qui ait fait pour la patrie le quart de ce qu'a fait cet homme, qu'il se montre, et je lui permettrai de le juger ! »

« Par chance, on venait de piquer l'heure du dîner. Il y avait des matelots dans l'auditoire.

« — Bravo ! » qu'ils crient.

« Et l'autre continue... et le vieux père, qui n'avait

jamais pleuré qu'à la mort de son amiral, en avait les écubiers tout humides, quoi! Tout un chacun se sentait remué... les juges aussi, et les sans-culottes, qui sentaient des matelots derrière, n'osaient rien dire... et que la dernière charrette est partie enfin, et que le père a été emmené par les matelots, quoi! Mais n'empêche! Si l'autre ne s'était pas trouvé là à point nommé, le père ne disait rien de rien, les juges le condamnaient, les sans-culottes l'emmenaient, Anco le crochait, et à cette heure il y aurait un vieux brave homme de moins dans Brest!

— Et quoi que le père Kervoura a dit à son défenseur? demanda La Rochelle.

— Rien, répondit Petit-Pierre; l'autre avait filé son câble. Le père n'a pas pu tant seulement lui serrer les doigts.

Et qui que c'est?

— On ne sait pas! mais je le saurai, moi! ajouta Petit-Pierre avec un geste très-expressif.

— Tonnerre! murmura La Rochelle, le pauvre gars court un mauvais bord avec tout ça...

— Comment? demanda le Provençal.

— Le tribunal a décrété que ceux qui défendraient les accusés passeraient eux-mêmes en jugement!

— Tiens! c'est vrai! dit le Normand.

— Oui! ajouta Petit-Pierre. J'ai su que les sans-culottes, furieux, voulaient le repincer et l'arrêter à son tour; aussi je le cherche, et il faudra bien que je le trouve.

— Mais comment qu'il est? As-tu son relèvement?

— Le père me l'a donné en grand. Quand je suis rentré dans la case, le pauvre vieux était encore tout ébaubi... Je ne savais rien de rien, de rien, moi! Alors il m'a tout raconté... et que sa voix en tremblait quand il parlait de son sauveur!... Et puis, il s'arrêtait... il se donnait des coups de poing sur la tête, comme pour se remémorer quelque chose... et il se parlait à lui-même...

« — C'est lui!... c'est lui!... Et puis : C'est pas lui!... qu'il disait. Et encore : C'est lui! »

« Et il revenait devant le portrait de son amiral qu'il les sans-culottes n'avaient pu lui arracher, et qu'il avait emporté, sous sa vareuse, avec le bout de pavillon...

« — Soyez tranquille, mon amiral ! qu'il reprenait, si c'est lui... je suis là !... »

« Et puis il me parlait encore, et moi je le regardais...

« — Et Mahurec ! qu'il disait aussi. Pauvre vieux ! si tu étais là ! »

« Et je n'entendais pas tout. Enfin le vieux me prend les mains et m'attire à lui.

« — Garçon, qu'il me dit, ton père a failli être guillotiné... Celui qui l'a sauvé va être traqué par les sans-culottes, qui vont se mettre après lui comme des chiens sur le gibier. Ils veulent se venger pour sûr. Ouvre l'œil ! Faut sauver à cette heure celui qui a sauvé ton père, quand tu devrais être croché au bout d'une vergue pour cela... Tu vas trouver mon homme et me l'amener ici cette nuit... Et, si tu reviens sans lui, t'es plus mon fils ! »

« Et le vieux m'a serré les mains, et je suis parti, et j'ai fouillé tout Brest, et j'ai rien trouvé encore, et me voilà !

— Et comment le trouveras-tu, puisque tu ne le connais pas ? demanda La Rochelle.

— Le père m'a donné son relèvement, que je te dis ! répondit l'artilleur.

— Comment ça ?

— Écoutez, vous autres, et prenez le point ! Gréé en ouvrier du port, taille moyenne, mince, des cheveux noirs qui lui tombent sur les sourcils, une barbe qui lui monte jusqu'aux yeux, et au-dessous de l'œil gauche une cicatrice profonde qui, si l'on en croit sa rougeur, ne doit pas être de vieille date.

— Hein ? qué ? s'écria le Provençal en bondissant sur son siège. Répète un peu pour voir ?

L'artilleur répéta le signalement donné ; tous les buveurs se regardèrent avec étonnement. La Rochelle paraissait encore plus stupéfié que les autres.

— Une ceinture de laine rouge? dit-il.
— Oui, répondit Petit-Pierre.
— Une vareuse bleue?
— Oui.
— Déchirée à l'épaule et raccommodée avec une pièce brune?
— C'est cela !
— Un pantalon rayé brun et rouge?
— Oui, encore !
— Caramba! hurla le *Maucot*, ton homme est mon homme !
— Quoi? fit Petit-Pierre.
— Celui qui a tiré ton père des griffes des juges est le même qui m'a repêché sous la quille du *Sans-Pareil*.
— Le même! le même! ajouta La Rochelle.
Petit-Pierre ne comprenait pas. Le Provençal lui expliqua rapidement ce qui lui était arrivé.
— A quelle heure qu'il t'a repêché? demanda Petit-Pierre.
— Vers midi.
— Et c'est à trois heures qu'il sauvait le vieux !
— Troun de l'air ! nous allons chercher ensemble, alors !
— Et Dieu veuille qu'ils le trouvent ! murmura le bourgeois, dont la physionomie rayonnait. Car c'est lui ! c'est lui !...

XVIII

ANCE LE BOURREAU

La *Révolution*, mot à la fois terrible et sublime où le crime et l'héroïsme se touchaient, où les sentiments les plus purs se heurtaient avec les instincts les plus ignoblement féroces. Car tout était contraste dans ces années de l'ère républicaine où la terreur et l'abnégation étaient à l'ordre du jour.

A cette époque, le peuple français se divisait en trois grandes catégories : celle des victimes, celle des terroristes et la troisième, l'élite de la nation, de ces hommes de cœur, d'énergie, de conviction, qui, sans souliers, sans habits, presque sans armes et sans pain, combattaient l'anarchie en dedans et l'étranger sur les frontières, de ces hommes guidés par un double sentiment : l'amour de la patrie et celui de la gloire ; de ces héros, devant former bientôt ces immortelles phalanges qui, sous l'impulsion donnée par le plus grand génie des temps modernes, devaient, suivant la belle expression d'un poète de notre temps, « promener, durant vingt ans, de victoires en victoires, le drapeau tricolore sur toutes les contrées de l'Europe ! »

En haut de l'échelle révolutionnaire, ces trois classes si complètement opposées les unes aux autres cependant, étaient en contact perpétuel ; mais, à mesure que l'on descendait les degrés, on trouvait une ligne de démarcation plus vive, se traçant entre elles. Et, tandis qu'à la Convention les vertus, les vices et la peur siégeaient côte à côte, il en était autrement dans les classes inférieures du peuple. Il était rare de voir, dans les clubs des sans-culottes, les soldats de la République venir se salir à leur hideux contact.

Dans les villes de guerre surtout, dans les places fortes, dans les ports militaires, ces lignes de démarcation étaient plus saillantes encore, et, tandis que les timides s'enfermaient chez eux, la ville se partageait entre les pourvoyeurs de la guillotine et les défenseurs du pays, et ceux-ci avaient un tel mépris pour ceux-là qu'aucune espèce de camaraderie n'existait entre eux. Dans le port de Brest surtout, où la masse des matelots était nombreuse, la différence établie ordinairement entre les hommes de terre et les hommes de mer augmentait encore les difficultés d'un rapprochement qu'aucune des deux classes ne recherchait.

Matelots et sans-culottes vivaient là sans se soucier les uns des autres, sans s'aimer, mais cependant sans se nuire, car si les matelots se préoccupaient peu des sans-culottes, ceux-ci n'osaient guère retrousser leurs griffes en s'attaquant à ces natures rudes et énergiques qui eussent rendu avec usure blessure pour blessure. Aussi, les mêmes cabarets ne recevaient-ils pas à la fois ces deux espèces de républicains si différentes. Les marins avaient conservé, pour eux seuls, ceux qu'ils avaient adoptés, et les sans-culottes s'étaient établis dans d'autres.

Tout le haut de la rue des Sept-Saints appartenait aux matelots : toute l'extrémité inférieure aux sans-culottes.

Dans le haut de la rue, l'air retentissait des chants joyeux des marins. Dans le bas, les cris, les hurlements étaient dominés par le terrible *Ça ira* dont chaque note a été trempée dans le sang.

Dans cette partie de la rue réservée aux sans-culottes, les cabarets étaient étincelants de lumière et tout aussi encombrés par la foule des consommateurs. Mais celui qui était le plus favorisé avait le privilége de servir de *buvette* et de *salle de club* aux citoyens patriotes.

Au-dessus de la porte d'entrée, on lisait en grosses lettres : AU NIVEAU SOCIAL! et sur un cartouche de bois appendu au-dessous de l'inscription, on voyait, grossièrement peint, le portrait d'un homme bien connu de la ville, celui de *Ance* le bourreau.

Ce soir-là, le cabaret était encombré par la foule des sans-culottes.

Près de la fenêtre de droite, douze hommes étaient assis aux deux côtés d'une table, et ils portaient le costume de la *compagnie Marat* : carmagnole brune, bonnet rouge, sabots et sabre. Tous criaient, hurlaient, gesticulaient avec un ensemble tel qu'il était impossible de distinguer une parole au milieu de cet effroyable charivari.

Entre cette table et la suivante, il existait un espace vide, mais que l'affluence des buveurs avait forcé momentanément à remplir.

Deux hommes étaient assis là sur deux tabourets de paille, les pieds appuyés sur les barreaux d'un troisième tabouret placé entre eux et sur lequel se tenaient, tant bien que mal, deux verres et une bouteille. Les deux verres étaient pleins et la bouteille aux deux tiers pleine.

Ces deux hommes, vêtus en sans-culottes, ne prenaient aucune part au tumulte qui les entourait. L'un d'eux fumait une courte pipe ; l'autre, les yeux fixés sur le plancher, paraissait plongé dans une méditation profonde.

Le fumeur paraissait être d'une taille bien au-dessus de la moyenne, autant que l'on en pouvait juger par la longueur de son buste ; sec et maigre, cette laideur et cette sécheresse laissaient encore paraître plus remarquable la hauteur du corps. Des cheveux plats et grisonnants sortaient de dessous son bonnet rouge et accompagnaient mal une tête osseuse, pointue des deux extrémités, désagréablement emmanchée sur un long cou décharné. La physionomie, assez laide, était impassible ; mais, à certaine

11.

contraction des lèvres et des muscles zygomatiques, cette impossibilité disparaissait par moments pour faire place à une expression sauvage.

Le second personnage, plus petit que son compagnon, beaucoup plus élégant de formes, laissait percer, sous les haillons qui le couvraient, une sorte de distinction relative qui le rendait supérieur à ceux qui l'entouraient. Cet homme qui, certes, n'avait pas encore atteint les limites de la quarantaine, avait le front peu élevé, mais très-large, les sourcils épais, l'œil sombre et largement bordé d'un cercle de bistro, les traits fatigués, le teint blafard et les lèvres très minces et à peine colorées. Un nez long, pincé du bout, à l'épine droite, donnait, à l'ensemble du visage, une analogie frappante avec celle de l'oiseau de proie. Cet homme avait les mains larges, noircies, mal soignées, ce qui eût pu, tout d'abord, faire supposer en lui un ouvrier de la ville, si les ongles longs et intacts ne fussent venus détruire la probabilité de cette première supposition, pour laisser soupçonner, dans ces taches qui maculaient les doigts, une intention de déguisement.

Depuis dix minutes que ces hommes étaient venus s'installer sur les tabourets placés près de la table des sans-culottes, ils n'avaient point échangé une parole.

Le fumeur ne paraissait occupé que de sa pipe; son compagnon semblait absorbé dans ses réflexions; mais, aux regards qu'ils échangeaient, aux mouvements rapides de leur physionomie, chaque fois que l'un des sans-culottes parvenait à placer une phrase suivie au milieu du bruit et du tumulte, il était évident qu'ils prenaient, tous deux, une part active, quoique muette, à la discussion qui avait lieu à la table voisine.

Cette discussion était soulevée par un fait récemment accompli dans la soirée, et qui, par son audace, paraissait préoccuper les sans-culottes de la façon la plus extraordinaire. C'étaient sept ou huit d'entre eux qui venaient d'en apporter la nouvelle au cabaret du Niveau, et le récit qu'ils avaient fait, tout d'abord, avait paru tellement invraisemblable, tellement extraordinaire, tellement en dehors de tout ce qui se passait journellement, que les auditeurs avaient commencé par le rejeter comme impossible et mensonger ; puis, lorsque la conviction de la véracité des narrateurs avait fini par entrer dans toutes les cervelles, un tonnerre de cris furieux, d'éclats de colère, de hurlements menaçants, avait éclaté de toutes parts, et, depuis ce moment, le tumulte ne s'était pas encore apaisé.

Voici, en effet, ce qui s'était passé ce jour même et ce qui, à bon droit, pouvait enflammer la rage des sans-culottes. A Brest, la guillotine était en permanence, comme partout ailleurs, et le spectacle des exécutions était d'autant plus recherché, par une foule avide, que le bourreau cherchait à égayer son horrible travail par d'incessantes plaisanteries sanguinaires que les pourvoyeurs de l'échafaud estimaient du meilleur goût.

Anco avait commencé son séjour à Brest par l'exécution de vingt-six administrateurs du Finistère, déclarés coupables de *fédéralisme*.

« Et ne croyez pas que ces horribles exécutions lui coûtent, a dit un écrivain contemporain (1), loin de là ! Anco y trouve sa joie. S'il est boucher d'hommes, c'est de son choix, afin de pouvoir flairer le sang et tuer sans péril. Non qu'il ait été poussé à ce féroce délire par le dépit d'une nature déshéritée, l'ignorance ou la misère : son visage est beau, son esprit cultivé, sa place faite dans le monde. Il a eu les caresses d'une mère ! Une femme l'a aimé ! Vous ne trouverez à sa cruauté ni l'excuse de la haine ni celle de la douleur : il déchire par instinct. Ce n'est pas même un méchant, c'est une bête fauve. Aussi, ne croyez pas qu'il se hâte ou qu'il s'effraye : non ! il cherche les longues agonies et sait les ménager. Tuer est pour lui un *art*

---

(1) *Histoire de la Révolution dans les départements de l'ancienne Bretagne*, par M. Duchatelier.

dont il a étudié tous les raffinements. Il aime à observer philosophiquement la nature humaine dans les suprêmes angoisses du dernier moment, à essayer les courages, à les mesurer sous le couteau ! »

Chaque jour, les sans-culottes se plaisaient à enregistrer quelque nouvelle férocité du bourreau. Cet homme se délectait à jouer au supplice.

Ce jour-là, parmi toutes les victimes que lui avait envoyées le tribunal, Ance avait vu, conduite par la dernière charrette, une femme de trente ans à peine, dans tout l'éclat d'une beauté remarquable. Au moment où la voiture arrivait au pied de l'échafaud, une enfant, une jeune fille âgée au plus de dix ans, se précipite, se glisse entre les sans-culottes et parvient jusqu'à la jeune femme aux vêtements de laquelle elle s'accroche avec des cris déchirants.

La condamnée se retourne : un tremblement la saisit, elle veut parler... elle étend les bras... c'est sa fille, c'est son enfant qu'elle revoit au moment de la mort. Ance contemplait cette scène émouvante avec un féroce sourire.

— C'est ta fille, citoyenne? dit-il à la malheureuse femme.

— Oui ! répond celle-ci d'une voix à peine intelligible.

— Maman ! maman ! je ne veux pas te quitter ! criait l'enfant en étreignant sa mère.

— Oh ! dit Ance, vous avez le temps de causer. Pour faire plaisir à l'enfant, je n'expédierai la citoyenne que la dernière.

Le misérable voulait se donner la joie de prolonger l'agonie de la mère et de les faire assister, toutes deux, à l'exécution des autres condamnés. Ance allait lentement. La foule avide dévorait des yeux le spectacle de cette mère et de cette fille que la mort allait séparer dans quelques minutes.

Enfin la charrette est vide... Le tour de la femme arrive. Ance l'invite à monter. La mère veut écarter son enfant, mais la jeune fille, en proie au désespoir le plus horrible, a trouvé une force surhumaine pour s'attacher à elle.

— Eh bien ! dit Ance à ses aides, montez-les toutes les deux !

Et, dans toute cette foule entourant l'échafaud, il n'y eut pas un seul cri de réprobation, mais lorsque la mère et l'enfant furent hissées ensemble sur l'horrible machine, des applaudissements retentirent sur la place !

Là on voulait encore séparer les deux pauvres victimes : mais tous les efforts furent inutiles.

— Tonnerre ! dit Ance, nous perdons notre temps, et la petite sera cause que mon dîner refroidira. Allons ! séparez-les ! attachez la mère !

Et comme l'enfant et la mère, en proie à des convulsions effrayantes, se tenaient toujours cramponnées, tête contre tête, en s'étreignant dans un dernier baiser :

— Eh bien ! dit Ance, attachez-les toutes les deux !...

Et il procéda lui-même à l'arrangement de la machine pour que l'ouverture fût assez large pour deux têtes, et le fatal couteau s'abattit !...

Le soir, Ance n'était pas rentré au logis à son heure.

Ses aides, qui quittaient chaque jour la ville après lui, et se rendaient chaque soir chez le bourreau pour prendre les instructions de leur chef, avaient trouvé la maison tout en émoi. Personne ne l'avait vu et on ne savait ce qu'il était devenu.

Les aides et quelques sans-culottes qui s'étaient faits les séides du bourreau, parcoururent les environs avec des torches, car la nuit était venue. Leurs recherches furent vaines, et ils ne remarquèrent d'autres indices que les traces d'une lutte violente, laquelle avait dû avoir lieu dans la campagne, à plusieurs centaines de pas de l'habitation ; mais ces traces, quoique évidemment fraîches, ne signifiaient rien de bien positif sur le sort de celui que l'on cherchait. Puis la rosée de la nuit avait fait relever l'herbe foulée aux pieds, et il était impossible de suivre ces indices, aucune direction n'étant indiquée par des pas.

Les sans-culottes et les aides, fatigués de l'inutilité de leurs efforts, et ne portant pas, d'ailleurs, à Ance, un intérêt bien puissant, se décidèrent à revenir à la maison.

Huit heures et demie sonnaient alors à la ville. En approchant de l'habitation, ceux qui marchaient en tête crurent entendre un râle étouffé. Ils s'arrêtèrent, écoutèrent, et, convaincus, ainsi que leurs compagnons, que leurs oreilles ne les trompaient point, ils se jetèrent tous dans un bouquet de bois attenant à la propriété du bourreau.

Les torches réunies éclairaient la campagne. Tout à coup, aux lueurs projetées sur le gazon, ils découvrirent une forme humaine attachée fortement au tronc noueux d'un chêne. C'était un homme nu jusqu'à la ceinture, et les bras et la poitrine inondés de sang. Un lien, qui retenait la tête à l'arbre, formait un bâillon et étouffait les cris ; les deux mains étaient attachées derrière le dos et les deux pieds au tronc du chêne. Cet homme était Ance.

Ses amis s'empressèrent de couper les liens ; mais le misérable avait fait de tels efforts pour recouvrer sa liberté que la fatigue, la colère et la rage avaient amené une prostration complète.

Les sans-culottes l'emportèrent à demi-évanoui jusque chez lui. Là on lui prodigua des soins et on lava le sang qui le couvrait.

Ce fut avec étonnement que l'on ne découvrit aucune blessure sur la poitrine : le bras gauche était également en parfait état, mais l'avant-bras droit portait des stigmates ineffaçables tracés dans la chair, comme ces tatouages dont les matelots s'amusent à enjoliver leur corps. Le mot : LACHE était écrit en gros caractères sur le bras, et au poignet était imprimée une fleur de lis, cette marque infâme que les forçats portaient à l'épaule.

Tous ceux qui étaient présents demeuraient stupéfaits et attendaient d'Ance l'explication de ce qu'ils voyaient; mais le bourreau était dans un état de surexcitation morale tel, qu'il ne pouvait parvenir à articuler nettement une phrase suivie. Enfin, redevenant un peu plus maître de lui-même, il raconta qu'il avait été assailli inopinément, terrassé, renversé par un homme, qui lui était inconnu, puis enlevé par ce même homme qui paraissait être d'une force extraordinaire. Cet homme était masqué.

Qu'était-il survenu ensuite? où l'homme masqué avait-il entraîné le bourreau? qui avait amené celui-ci et l'avait laissé garrotté au pied du chêne? Ance n'entra dans aucun détail à cet égard. Aux interrogations que lui firent quelques-uns de ses amis, il répondit vaguement, avec une contrainte et un embarras manifestes, et son front pâlissait et rougissait tour à tour comme si les souvenirs que l'on s'efforçait d'évoquer lui eussent été cruellement pénibles.

Il se contenta de dire qu'il avait été frappé rudement sur la tête, qu'il s'était évanoui, et qu'il n'était revenu à lui qu'alors qu'il était seul et attaché au tronc de l'arbre. Il ne savait pas ce qui s'était passé, ajoutait-il, et il ne pouvait expliquer même l'état dans lequel on l'avait trouvé. Mais ces assertions étaient données d'une voix tellement brève, tellement émue, qu'il était évident, pour tous, qu'Ance ne voulait pas parler.

Cependant personne n'osa le presser davantage de questions. Tous jurèrent de découvrir l'auteur de l'attentat et de venger l'outrage fait au bourreau de Brest, en lequel, suivant l'habitude de l'époque, on personnifia la République, et peu s'en fallut que les assistants ne déclarassent la patrie en danger, parce qu'un misérable avait reçu la punition qu'il méritait.

En entendant les cris de vengeance, les yeux d'Ance flamboyèrent et se reportèrent involontairement sur son bras et sur le stigmate honteux qui le recouvrait.

— Oui, oui, mes braves amis, mes bons sans-culottes! s'écria-t-il en grinçant des dents, avec une hideuse expression de visage, vengez-moi! Mort aux ennemis des vrais patriotes! Tuons, guillotinons, massacrons! A mort, à mort! Le brigand, il faut le trouver! Amenez-le moi, je vous récompenserai... sinon je vous dénonce tous et je vous guillotine moi-même!

Les sans-culottes, poussés par leur propre instinct, par la soif du sang, par le désir de se faire bien venir du bourreau, qu'ils savaient généroux à sa manière, et aussi par la crainte que leur inspirait la colère d'Ance, les sans-culottes s'empressèrent d'aller pousser à la ville le cri d'alarme parmi les leurs.

Les cabarets du bas de la rue des Sept-Saints, ces réceptacles des sans-culottes et des forçats, avaient reçu les premiers la nouvelle. Mais le cabaret du *Niveau* avait été, naturellement, instruit avant tous les autres.

Un des sans-culottes qui avait aidé à détacher Ance, en achevait le récit, et on avait écouté d'abord silencieusement, puis les auditeurs s'étaient laissés aller à la plus grande rage. Avant la fin du récit même, les cris, les blasphèmes, les promesses de vengeance, les vociférations avaient éclaté de toutes parts, et le charivari augmentait d'intensité de minute en minute.

Tous hurlaient, tous proposaient mille projets plus horribles les uns que les autres, tous prétendaient la République attaquée, tous criaient gesticulaient, à l'exception des deux hommes assis sur les deux tabourets près de la table principale.

— Ce sont ces brigands de chouans qui se sont introduits dans la ville et qui auront fait le coup! criait l'un.

— C'est un parent d'aristocrate que Ance aura raccourci aujourd'hui! disait un autre.

— Peut-être le mari ou le frère de la citoyenne qui nous a donné tantôt la comédie avec son enfant.

— Faut venger Ance!

— Mort aux chouans!

— Mort aux suspects !
— Brûlons la ville.
— A mort ! à mort !...

Et mille autres cris, mille autres suppositions accompagnés tous et toutes de promesse invariable de mort.

— Mais, fit observer l'un des assistants profitant d'un moment où le tumulte était moins fort, pour venger Ance, pour retrouver le brigand, il faut savoir qui il est.

— Puisqu'on ne le sait pas ! dit un second sans-culotte.

— Eh bien ! faut savoir ! Comment était-il ?

— Il était masqué, Brutus vient de le dire.

Et le sans-culotte désignait celui qui avait apporté la nouvelle.

— Et Ance n'a rien remarqué, rien vu ?

— Écoute, Scævola, dit Brutus au questionneur, Ance n'a pas vu la figure du brigand, puisqu'il avait la tête entortillée dans des linges noirs ; mais cependant il a pu nous donner le signalement de son costume.

— Ah ! c'est quelque chose. Dis vite !

— Il avait une vareuse de matelot...

— Quelle couleur ?

— Bleue, et une ceinture de laine rouge.

— Et puis ?

— Sa vareuse était déchirée sur l'épaule gauche, et rapiécée avec un morceau brun, et un pantalon brun rayé de rouge.

Tous les assistants s'étaient tus pour écouter le signalement donné.

Les deux hommes assis près de la table, l'écouteur et le fumeur, échangèrent un regard rapide, et un éclair de joie sauvage passa sur leur physionomie, qui s'anima, comme s'animaient, au même instant, celles du bourgeois auditeur et des matelots en entendant la double et identique description donnée par La Rochelle et par Petit-Pierre.

— C'est tout ? demanda Scævola.

— Oui ! répondit Brutus.

— C'est quelque chose, mais ce n'est pas beaucoup.

— Tiens ! fit observer un des assistants, c'est drôle tout de même !

— Quoi donc ? demanda Brutus.

— Le brigand qui a empêché le tribunal de condamner cet aristocrate de matelot chez qui nous avions trouvé, ce matin, un portrait de ci-devant et des fleurs de lis, avait un costume dans le même numéro.

— C'est peut-être le même ! dit Scævola qui, lui aussi, avait fait partie de ceux ayant voulu guillotiner le vieux gabier.

Les deux auditeurs, silencieux, échangèrent encore un coup d'œil. Celui qui ne fumait pas se leva tout à coup, et, se tenant debout devant la table :

— Citoyens ! dit-il d'une voix brève....

Tous les regards se tournèrent vers lui.

— Citoyens ! reprit-il quand il vit qu'il concentrait l'attention générale, on a outragé indignement, ce soir, presque sous vos yeux, l'un des vengeurs de la nation, l'un de ceux qui purgent le sol de la République des aristocrates qui le souillent, des traîtres qui essaient à le vendre ! Citoyens ! l'indignation que vous avez laissé éclater, les cris de vengeance que vous avez proférés ont tendrement remué mon cœur, en me prouvant que je n'étais entouré que de purs, que de vrais sans-culottes. Citoyens ! au nom de la nation, je vous remercie !

L'orateur s'inclina en portant la main sur sa poitrine.

— Citoyens ! reprit-il d'une voix tonnante qui domina le bruit des bravos causés par cette improvisation tout à fait dans les mœurs de l'époque, citoyens ! je suis à Brest depuis quatre jours seulement ; je suis envoyé de Paris pour m'assurer de l'esprit qui règne dans cette ville, et je suis heureux de constater que si elle renferme encore, comme tant d'autres, bon nombre d'aristocrates et de brigands, les sans-culottes brestois sont à la hauteur de la noble mission que la nation leur a confiée. Citoyens! il est temps que je me fasse connaître à vous, il est temps que je vous prouve, à tous, la confiance que vous devez avoir en moi. Citoyens! je suis l'ami de Robespierre, celui de Couchon, celui de Fouché, celui de Billaud, celui de Fouquier-Tinville et de tant d'autres purs. Citoyens! voici mes cartes de civisme, voici une partie de ma correspondance avec ces incorruptibles dont je suis fier d'être l'ami.

Et l'orateur, saisissant, par un geste brusque, des papiers enfouis dans la poche de sa carmagnole, les lança, en les éparpillant, sur les tables qui l'entouraient.

Bien peu parmi les sans-culottes, savaient lire, mais tous, voulant paraître le savoir, se ruèrent sur les papiers. Ceux-ci étaient tels, au reste, que les avait annoncés l'orateur. C'étaient des attestations de civisme incorruptible, des ordres, des lettres émanant de la Commune de Paris, des comités de la Convention, de celui de Salut public, du club des Jacobins, signés par les principaux héros à l'ordre du jour.

Plusieurs sans-culottes lurent à haute voix ces papiers, et le résultat de ces lectures fut une considération subite qui entoura, d'une auréole éclatante, l'envoyé parisien dont cependant on ignorait la mission réelle, mais qui s'appuyait sur de trop hautes recommandations pour ne pas se voir accueilli par les habitués du cabaret du *Niveau*.

— Comme ça, dit Scævola en regardant alternativement l'orateur et une carte de civisme qu'il tenait à la main, comme ça, c'est toi qui es le citoyen Mucius-Tullius Sommes?

Le personnage interrogé fit un signe de tête affirmatif.

— Alors, que veux-tu de nous? reprit Scævola qui paraissait s'être chargé d'exprimer les vœux de la foule.

— Je veux vous éclairer sur ce que vous avez à

faire, répondit le citoyen Mucius-Tullius Sommes ; je veux que vous compreniez la mission dont je vais vous charger au nom du comité de Salut public de Paris...

« Citoyens ! continua l'orateur après une pause, l'attentat commis sur Ance n'est pas un fait isolé, c'est le résultat d'une vaste conspiration ourdie contre Brest et que je vous dénonce ici !

Un tonnerre de cris accueillit ces paroles.

— Citoyens ! reprit Mucius, les bons patriotes sont à la veille de périr victimes des brigands et des aristocrates ! Citoyens ! vous êtes sous le coup des crimes dont Ance a été ce soir la première victime ! L'homme qui l'a frappé est le chef de ce complot anti-civique, c'est lui qu'il faut prendre, c'est lui qu'il faut livrer au tribunal révolutionnaire. Citoyens ! braves sans-culottes ! je suis les routes sinueuses de cette infâme intrigue, je tiens tous les fils de cette conspiration, je connais enfin celui que vous cherchez et je vais vous le désigner !

L'orateur s'arrêta pour juger de l'effet produit par ses paroles. Cet effet fut aussi grand qu'il pouvait l'attendre. Les dénonciations de complots, de conspirations, de victimes à frapper étaient, alors, une des *friandises* des clubs et les plus recherchées par ceux qui se décoraient du titre de sans-culottes.

Le discours du citoyen Sommes venait de réveiller les appétits sanguinaires de ces hommes, appétits qui sommeillaient parfois à peine et ne dormaient jamais. Aussi ne fut-ce, pendant quelques minutes, que cris et que blasphèmes.

— Parle ! nomme-le !

— A la lanterne !

— A mort !

L'orateur se pencha vers le fumeur, qui s'était levé pour se rapprocher de lui, et ils échangèrent encore tous deux un coup d'œil d'intelligence.

— Bravo ! murmura le fumeur.

L'autre lui lança un regard triomphant. Les cris continuaient toujours.

— Le traître qui a assailli Anco, reprit le citoyen Sommes en dominant le bruit, le chef du complot que je vous dénonce, celui qu'il faut trouver et prendre, est un aristocrate déguisé en patriote. Je l'ai vu, citoyens ! oui, je l'ai vu ce soir même, alors qu'il complotait probablement son infâme attentat, mais il est parvenu à se dérober à mes recherches. Cependant je l'ai vu, j'ai vu son visage, car alors il n'était pas masqué, car alors il franchissait la porte de la ville.

— Comment est-il ? demanda-t-on de tous côtés.

— Brutus vous a donné le signalement de son costume, poursuivit l'orateur : vareuse bleue rapiécée de brun, ceinture de laine rouge, pantalon brun rayé de rouge. C'est bien cela. Quant à son visage, vous ne pouvez vous y tromper, citoyens ! il est facile à reconnaître : des cheveux noirs qui tombent jusque sur ses sourcils et dérobent ainsi son front ; une barbe noire, épaisse, qui lui cache tout le bas du visage, mais au-dessous de l'œil gauche une cicatrice profonde d'une blessure fraîchement fermée.

— Tonnerre ! hurla Scævola, c'est l'homme de tantôt, celui qui a protégé cet aristocrate de matelot. Ah ! ah ! nous avons deux vengeances à exercer, citoyens ! car s'il a frappé Anco, il s'est moqué des sans-culottes en les empêchant de purger Brest d'un adorateur de ci-devants !

Le tumulte, un moment apaisé par l'attention que l'on avait prêtée à l'orateur, éclatait alors plus puissant et atteignait son paroxysme de fureur.

Le citoyen Sommes s'appuya sur l'épaule de son compagnon, et, se penchant vers son oreille :

— Eh bien, mon cher Pick, dit-il à voix basse, croyez-vous que nous réussissions enfin cette fois ?

Pick sourit.

— Je le crois, monsieur le comte ! murmura-t-il.

XIX

LA RUE DE LA CHIOURME

Tandis qu'à la même heure se passaient, aux deux extrémités de la rue des Sept-Saints, une série de scènes si complètement opposées les unes aux autres ; tandis qu'un seul et même signalement, donné au même instant dans le quartier des matelots et dans celui des sans-culottes, animait, à la fois, les esprits de sentiments diamétralement contraires, une autre scène avait lieu à peu de distance également des deux cabarets.

Au centre à peu près de la rue des Sept-Saints, au point qui servait de limite entre la partie adoptée par les matelots et celle réservée aux patriotes, dans cet endroit mixte où les vareuses se mélangeaient parfois aux carmagnoles, il existait une petite ruelle, coupant à gauche la rue et s'enfonçant au milieu d'un pâté de maisons aux constructions heurtées.

Cette ruelle s'appelait la rue de la *Chiourme*, quoiqu'elle n'eût qu'un débouché dans la rue des Sept-Saints. Mais l'autre débouché, que ne connaissaient pas l'habitant honnête de la ville, le promeneur paisible, le matelot fidèle au devoir, était à la disposition des matelots réfractaires, des forçats en rupture de ban, des galériens évadés nouvellement, des pillards, des voleurs, des bandits de toute espèce qui désolaient Brest au milieu de l'anarchie à laquelle elle était livrée.

A ce même moment remontait la rue des Sept-

Saints un homme d'une taille bien au-dessus de la moyenne et d'une apparence athlétique, avec des bras énormes s'attachant à ses épaules carrées, et des pieds épais. Sur ce corps gigantesque s'emmanchait un cou de taureau surmonté d'une tête petite et disproportionnée, mais laide de forme et laide de visage.

Une forêt de cheveux roux, roides, droits, incultes, couvrait un crâne de forme allongée comme un cône et aplati par derrière. Le front était bas et fuyant; les sourcils, de même nuance que les cheveux, étaient épais et ombrageaient deux petits yeux ronds, grisâtres, flamboyants, sous une arcade profondément creusée. La bouche était énorme, les lèvres épaisses, fort rouges et les dents très belles; mais le nez, retroussé, était d'une ténuité telle qu'il existait à peine. Les pommettes étaient saillantes, chaudement colorées, et les oreilles énormes, plates et dépourvues d'ourlets. Le menton, court, non plus que la lèvre supérieure, ne présentait aucune trace de barbe et, par l'effet d'un contraste singulier, les mains étaient velues comme celles d'un singe.

Le costume du personnage était d'une simplicité extrême et d'un négligé que le sans-culotte le plus déguenillé n'eût pu voir sans envie. Une veste en loques laissant passer, par ses nombreux crevés, les lambeaux d'une chemise de laine jadis rouge, mais devenue d'une nuance d'un brun insaisissable. Un pantalon de toile bleue menaçant, à chaque pas, de trahir la sécurité apparente de son propriétaire, un bonnet rouge orné d'une cocarde monstrueuse, une ceinture de laine verte, composaient le reste de ce costume. Les pieds étaient nus dans de larges sabots.

L'homme marchait lourdement en suivant le bord des maisons, mais sans intention évidente de se cacher. Arrivé à l'angle, il tourna à gauche et s'enfonça dans la rue de la Chiourme, dont la voie était tellement étroite que les épaules de l'hercule touchaient presque les murailles à droite et à gauche. La rue de la Chiourme, absolument privée de lumière, était plongée dans une obscurité complète, mais le promeneur connaissait, sans doute, parfaitement le chemin qu'il suivait, car il avançait d'un pas régulier et sûr, en dépit des ténèbres épaisses qui lui dérobaient même la vue du sol que foulaient ses sabots.

A l'extrémité de l'impasse se dressait une muraille fermant complètement la voie et dénuée de toute ouverture. A droite et à gauche, les deux maisons qui bordaient la rue avaient sans doute leur entrée sur une autre rue, car elles ne possédaient aucune porte, et les fenêtres les plus basses s'ouvraient à la hauteur du second étage.

Mais la maison de gauche avait là l'entrée de sa cave, sorte de trappe posée sur le sol de la rue, comme beaucoup de nos vieilles villes de province en possèdent encore. Un gros anneau de fer, incrusté dans une rainure ronde, était fixé à l'extrémité de la trappe.

L'homme s'arrêta en face de cette trappe. Il se baissa, prit l'anneau, tira à lui et souleva la planche de bois massif. L'ouverture suffisamment faite, il tâta du pied et, trouvant la première marche d'un escalier, il descendit en maintenant la trappe avec sa tête, de sorte qu'au fur et à mesure qu'il s'enfonçait la trappe s'abaissait, et qu'elle se trouva bientôt complètement refermée.

L'homme continua à descendre jusqu'à ce qu'il atteignit un terrain de plain-pied, froid et humide comme celui d'une cave. Se guidant sur le mur que frôlait sa main droite étendue, il reprit sa marche au milieu de l'obscurité et il suivit un corridor d'un parcours de plus de cent pas. Là il rencontra un second escalier qu'il gravit ; il souleva une autre trappe toute pareille à la première et se trouva dans une sorte de petite ruelle à ciel découvert et aboutissant à une cour éclairée par une lumière vague et rougeâtre.

Cette lumière provenait d'une boutique dont les vitres crasseuses, recouvertes d'une triple couche de poussière, la tamisaient timidement au dehors. L'homme marcha droit vers la porte de la boutique, garnie à l'intérieur d'un rideau de calicot rouge, souleva le loquet et entra dans l'établissement.

Une vapeur lourde et chargée se dégagea brusquement par l'ouverture de la porte, et une atmosphère presque entièrement privée d'oxygène arrêta la respiration sur les lèvres du nouvel arrivant.

L'endroit dans lequel il se trouvait était une vaste pièce sans aucune fenêtre, garnie de bancs de bois, de tables et de tabourets. Aux murailles noircies étaient accrochés, çà et là, des quinquets poudreux et fumants. Un comptoir était établi au fond de la pièce; derrière ce comptoir trônait une femme difforme, à la taille épaisse, au visage couturé, et vêtue de haillons. Les tables, les bancs, les tabourets étaient garnis et encombrés par une foule chamarrée, déguenillée, portant dans toute sa hideuse laideur l'ignoble livrée du vice. Les uns jouaient aux cartes, les autres aux dés; tous buvaient en chantant et en hurlant.

L'hercule était sans doute un habitué du lieu, car il ne parut nullement intimidé par le vacarme qui l'assaillait.

— Tiens! s'écria l'un des assistants en lui voyant franchir le seuil de la porte, c'est Papillon!

— Tu es en retard, Papillon, ajouta un autre; Bonchemin t'a demandé déjà trois fois.

La physionomie jusqu'alors impassible de Papillon s'éclaira soudain.

— Il m'a demandé? répéta-t-il.

— Trois fois! répondit l'autre.

Papillon se dirigea rapidement vers le comptoir sans daigner répondre aux interpellations amicales que provoqua son passage dans toute la longueur de la pièce. Arrivé en face de l'hôtesse, il fouilla dans sa poche, en tira un papier fort propre plié en forme de lettre et le lui remit.

La femme prit le papier, se tourna à demi, ouvrit une petite lucarne en bois pratiquée dans la muraille, jeta la lettre dans l'ouverture, referma la petite porte et se tourna vers le messager.

— Qu'est-ce que tu veux boire ? demanda-t-elle d'une voix cuivrée, comme celle d'un portefaix d'Avignon.

— Du vin ! répondit Papillon.

L'hôtesse fit un geste d'étonnement.

— Ni eau-de-vie ni rhum ? dit-elle ?

— Non ?

— Pourquoi donc ?

— Parce que j'ai besoin de ma cervelle cette nuit... Bonchemin a dit qu'il me parlerait.

— Ah ! fit l'hôtesse, c'est différent.

Elle prit alors une bouteille placée à sa portée et la tendit à Papillon ; puis, se penchant, vers lui, au moment où le colosse s'apprêtait à gagner une table voisine :

— C'est-il vrai qu'il ait quelque chose à craindre ? demanda-t-elle à voix basse.

Papillon fixa, sur son interlocutrice, ses petits yeux scrutateurs.

— C'est Cormoran et la Baleine qui disaient cela tout à l'heure ! ajouta-t-elle en répondant à cette interrogation muette et en désignant, du regard, deux hommes jouant aux cartes à une table voisine du comptoir.

— Eh bien ! ils ont eu raison de le dire ! répondit Papillon après un silence.

— Comme ça, Bonchemin est menacé ?

— Oui.

— Y a-t-il donc des traîtres ici ?

Cette question fut faite à voix extrêmement basse. Papillon lança un regard rapide autour de lui, puis ce regard se reporta sur l'hôtesse. Alors les deux petits yeux clignèrent vivement, et l'homme, tournant sur lui-même, se dirigea vers une table.

Le vacarme n'avait pas cessé, un seul instant, de remplir la salle de son bruit furieux. La population qui encombrait cette sorte de repaire était encore plus effrayante à contempler en détail qu'elle n'était hideuse dans son ensemble. Toutes ces physionomies patibulaires, animées par l'ivresse des boissons, par celle du jeu et par celle tout aussi puissante du tumulte et des cris, présentaient un aspect digne du pinceau de Goya, le peintre des bandits, des voleurs et des mendiants.

Le cabaret, dans lequel venait de pénétrer Papillon, était certes (en apparence du moins) d'un degré au-dessous de celui du *Niveau*, mais cependant, on n'entendait aucune dispute et le jeu était loyal, les regards francs, les conversations gaies, sans être par trop grossières, et souvent éclatait un rire clair et sonore.

Pour quelques-uns, néanmoins, une certaine préoccupation se cachait sous les éclats de cette gaieté et cette préoccupation s'était accrue depuis l'arrivée de Papillon.

Dès que le colosse eut quitté le comptoir et fut venu prendre place sur un banc au centre de la salle, huit ou dix buveurs quittèrent leurs tables et vinrent s'asseoir près du nouvel arrivé. Parmi eux se trouvaient les deux personnages que l'hôtesse avait désignés sous les noms de Cormoran et de la Baleine.

Papillon n'avait pas encore entamé sa bouteille.

— Tu viens de là-bas ? lui demanda Cormoran.

Papillon fit un signe affirmatif.

— Eh bien ! est-ce vrai ?

— Parfaitement vrai ; d'ailleurs tu sais bien que Bonchemin n'a jamais menti !

— Ainsi il a fait le coup à lui tout seul ?

— Oui.

— Tonnerre ! quel homme !

Tous se regardèrent avec une expression d'admiration.

— Moi, je l'aime ! dit la Baleine.

— Et moi aussi ! ajouta un autre.

— Et dire, fit Papillon, qu'il a fait, lui, ce que je n'avais jamais pu faire moi-même : il m'a guéri de

l'ivresse ! Plus d'eau-de-vie, plus de rhum, plus de
tafia !

— Eh bien ! et moi qui n'avais jamais pu travailler
deux heures de suite, ajouta Cormoran, voilà-t-il
pas un mois que je fais toutes mes journées et des
heures en plus au chantier de construction !

— Il m'a réconcilié avec mon vieux père, dit la
Baleine. Le bonhomme m'avait maudit ; il m'a pardonné, et il est mort en me bénissant. Aussi je suis
à Bonchemin à la vie, à la mort !

— Bonchemin, c'est mon dieu, à moi ! ajouta l'un
des assistants qui portait le nom singulier et caracté-
ristique de Dent-de-Loup.

— Aussi, il peut être tranquille ; si jamais on lui
cherchait noise...

— Nous y passerions tous avant lui ! dit vivement
la Baleine.

— Et puis, quel homme ! reprit Cormoran ; rien
ne l'arrête ; et fort !...

— Il me casserait ! dit Papillon en frappant sur
ses bras herculéens.

— Et matelot comme il n'y en a pas ! ajouta un
buveur qui portait la vareuse des marins.

En ce moment, un bruit sec et retentissant arrêta
net toutes les conversations.

L'hôtesse venait de saisir un lourd marteau et d'en
décharger un coup formidable sur une sorte d'en-
clume placée près d'elle. Toutes les têtes se dressè-
rent, tous les regards se dirigèrent vers un même
point : le fond de la salle. Un silence profond succéda
au bruit et toutes les respirations semblaient arrêtées,
et les visages, même les plus féroces, exprimaient
une émotion douce.

Une porte pratiquée près du comptoir venait de
s'ouvrir toute grande, et un homme se tenait debout
sur le seuil, encadré par le chambranle.

Cet homme était de taille moyenne, mince et
élancé de corps. Il portait une vareuse de drap bleu
usée par l'usage et rapiécée à l'épaule avec un morceau de drap brun. Un pantalon très large, comme celui

des matelots, et rayé brun et rouge, était retenu à la taille par une ceinture de laine rouge. Il avait la tête nue, et une épaisse chevelure noire couvrait son front blanc et pâle de ses longues mèches soyeuses. Une magnifique barbe noire encadrait le bas du visage et en dérobait la partie inférieure. La bouche vermeille brillait au milieu de cette barbe qui rehaussait encore l'éclat des lèvres. De grands yeux bleus éclairaient cette physionomie imposante, et au-dessous de l'œil gauche on voyait une cicatrice profonde, rose encore, et provenant évidemment d'une blessure récemment reçue.

Cet homme demeura immobile, puis il s'avança dans la salle au milieu du silence et il la parcourut dans toute sa longueur, examinant attentivement, à droite et à gauche, chaque groupe de buveurs.

Enfin, revenant sur ses pas, il s'arrêta devant une table placée près de celle où étaient assis Papillon, Cormoran et leurs compagnons.

L'homme laissa tomber tout le poids de son regard sur un buveur de petite taille et de mine hypocrite qui se trouvait alors à deux pas de lui. Le buveur, qui était rouge comme un homard cuit, devint tout à coup d'une pâleur de cadavre et courba lentement la tête.

L'attention de tous, surexcitée au plus haut point, était concentrée sur le personnage demeuré debout et silencieux et sur celui qui paraissait trembler sous ce regard de plomb rivé sur lui.

— Pâquerette ! dit le singulier personnage d'une voix vibrante et d'un ton où l'habitude du commandement se mélangeait à un sentiment d'autorité toute-puissante, Pâquerette ! sais-tu ce qui s'est passé hier soir dans la rue de la Nation ?

Celui qui portait ce doux nom de Pâquerette, contrastant si fort avec sa personne que l'on était en droit de prendre ce sobriquet pour une méprisante dérision, celui-là baissa encore la tête en pâlissant davantage.

12.

— Réponds ! reprit l'autre avec un accent plus impérieux.

— Je ne sais pas !... balbutia Pâquerette.

— Tu mens !

— Mais !...

— Tu mens ! répéta l'interrogateur. Veux-tu donc ajouter encore la lâche hypocrisie au crime ? Réponds nettement !

Pâquerette fit un mouvement décelant une rage sourde, mais il garda le silence.

Un murmure parcourut l'assemblée tout entière, et ce murmure désapprouvait, évidemment, la ténacité de Pâquerette.

— Réponds donc ! lui glissa Cormoran à l'oreille ; tu sais bien que Bonchemin ne plaisante pas !

Et de l'œil il désignait le personnage toujours immobile à la même place ; mais Pâquerette secoua la tête.

— Je ne veux pas répondre ! murmura-t-il d'une voix assez haute pour que ses paroles pussent être entendues.

La rumeur générale s'éleva plus forte.

— Silence ! dit l'homme que Cormoran venait de désigner sous ce nom de Bonchemin, et qui paraissait posséder une influence si extraordinaire sur tous les assistants.

Les murmures cessèrent. Bonchemin fouilla sous sa vareuse et tira un pistolet passé dans la ceinture de laine qui entourait sa taille.

— Vous tous qui êtes ici, dit-il en élevant la voix et en promenant son regard sur tous les points de la salle, m'avez-vous reconnu pour votre grand justicier ?

— Oui ! oui ! s'écria-t-on unanimement.

— M'avez-vous donné, sur vous tous, droit de vie et de mort ?

— Oui ! dit-on encore.

— Ce droit, vous repentez-vous aujourd'hui de me l'avoir accordé ?

— Non ! non ! s'écrièrent toutes les voix.

Bouchemin se retourna vers Pâquerette et leva lentement le canon de l'arme qu'il tenait à la main.

— Qu'a-t-on fait hier soir rue de la Nation? reprit-il d'une voix lente; réponds sans hésiter, ou tu vas mourir!

Le pistolet présentait sa gueule à la hauteur du visage de Pâquerette : le malheureux était livide.

— On a volé! dit-il.

Un cri d'indignation jaillit de toutes les bouches.

— Silence! dit Bouchemin.

Puis, revenant à Pâquerette :

— L'auteur du vol? continua-t-il.

Pâquerette se prit à trembler plus fort.

— L'auteur du vol? répéta Bouchemin.

L'index pressait légèrement la détente du pistolet. Pâquerette vit le mouvement.

— C'est moi! dit-il en se jetant de côté.

Bouchemin releva l'arme et regarda de nouveau les assistants.

Ceux-ci semblaient tous ressentir une réprobation profonde.

— Il y a donc un misérable voleur parmi nous! dit Bouchemin.

Cette phrase fut l'étincelle qui mit le feu à toutes les colères. Un hourra formidable éclata, et toutes les mains menaçantes se tendirent vers Pâquerette.

Celui-ci s'était jeté à deux genoux devant son juge; Bouchemin le repoussa durement du pied.

— A mort! à mort! criait-on de toutes parts.

Vingt couteaux brillèrent à la fois, et leurs lames aiguës et menaçantes se levèrent sur la tête du coupable.

— Pas de sang! dit Bouchemin d'une voix vibrante en étendant la main au-dessus de la tête de Pâquerette : il en coule assez sur la place publique... Laissez à Ance son ignoble besogne!

Les lames rentrèrent dans l'ombre. Tous ces hommes obéissaient à celui qui paraissait être leur chef, avec une promptitude décelant, pour ce chef, plus d'amour et de respect que de crainte. Pâquerette, à genoux, attendait que son sort fût prononcé.

— Lève-toi ! reprit Bonchemin. Sors d'ici ! et souviens-toi que, si les premiers rayons du jour te trouvent encore dans la ville, le soleil ne se couchera pas avant que ta tombe ne soit creusée dans la vase de la rade !

Pâquerette se redressa à demi.

— Pardonne-moi, dit-il ; j'étais ivre... j'ai obéi à un mauvais instinct...

— Il ne fallait pas t'enivrer ! répondit Bonchemin, il fallait résister à tes passions mauvaises...

— Pardonne-moi !

— Jamais ! Je t'avais cru digne de miséricorde ; j'avais cru qu'il y avait encore, en toi, une étincelle d'honnêteté et d'honneur... Je me suis trompé ; tu n'es qu'un lâche bandit et un misérable voleur ! Va ! sors d'ici pour n'y plus rentrer !

— Pardonne-moi ! dit encore Pâquerette, dont l'émotion allait croissant.

— Demande à ceux qui t'entourent s'ils veulent te pardonner ! Si une seule parole s'élève en ta faveur, si une seule main se tend vers toi... je te fais grâce !

Pâquerette se releva tout à fait et promena autour de lui ses regards anxieusement interrogateurs ; mais toutes les bouches demeurèrent muettes, toutes les mains restèrent immobiles, et tous les yeux même se détournèrent avec un mépris évident.

Pâquerette frissonna. Cette réprobation générale dont il était l'objet sembla produire sur lui un effet étrange. Il regarda encore ses compagnons, se retourna vers Bonchemin, serra les poings, et, paraissant prendre une résolution subite, il s'élança vers la porte ; mais à peine avait-il fait quelques pas qu'il se retourna encore. Cette fois, un poignard nu brillait dans sa main.

— Pardonne-moi ! dit-il.

— Non ! tu as volé ! tu es un lâche ! répondit Bonchemin sans s'effrayer de cette pantomime qui pouvait cependant être agressive.

Pâquerette fit un geste brusque et s'affaissa sur lui-même. Le malheureux venait de s'enfoncer dans la poitrine le poignard qu'il tenait à la main. Deux hommes se précipitèrent vers lui.

— S'est-il donc tué? demanda Bonchemin.

— Non, répondit l'un des hommes, il respire encore.

— Portez-le à l'infirmerie et qu'on le soigne.

Les deux hommes voulurent enlever le corps de Pâquerette, mais le malheureux fit un effort, les repoussa, et, se traînant tout sanglant jusqu'aux pieds de Bonchemin:

— Pardonne-moi, dit-il, ou je veux mourir là!

Bonchemin se pencha; son regard, d'ordinaire dur et inflexible comme une lame d'acier, s'émoussa en rencontrant celui du blessé. Son œil limpide se voila légèrement.

— Jures-tu d'être désormais fidèle à la religion du Christ et à l'honneur? dit-il; jures-tu de ne jamais mériter un reproche?

Pâquerette porta la main à sa poitrine, et, étendant ses doigts imprégnés de son sang qui coulait à flots:

— Je le jure! répondit-il.

— Alors... je te pardonne!

Le blessé saisit la main qui s'étendait vers lui, la pressa contre ses lèvres et retomba en arrière: il venait de s'évanouir. Les deux hommes qui avaient voulu le secourir l'enlevèrent dans leurs bras et le portèrent hors de la salle.

Cette scène émouvante avait produit un profond effet sur tous les assistants: après la sortie de Pâquerette, tous les regards s'étaient fixés sur Bonchemin. Celui-ci parcourut la salle dans toute sa longueur, paraissant en proie à une préoccupation des plus vives. Tous se taisaient, tous respectaient religieusement cette rêverie d'un seul homme.

Enfin, Bonchemin passa la main sur son front comme pour éloigner des pensées pénibles, et, ses regards se portant sur Papillon, il s'arrêta en face de lui.

— Les renseignements que tu m'as apportés sont sérieux ? demanda-t-il.

— Oui ! répondit le colosse.

— Alors, à cette heure-ci, on doit me chercher dans Brest ?

— Les sans-culottes ont juré de ne pas se coucher avant de t'avoir incarcéré.

— Bonchemin sourit.

— Comment savent-ils que c'est moi qu'ils doivent chercher ? reprit-il ; Ance n'a pu voir mon visage...

— Non, mais il a examiné ton costume et il en a donné le signalement exact.

Bonchemin haussa les épaules.

— Les sans-culottes, qui font peur à tout le monde, vous feraient-ils peur, à vous autres ? dit-il d'une voix railleuse. Nous sommes soixante ici, qu'ils viennent me chercher et nous les recevrons !

Des acclamations frénétiques accueillirent ces paroles et prouvèrent que Bonchemin disait juste en exprimant la confiance qu'il avait en ceux qui l'entouraient.

— Laissons faire les sans-culottes, reprit-il d'un ton plus grave, et occupons-nous d'affaires sérieuses.

Bonchemin s'était reculé vers le comptoir, et, s'y adossant, il dominait de là toute la salle. Un profond silence s'était fait, et tous les assistants, se tournant vers le chef, indiquaient, par leur contenance, qu'ils lui prêtaient une attention soutenue.

— Le jour dont je vous ai parlé depuis cinq ans est venu ! dit Bonchemin en relevant la tête. L'heure de la réhabilitation va sonner pour tous. Écoutez-moi, vous qui m'avez donné votre confiance, vous tous à qui j'ai fait rémission de vos fautes, écoutez-moi, car, je vous le répète, l'instant est venu... l'heure va sonner ! Voici cinq années que je vis avec vous ; voici cinq années que vous m'avez reconnu pour chef, que vous avez écouté et suivi mes conseils ; voici cinq années, enfin, que je vous gouverne, sans qu'aucun des changements subis par la société, depuis ce temps, ait eu la moindre influence sur nos affaires particulières. Depuis cinq ans, quelqu'un d'entre vous a-t-il un reproche à m'adresser? ai-je failli à mon devoir? me suis-je montré injuste, inique ou faible? m'aimez-vous enfin encore comme vous avez promis de m'aimer? Répondez nettement, franchement; car, avant que je vous parle, il faut que je sois sûr de vos sentiments à mon égard.

Tous les auditeurs se regardèrent; il était certain qu'une même réponse était sur toutes les lèvres, mais aucun ne pouvait parvenir à formuler nettement sa pensée, et ils cherchaient, parmi eux, un orateur qui se fît l'interprète des sentiments de tous.

Cormoran hésita un moment, puis il se leva:

— Tu nous demandes, dit-il d'une voix rauque attestant une émotion mal contenue, si nous avons un reproche à t'adresser, si tu as failli à ton devoir depuis cinq années, si nous t'aimons toujours? Pense à ce que nous étions il y a cinq ans, avant que tu ne fusses venu nous chercher les uns après les autres, et regarde ce que nous sommes aujourd'hui, ce sera notre réponse! Il y a cinq ans, la moitié de ceux qui sont ici sortaient du bagne, l'autre moitié méritait d'y aller. Qu'avions-nous tous en face de nous? la perspective de la misère, de l'infamie, de la honte... Rejetés par tous, nous formions la fange de la ville... Tu n'as pas craint de te salir pour que ta main nous atteignit... Le premier, tu nous as parlé *devoir*, *honneur*, *probité*, *travail* et *religion*. A peine savions-nous ce que signifiaient ces mots... Loin de te rebuter par nos risées, tu es parvenu à changer nos natures vicieuses. Sous les bandits, tu as trouvé des hommes! Nous étions des chiens, tu nous as appris à devenir des créatures de Dieu... Après des années de peine et de fatigue, tu as détruit nos mauvais instincts... Tu nous as fait comprendre que le soir, après une journée de travail, la tête est plus libre, le cœur plus joyeux, l'air plus pur à la poitrine... Tu nous as appris que le morceau de pain que l'on donne au pauvre fait

Pagination incorrecte — date incorrecte
NF Z 43-120-12

lire PAGE
au lieu de PAGE

plus de plaisir que l'argent que l'on vole au riche...
Tu nous as révélé les joies de l'honneur, de la probité, de l'affection méritée... Tu as allégé nos souffrances en nous expliquant la résignation du Christ...
Tu as soigné nos malades, tu as travaillé pour nos blessés, tu as réconcilié plusieurs d'entre nous avec leurs familles. Jamais tu ne nous as adressé un reproche sur notre passé ; tu as toujours eu de bonnes paroles pour les affligés. Juste comme le bon Dieu, tu as été sans miséricorde pour les coupables et plein de pitié pour les faibles. Enfin, depuis que nous te connaissons, nous t'avons vu sacrifier ta vie, ton temps, tes forces, ton intelligence à notre profit. Qu'est-ce qu'un homme peut faire de plus pour d'autres que ce que tu as fait pour nous? Tu nous demandes, après cela, si nous t'aimons ! Dame ! nous t'aimons, vois-tu, comme l'enfant aime sa mère, comme le chien aime son maître, comme les anges aiment Dieu. Tu es pour nous notre père, notre chef, notre ami, notre maître. Nous t'appartenons, voilà ! Est-ce vrai, vous autres ?

Cormoran se retourna vers ses compagnons. L'émotion était extrême et paraissait d'autant plus vive, d'autant plus extraordinaire, qu'elle se reflétait sur ces visages farouches, sur ces physionomies qui avaient gardé l'empreinte des excès du passé.

Un même cri répondit seul, mais ce cri était tellement puissant, il partait si bien du cœur, que Bonchemin ne put douter un instant du sentiment qu'il exprimait. Il leva vers le ciel ses yeux humides de larmes et sembla remercier Dieu ; puis, revenant à sa situation présente :

— Mes enfants, reprit-il, lorsque vous m'avez reconnu pour chef, lorsque vous vous êtes rendus à mes conseils, je vous ai promis deux choses : la tranquillité morale à l'aide du travail... vous l'avez ; la réhabilitation aux yeux de vos concitoyens... vous l'aurez ! Je vous ai imposé trois conditions : m'obéir en toutes choses, vivre isolés des autres hommes, et enfin, pour punition de votre passe, de garder les vêtements que vous portiez, afin que ces haillons, livrée honteuse du vice, vous rappelassent sans cesse ce que vous aviez été, pour vous engager à rester ce que je vous avais faits. Ces trois conditions, vous les avez acceptées et tenues religieusement : aujourd'hui je cesse de vous les imposer. Elles n'existent plus, je vous rends libres. J'ai là, dans une pièce voisine, tout ce qui est nécessaire pour échanger vos vêtements en lambeaux, ces vêtements que la débauche avait souillés et que vous avez sanctifiés par le travail. A partir de cette heure, vous serez libres de courir la ville, de quitter ce logis et d'employer vos moments de loisir comme vous l'entendrez. Enfin, ce ne sont plus des ordres que je vais vous donner : c'est une confidence que je vais vous faire ; ensuite vous agirez suivant votre conscience.

« Rappelez-vous que l'argent que, depuis cinq ans, j'ai fait verser à chacun de vous dans la caisse commune, cet argent acquis par un travail honnête, met chacun de vous en état de continuer à vivre honorablement. C'est donc à des hommes entièrement libres que je vais parler... qu'ils m'écoutent ! Tous vous travaillez dans le port, dans les chantiers de construction, sur les navires en rade ; vous savez donc tous qu'une vaste expédition se prépare. Il s'agit d'équiper une flotte pour protéger l'entrée dans l'un de nos ports du convoi de grains qui doit faire cesser la famine. Voilà le but avoué, voilà le but connu... Mais à côté de ce but, placé en pleine lumière, il en est un autre ignoré de la ville presque entière, que les représentants de la Convention connaissent et que je suis parvenu à découvrir. De la flotte qui s'arme et qui, sous les ordres de Villaret, doit courir aux Anglais, une partie doit être distraite, gagner la haute mer à la faveur d'une manœuvre générale et s'élancer vers nos colonies menacées. Ces quelques navires, sous le commandement de Victor Hugues, feront voile pour les Antilles, afin d'aller là-bas relever le pavillon de la France que l'Angleterre a osé abattre. Avant huit jours, cette flottille se détachera de la grande et sera sous voile... Je vous ai dit tout à l'heure que vous étiez libres désormais et je vous le répète, car, avant huit jours, je ne serai plus parmi vous!

Les auditeurs s'entre-regardèrent avec une stupéfaction douloureuse.

— Tu nous quittes? balbutia Papillon.

— Tu ne veux plus être notre chef? ajouta Cormoran.

— Vous êtes devenus honnêtes et loyaux, répondit Bonchemin; qu'avez-vous besoin de moi, maintenant?

— Alors, dit la Baleine, tu nous abandonnes?

— Tonnerre! s'écria un matelot qui répondait au nom significatif de Vent-d'Ouest, tonnerre! de quel bord allons-nous virer maintenant? Si tu quittes la barre, comment gouvernerons-nous?

Bonchemin regarda attentivement tous ces visages tournés vers lui et exprimant un même sentiment.

— Seriez-vous donc résolus à ne pas me quitter? demanda-t-il.

— Oui! oui! répondit-on de toutes parts. Nous ne te quitterons jamais!

— Même si j'abandonnais la France?

— Nous te suivrons!

— Partout où j'irais?

— Partout! partout!

Les cris étaient unanimes.

Bonchemin redressa la tête: son front rayonnait, ses yeux lançaient des éclairs rapides et une joie immense illuminait son mâle visage..

— Jurez-vous tous d'être fidèles au pavillon de la France si ce pavillon vous abrite? demanda-t-il vivement.

— Nous le jurons! répondirent tous d'une même voix.

— Jurez-vous d'être à jamais dignes du nom de marins français?

— Nous le jurons!

— De mourir tous à votre poste?

— Oui! oui! nous le jurons!

— Eh bien! reprit Bonchemin avec une émotion

qu'il ne pouvait plus contenir, nous ne nous quitterons pas ! Les équipages de la flottille sont loin d'être au complet : Victor Hugues nous embarquera tous. Vive la France !

— Vive la France ! répétèrent toutes les voix avec une frénésie qui prouvait que les serments prêtés ne seraient pas vains.

— Oh ! murmura Bonchemin en levant les yeux vers le ciel, avec de tels hommes, tout est possible. Mon Dieu ! avez-vous donc enfin pitié de mes souffrances ?...

La joie était délirante ; le vacarme redoublait d'intensité.

En ce moment, Bonchemin sentit une main vacillante s'appuyer doucement sur son épaule, et une voix faible murmura à son oreille :

— Et moi aussi, tu m'emmèneras ?

Bonchemin se retourna et aperçut Pâquerette. Le blessé s'était fait panser tant bien que mal et il venait de rentrer dans la salle.

Sa pâleur était extrême ; ses jambes le soutenaient à peine et il s'appuyait contre le comptoir.

— Tu m'as pardonné, continua-t-il ; il faut que tu m'emmènes comme les autres.

Bonchemin le regarda attentivement.

— As-tu entendu les serments que j'ai fait prêter à tes compagnons ? demanda-t-il.

— Oui ! répondit le blessé.

— Ces serments, les prêtes-tu aussi ?

— Oui !

— Eh bien ! je compte sur toi, j'ai confiance cette fois en ta parole. Tu partiras.

Pâquerette murmura un remerciement ; puis, faisant un effort pour surmonter le trouble qui s'était emparé de lui :

— Avant de faire ces serments, dit-il, j'en avais fait un autre : celui de mourir pour toi quand l'occasion se présentera, et tu verras si j'y suis fidèle !...

La vénérable hôtesse était demeurée immobile dans son comptoir depuis l'entrée de Bonchemin dans la salle. Suivant avec attention chaque péripétie de la scène qui s'accomplissait sous ses yeux, elle avait paru tour à tour émue et joyeuse.

L'orateur lui tournait complètement le dos. Elle aussi avait vu Pâquerette, et elle avait entendu les paroles échangées entre le blessé et le chef. Tout à coup elle tressaillit comme si elle avait été secouée par une commotion électrique. Se penchant vivement, elle rouvrit la petite lucarne par laquelle elle avait jeté la lettre apportée par Papillon et passa entièrement sa grosse tête dans l'étroite ouverture.

Lorsqu'elle la retira, elle était cramoisie. Se levant alors et se penchant en avant, elle s'approcha de Bonchemin et lui parla bas rapidement.

Celui-ci tressaillit à son tour, et son visage exprima un étonnement manifeste.

— Dans la chambre de la rue des Carmes? dit-il à voix basse.

L'hôtesse fit un signe affirmatif.

— Et il demande le citoyen Robert?

— Oui.

— Depuis quand?

— Depuis un quart d'heure à peine.

Bonchemin regarda attentivement tous ceux qui peuplaient la salle.

— Personne n'est absent, cependant, dit-il. Tous sont ici.

Puis se tournant vers l'hôtesse :

— Quel homme est-ce?

— Inconnu ! répondit la femme.

— Mais comment est-il entré?

— Il a fait jouer le secret.

— Impossible ! s'écria Bonchemin ; moi seul le connais !

— Cependant... il est entré.

Bonchemin rapprocha ses épais sourcils par une violente contraction des muscles, puis, faisant un geste brusque pour réclamer le silence :

— Mes amis, dit-il, qu'aucun de vous ne s'éloigne

encore. Attendez-moi ! peut-être vais-je avoir besoin de vous.

Et, sans attendre une réponse, il quitta sa place, ouvrit la porte par laquelle il était entré et disparut rapidement.

XX

UN AGENT

La salle nouvelle dans laquelle il se trouvait était plus petite que la précédente. Bonchemin la traversa vivement, ouvrit une autre porte, gravit un escalier qui se présenta à lui et atteignit le sommet d'une haute maison. Là il continua sa marche en se dirigeant sous les combles.

L'escalier était faiblement éclairé, mais les combles étaient dans une obscurité complète. Bonchemin n'en avança pas moins rapidement. Sans doute des ouvertures étaient pratiquées à l'avance entre les combles des maisons attenant à la première, car Bonchemin parcourut ainsi une distance assez grande.

Enfin il s'arrêta, tâta du pied, rencontra les marches supérieures d'un escalier et se mit à descendre. Il atteignit ainsi le second étage de la maison. Il ouvrit une porte, entra dans une pièce sans lumière et pénétra dans une seconde également plongée dans des ténèbres épaisses. Là il s'avança avec une précaution extrême, en suivant la muraille avec la main. Ses doigts rencontrèrent un panneau, s'y arrêtèrent et firent jouer un petit ressort, qui fit reculer le panneau dans son cadre, en laissant une étroite ouverture.

Bonchemin appliqua son œil à cette ouverture et examina attentivement.

— Qui diable est cet homme ? murmura-t-il en se reculant. Comment s'est-il introduit ici ?

Il réfléchit un moment ; puis, passant la main sous sa vareuse, il s'assura que le pistolet était toujours enfoui dans sa ceinture. Alors il marcha résolument vers une porte et l'ouvrit toute grande. Un flot de lumière le frappa au visage. La pièce dans laquelle il venait d'entrer était éclairée par deux torches de sapin fichées dans une table.

Au centre de cette pièce, de mesquine apparence et très pauvrement meublée, se tenait debout un personnage dont l'extérieur s'alliait merveilleusement avec la simplicité rustique qui l'entourait.

Un nuage de fumée odoriférante, causé par la résine en combustion, remplissait la pièce et enveloppait le personnage dans un véritable voile de brouillard diaphane. Il avait la main appuyée sur le dossier d'une chaise de paille et paraissait attendre avec une certaine anxiété.

Au bruit que fit Bonchemin en ouvrant la porte, il avait fait vivement un pas en avant. Ce double mouvement avait placé les deux hommes face à face à trois pas l'un de l'autre, et éclairés tous deux également par des torches.

Un léger silence régna dans la pièce. Enfin, le bourgeois, dont les petits yeux brillaient d'un éclat singulier, s'inclina légèrement.

— Monsieur le vicomte ! dit-il nettement.

Une exclamation l'interrompit : Bonchemin, stupéfait, avait fait un pas en arrière.

— Ah ! reprit le bourgeois, c'est vous ! c'est donc vous !

Le mouvement de recul de Bonchemin avait été accompli avec la rapidité de l'éclair. Presque aussitôt il revint sur son interlocuteur, le pistolet haut. Celui-ci demeura impassible.

Bonchemin était pâle comme un linceul. Ses traits

étaient crispés, ses dents serrées, et des secousses nerveuses faisaient trembler tout son être.

— Tu vas mourir, dit-il en appuyant le canon de son arme sur la poitrine du bourgeois ; mais avant, il faut que tu me dises comment tu es entré ici et qui tu es !

— Qui je suis? répéta le bourgeois sans répondre à la première question, regardez !

Et, d'un geste rapide, il fit sauter la perruque qui lui recouvrait la tête, les sourcils postiches qu'il portait, et il effaça les rides qui plissaient son front. L'étrange personnage venait de se métamorphoser en un clin d'œil.

Bonchemin recula encore, regarda son interlocuteur et passa la main sur son front inondé de sueur.

— Ne me reconnaissez-vous pas? demanda le bourgeois sans paraître se soucier du pistolet dont la gueule menaçante touchait presque ses vêtements.

— Non, répondit Bonchemin. Cependant, attendez !... il me semble avoir un souvenir confus...

— Rappelez-vous l'année 1785 !

Bonchemin tressaillit si violemment que l'arme lui échappa et roula sur le plancher.

— Qui êtes-vous? qui êtes-vous ? s'écria-t-il en proie à un paroxysme d'anxiété douloureuse. Qui êtes-vous?

— Jacquet, répondit simplement le bourgeois, ancien agent de police de M. Lenoir et l'un de ceux qui furent chargés d'examiner la conduite du marquis d'Herbois et du vicomte de Renneville, accusés tous d'eux d'empoisonnement et de meurtre envers la famille du conseiller de Niorres !

Bonchemin fixa, sur son interlocuteur, ses yeux hagards et démesurément ouverts.

Jacquet s'inclina une seconde fois, mais beaucoup plus profondément que la première.

— Il y a huit ans que je vous cherche, monsieur le vicomte, reprit-il, et sans votre noble dévouement de ce jour, je ne vous eusse peut-être pas encore retrouvé. Mais permettez-moi de vous donner un bon conseil : lorsque vous ne voudrez pas être découvert, abstenez-vous de sauver les gens qui se noient et les vieillards que le tribunal révolutionnaire veut condamner ; car la reconnaissance, lorsqu'elle émane d'un cœur honnête, est le plus puissant et le plus intelligent de tous les moteurs qui agissent sur la nature humaine.

Bonchemin, par un effort énergique sur lui-même, s'était complètement remis.

— Vous me cherchez depuis huit ans ? dit-il. Pourquoi ?

— Pour que nous trouvions ensemble les véritables coupables, répondit Jacquet ; car, depuis huit ans, j'ai les preuves de votre entière innocence.

Bonchemin bondit vers Jacquet.

— Que dites-vous ? murmura-t-il d'une voix frémissante.

— Je dis, répéta Jacquet, que, depuis huit ans, j'ai les preuves de votre entière innocence à vous, monsieur le vicomte, ainsi que celles de votre ami, le marquis d'Herbois : preuves morales, malheureusement, et qui, en justice ne sauraient suffire à convaincre des juges ; mais ces preuves morales doivent me conduire, par un sentier à moi connu, aux preuves matérielles et irrécusables. Vous ne me comprenez pas ? Tout à l'heure je m'expliquerai plus clairement. En ce moment j'ai une autre tâche à accomplir : celle de vous convaincre que je ne suis ni un faux frère, ni un agent aux gages du Comité de salut public chargé d'arrêter un ci-devant, comme on les appelle. Vous vous demandez pourquoi je vous cherche depuis huit ans, et vous pouvez vous étonner à bon droit que je consacre mon temps et mes peines à une affaire qui ne me regarde pas : car, ne connaissant personnellement ni vous ni le marquis, je n'ai aucune raison pour m'intéresser à vous deux. Cependant, il en est autrement. Par une suite de circonstances bizarres que je vous expliquerai plus tard encore, les ennemis qui vous ont perdu sont mes ennemis aussi à moi. Mon nom a joué un grand rôle dans votre affaire et dans une autre qui en était, pour ainsi dire, le corollaire. Je veux parler de l'enlèvement de la fille d'un teinturier... Mais le temps n'est pas venu de vous expliquer tout cela. Sachez seulement que j'ai été à deux doigts de vous sauver, moi et un autre qui a beaucoup monté depuis, qui se souviendra et qui pourra nous être fort utile. J'ai échoué, malheureusement, et nous avons été perdus le même jour, par les mêmes ennemis : vous condamné, moi chassé de mon emploi et exilé... Or je ne sais comment vous entendez l'oubli des injures, monsieur le vicomte. Quant à moi, voici ma manière d'agir : des hommes, un entre autres, se sont acharnés après moi, m'ont trompé, dupé, fait passer pour un niais et m'ont déshonoré à mes propres yeux. Il y a huit ans de cela. L'injure est présente à ma pensée comme si elle avait été accomplie hier. Depuis huit années, je n'ai vécu que marchant vers un même but : celui de la vengeance. Je marcherai peut-être longtemps encore, cela est possible... Les années s'écouleront sans que je me fatigue ni ne me lasse. Il y a lutte, je triompherai... n'importe par quel moyen, mais j'aurai mon tour et j'écraserai l'ennemi. Or, pour atteindre ce but, le moyen le plus sûr est de prouver votre innocence, attendu que la culpabilité, détournée de vos têtes, retombe naturellement sur d'autres, et je me charge, cette fois de la faire tomber juste. Voilà pourquoi je me suis mis à votre recherche et à celle du marquis ; mais, malheureusement, je n'ai pas été heureux, car je vous trouve seulement aujourd'hui. N'importe ! la partie est belle encore. Comprenez-vous pourquoi, maintenant, je viens à vous ?

Ce petit discours avait été débité d'une voix ferme et nette, parfaitement calme et avec un accent de simplicité attestant la véracité des paroles dites.

Bonchemin l'avait écouté avec une attention profonde. Lorsque Jacquet l'eut achevé, son auditeur leva sur lui un regard clair, à l'expression duquel l'ancien agent de M. Lenoir ne se méprit pas.

— Vous ne croyez pas encore en moi? dit-il sans paraître le moindrement formalisé. Tant mieux! Cela me prouve que vous êtes réellement fort. Voyons! que vous faut-il? Vous nommer nos ennemis communs? Ils sont nombreux, mais trois surtout sont les principaux. Le premier est un de mes anciens collègues, un nommé Pick, aujourd'hui un des plus chauds agents du Comité de salut public de Paris, par la protection de Fouquier-Tinville; un autre qui fut encore sous mes ordres et qui, aujourd'hui, me ferait bel et bien trancher la tête, s'il me découvrait. Le second est le ci-devant comte de Sommes...

— Le comte de Sommes! interrompit Bonchemin. Le seul qui nous soit demeuré fidèle... un ami dévoué...

Jacquet fit entendre un sifflement railleur.

— Étonnez-vous donc que l'on ait été trompé en mal sur votre compte, dit-il, quand vous pouvez avoir été aussi singulièrement trompé en bien sur celui de M. de Sommes! Le ci-devant comte de Sommes, est présentement le citoyen Tullius Sommes, l'un des plus fervents disciples de Robespierre et l'un des plus ardents pourvoyeurs d'échafaud!

Bonchemin fit un geste de dégoût.

— Rendez grâce à Dieu qu'il ne soit pas à Brest en ce moment, continua Jacquet, sans quoi votre tête ne serait pas huit jours encore sur vos épaules.

Bonchemin courba son front rêveur et chargé de nuages.

— Le troisième, poursuivit Jacquet, le plus puissant, le plus terrible, est un homme dont la police n'a jamais pu découvrir le nom véritable, un véritable roi, dont la royauté est plus solide que celle de Louis XVI; car elle a traversé et traversera tous les orages révolutionnaires, et chaque tempête sociale, loin de l'ébranler, la consolidera davantage. Je veux parler d'un homme que je n'ai jamais connu, moi, que sous le pseudonyme de: *Roi du bagne*.

Bonchemin redressa brusquement la tête.
— Le Roi du bagne ! répéta-t-il.
— Oui, dit Jacquet.
— Il existe un homme portant ce titre ?
— Oui.
— Il est connu de tous les forçats ?
— Depuis vingt ans au moins.
— Et cet homme est l'un de nos ennemis ?
— Le plus puissant et le plus redoutable de tous, car personne ne le connaît.

Bonchemin sourit orgueilleusement.
— Eh bien ! je le connaîtrai, moi !
— Vous ? dit Jacquet avec étonnement.
— Oui.
— Comment ?
— C'est mon secret.

Un silence suivit cet échange de paroles. Jusqu'alors les deux hommes étaient demeurés debout.

Bonchemin désigna une chaise du geste.
— Asseyez-vous, monsieur Jacquet, dit-il, car nous avons à causer.
— Ah ! fit l'ex-agent de police avec une joie manifeste, vous avez donc confiance en moi ?

Bonchemin répondit par un signe affirmatif.
— Alors, reprit Jacquet en s'avançant, je vais sur l'heure vous récompenser de votre confiance : les demoiselles de Niorres vivent encore !

Bonchemin poussa un cri perçant et saisit les mains de son interlocuteur.

En dépit de son impassibilité, Jacquet parut ému par la muette éloquence que renfermait le geste de son interlocuteur. Celui-ci regardait Jacquet avec des yeux mouillés de larmes ; il était évident que son émotion était tellement forte qu'elle empêchait les paroles de sortir de ses lèvres.

— Mademoiselle Blanche et sa sœur, mademoiselle Léonore, reprit Jacquet ; elles ont pu échapper à la tourmente révolutionnaire. Je les ai vues, il y a deux mois à peine, près de Nantes ; j'ai su depuis qu'elles avaient été recueillies par l'armée vendéenne, au milieu de laquelle elles sont encore, je le suppose, car, depuis ce moment, je ne les ai pas revues.

Bonchemin respira bruyamment, puis, sans dire un mot, il lâcha les mains de Jacquet, qu'il avait jusqu'alors conservées dans les siennes, se redressa, écarta les longues mèches de cheveux qui couvraient son front et marcha à pas lents dans la chambre.

Quelques secondes suffirent pour dompter les sentiments impétueux qui faisaient bondir le sang dans ses artères et vaciller son cerveau. Revenant près de Jacquet, il prit un siège, et, faisant un suprême effort pour redevenir entièrement maître de lui-même :

— Je suis effectivement le vicomte de Renneville, dit-il d'une voix ferme. Parlez, maintenant, monsieur ; qu'avez-vous à me dire?

Jacquet s'inclina avec une politesse fort peu digne de l'époque.

— Monsieur le vicomte, répondit-il ensuite, je vous ai dit mon nom : Jacquet ; je vous ai appris le double sentiment auquel j'obéissais : désir de réparer le mal involontaire que je vous ai fait, et soif ardente de vengeance. Vous ne me connaissez pas, monsieur le vicomte ; vous ignorez quel homme étrange je suis. Chacun a l'amour-propre de son métier ; mais ce n'est pas seulement de l'amour-propre que m'a inspiré celui que j'ai fait jusqu'ici, c'est de la passion véritable. D'ailleurs, pour moi, la police n'est pas un métier, c'est un art, un art utile et qui exige une intelligence des mieux douées et un esprit des plus vastes. Je laisse au coquin vulgaire le côté scandaleux de la chose pour n'en prendre que le côté grandiose, car je suis honnête homme.

« Lorsqu'au moment de votre condamnation je fus destitué, exilé et brisé par mes ennemis, je me retirai en province. Là je demeurai en proie à une douleur véritable : j'étais déshonoré à mes propres yeux. On m'avait joué, bafoué, conspué. On s'était servi de mon nom, on s'était servi de ma personne, et moi, que M. Lenoir nommait son *bras droit*, j'étais descendu à l'état de mannequin. Sans être riche, je pouvais vivre de mes rentes ; mais la vie m'était à charge dans les conditions où je me trouvais. Je résolus de secouer la torpeur qui m'accablait et de me réhabiliter à mes propres yeux. Ma carrière, au point de vue du service public, était brisée ; je résolus de la poursuivre au point de vue de mes instincts particuliers. Cette résolution me rendit toute mon énergie et tout mon courage. Je travaillai ! Le premier résultat de mes recherches fut de m'amener à la conviction morale de votre parfaite innocence, à vous et au marquis d'Herbois. Le second me révéla que mes ennemis étaient également les vôtres. Malheureusement, ces ennemis étaient alors placés au sommet de l'échelle sociale, et ils m'eussent écrasé avant de toucher terre. J'attendis..... Qu'importent les années à celui qui suit une route tracée sûrement ?

« Je compris seulement que le meilleur moyen d'attaquer ceux que je voulais renverser était de les frapper dans leur sécurité même. Ceux-là qui devaient profiter de votre condamnation devaient être parfaitement tranquilles à votre égard. Il s'agissait donc de vous rejoindre, en quelque lieu que vous fussiez, de souder ma cause à la vôtre, et, notre plan arrêté, de revenir en France demander la révision de votre jugement. Un second procès mettait forcément en cause vos ennemis et les miens, et je me faisais fort de faire triompher votre bon droit. Le navire sur lequel vous aviez été embarqués devait vous conduire au golfe du Mexique : je partis pour les Antilles.... C'était il y a six ans, en 1788. Là j'appris que votre navire avait fait naufrage dans la mer des Antilles, du moins on le supposait, car nul n'avait eu connaissance de son atterrissage, et l'on avait recueilli des épaves après une tempête... »

Un soupir interrompit Jacquet. Le vicomte, la tête penchée et étreignant son front de ses mains amaigries, paraissait en proie à quelque douloureux souvenir.

— Oh! Charles!... pauvre Charles!... murmura-t-il.

— Ainsi, dit Jacquet, le marquis d'Herbois n'est plus?...

— Il est mort sous mes yeux durant cette nuit fatale! répondit le vicomte; mort avec un pauvre matelot qui nous était dévoué...

— Mahurec? celui qui avait obtenu du roi votre commutation de peine par l'entremise du bailli de Suffren?

— Oui... Au moment où le navire se brisait... je les ai vus tous deux cramponnés à un bout de vergue, entraînés, emportés, et disparaître sous une vague monstrueuse.

— Effectivement, personne aux Antilles ou sur les côtes d'Amérique ne put me donner aucune nouvelle... M. d'Herbois est mort... Mais vous, comment avez-vous pu échapper?

— Par un miracle.... Je voulais mourir, et cependant l'instinct naturel de la conservation domina toutes mes autres facultés. Sans me rendre compte de ce que je faisais, je me réfugiai sur une cage à poules qui flottait à portée de ma main... Pour ne pas être emporté par les vagues, je m'y attachai avec ma ceinture... puis mes forces s'épuisèrent et je m'évanouis. Où me conduisirent les flots, la vague et la tempête? je l'ignorais en revenant à moi. J'étais sur le pont d'un navire anglais qui faisait un voyage de long cours... Je refusai de dire mon nom, ce nom terni en France par une ignoble condamnation. Je me fis passer pour un simple matelot, et, comme le navire manquait de monde par suite d'une contagion qui l'avait ravagé, le commandant me garda à son bord. Notre campagne dura deux années dans les mers polaires... puis nous revînmes en Europe. A peine touchai-je le sol anglais que la Révolution éclatait en France... Mais il ne s'agit pas de moi : continuez, monsieur, je vous écoute.

— Je restai longtemps moi-même en Amérique, reprit Jacquel, m'acharnant en vain à retrouver vos traces. J'espérais que l'un de vous, au moins, eût pu survivre au naufrage, et je parcourus toutes nos colonies des Antilles et une partie de la terre ferme. Enfin, convaincu que vous aviez péri tous deux, et voyant ainsi une partie de mes plans renversés et détruits, je me décidai à revenir en France. Malheureusement ma traversée fut mauvaise. La guerre venait d'éclater, et le vaisseau à bord duquel je me trouvais fut capturé par un navire anglais. Ma détention fut longue : je ne pus rentrer en France qu'en 1793, il y a un an à peine.

« Durant ma captivité, je m'étais tracé une nouvelle ligne de conduite. Je pensai qu'à votre défaut les demoiselles de Niorres pourraient me donner des indications précieuses et dont j'avais le plus absolu besoin. J'accourus à Paris pour commencer mes nouvelles recherches. Le couvent où s'étaient retirées les deux jeunes filles avait été détruit ; aucune trace ne restait de ce qu'elles pouvaient être devenues toutes d'eux. Les dangers m'environnaient de toutes parts. J'avais songé à reprendre place à l'administration de la police, mais j'abandonnai cette intention presque aussi vite que je l'avais prise.

« Au premier rang des agents les plus influents et les mieux posés était Pick, mon ennemi personnel. Parmi les soides les plus ardents de Robespierre était le citoyen Sommes, qui devait également avoir intérêt à ma perte. Tous deux heureusement ne soupçonnaient même pas mon existence depuis de si longues années que j'avais abandonné la France. Enfin à ces hommes que j'avais à redouter s'en joignaient d'autres, tels que Fouquier-Tinville, dont je connaissais les honteux antécédents, et qui eussent été heureux d'acheter, par ma mort, la certitude que leur passé ne leur serait jamais reproché.

« Je rentrai aussitôt dans l'ombre dont j'avais failli sortir. Mes anciennes fonctions auprès du lieutenant de police m'avaient créé, jadis, de nombreuses connaissances, dont quelques-unes m'étaient dévouées. Je jouais un jeu terrible qui exaltait encore mon esprit et mes forces. Déguisé et grimé, je courais Paris, les clubs, les lieux publics. Bientôt je parvins à obtenir des renseignements.

« Blanche et Léonore, chassées par la tourmente révolutionnaire, étaient parties de Paris protégées par le citoyen Sommes, qui s'était fait leur serviteur dévoué, et s'étaient dirigées vers l'Ouest. Je partis aussitôt pour la Vendée. J'arrivai à Nantes au moment où Cathelineau venait d'être tué, où l'armée vendéenne se retirait sur Saint-Nazaire. Adoptant le costume des chouans, je parcourus le pays, pensant que celles que je cherchais se trouveraient dans quelque *placis* royaliste. Trois mois se passèrent en vaines recherches.

« Un soir, c'était près de Saint-Nazaire, j'étais brisé par la fatigue, et je ne rencontrais, sur ma route, que des habitations ruinées, désertes, à demi dévorées par l'incendie. Les bleus et les chouans avaient passé par là tour à tour. Enfin, après avoir hésité, je me décidai à pénétrer dans l'une de ces masures désolées ; un morceau de pain que j'avais apporté devait me permettre de reprendre quelques forces.

« J'entrai dans une salle basse, mal éclairée par les dernières lueurs du jour. Une odeur fétide me fit tout d'abord reculer. A peine avais-je fait quelques pas en avant que mes pieds s'embarrassèrent dans des vêtements jetés sur le sol, puis je rencontrai une résistance à demi-solide, comme celle qu'eût offerte un corps étendu.

« Quelques étincelles brillaient dans le foyer mal éteint. Je m'approchai, je ranimai le feu et j'allumai une branche de bois sec. Alors je regardai autour de moi... Le plus horrible spectacle m'entourait... Quatre cadavres de femmes vêtues en religieuses gisaient sur le sol inondé de sang. Je me penchai sur ces femmes: aucune ne respirait.

« J'allais jeter la torche et m'éloigner de cet antre de désolation, lorsqu'un cri plaintif, semblable au vagissement d'un enfant, me cloua sur place. Il y avait encore un être vivant dans cette maison où la guerre civile avait laissé la mort en passant...

« Les cris continuant, quoique plus faibles, me guidèrent, et, dans un angle, je découvris la porte basse d'un petit bûcher que j'ouvris à grand'peine, car elle avait été clouée en dehors.

« L'entrée du bûcher déblayée, je baissai la torche que je tenais à la main et, dans une sorte de cloaque infect, je découvris, étendu, sans mouvement, le corps d'une jeune fille de dix à onze ans. J'attirai à moi la pauvre enfant. Elle avait les mains et les pieds attachés. La pâleur de son visage était effrayante: ses yeux fixes et hagards indiquaient que la terreur avait paralysé les facultés de son cerveau... Elle n'articulait d'autre son que ces cris gutturaux qui avaient attiré mon attention.

« Je m'empressai de la détacher, de la porter sur le seuil de la maison, de lui faire respirer l'air vif de la nuit, et grâce aux soins que je pus lui donner, je parvins à ramener un peu de calme dans son esprit.

« Ne voulant pas l'exposer à une rechute certaine en la mettant en présence des cadavres qui gisaient dans la salle, je l'entraînai loin de ce lieu d'horreur.

« La pauvre petite avait faim; je lui donnai le morceau de pain que je n'avais pas eu le temps de manger. Je ne l'interrogeai pas sur les événements passés. Il était évident que quelque horrible scène de la guerre civile, qui désolait la province, s'était accomplie là, et les explications n'eussent pu que renouveler les douleurs de l'enfant.

« Nous étions à quelques pas à peine de Saint-Nazaire dont un parti de chouans venait de se rendre maître. Saint-Nazaire était pour moi une ville de souvenirs. C'était là que s'était accomplie ma dernière mission officielle et c'était là que j'avais été encore la dupe de mes ennemis et des vôtres.

« Plus tard je vous expliquerai toute cette histoire de la fille du teinturier Bernard, qui se rattache par tant de points à la vôtre. Cette histoire à laquelle je fais allusion, celle de la *Jolie Mignonne* et de la fille de la marquise d'Horbigny, me revenait malgré moi à la mémoire, lorsque l'enfant que je conduisais s'arrêta brusquement.

« — C'est ici que demeurait ma bonne mère, dit-elle. Entrons ! »

« L'enfant poussa la porte et appela : personne ne répondit. J'appelai à mon tour... même silence. La maison était déserte. A nos cris répétés, la fenêtre d'une habitation voisine s'ouvrit doucement. Par l'entre-bâillement j'aperçus un vêtement de religieuse.

« — Ma sœur, dis-je vivement, j'ai avec moi une enfant malade ; ne voulez-vous pas nous donner asile ?

« La fenêtre se referma, mais la porte s'ouvrit aussitôt.

« — Que voulez-vous ? » me demanda une voix douce, tandis qu'une religieuse apparaissait sur le seuil.

« Je répétai ma demande, ajoutant que l'enfant m'avait dit que sa mère habitait la maison voisine, mais que cette maison était déserte.

« La religieuse se signa.

« — Pauvre petite, murmura-t-elle. Si cela est, elle est orpheline, car la femme, qui habitait là, a été tuée hier durant le combat.

« L'enfant était dans l'autre maison, et la religieuse m'avait répondu à voix basse ; mais, cependant, par suite d'une faculté d'intuition étrange, la petite, qui ressortait alors, avait entendu. Elle poussa un cri déchirant et arriva vers nous tout en larmes. La religieuse la prit dans ses bras, et, l'attirant à elle, l'emmena dans l'intérieur du logis où je les suivis ; mais à peine pénétrâmes nous dans une pièce éclairée qu'elle poussa elle-même un cri d'étonnement joyeux, auquel répondit, par une exclamation, une autre religieuse qui, demeurée en prière au fond de la salle, venait de se lever à notre entrée.

« Quant à moi, je restai stupéfait, cloué sur place par l'émotion qui venait de me frapper au cœur : dans les deux religieuses, je venais de reconnaître celles que je cherchais depuis si longtemps au milieu des guerres civiles, les deux nièces du conseiller de Niorres!...

Le vicomte fit un brusque mouvement comme s'il eût voulu interrompre le récit de Jacquet, puis s'arrêtant :

— Continuez! continuez! dit-il d'une voix brève.

— C'étaient les deux demoiselles de Niorres, mais elles ne me voyaient pas... Toute leur attention était concentrée sur la jeune fille que je venais d'amener à Saint-Nazaire.

« — C'est toi, mon enfant, dit mademoiselle Blanche en pressant la jeune fille contre son cœur. Tu as pu échapper au massacre?... Et nos sœurs... tes compagnes?... »

« Un sanglot de l'enfant répondit seul. Les deux religieuses levèrent les mains au ciel. Je contemplais la scène qui se passait devant moi avec une attention d'autant plus vive que mes souvenirs se réveillaient plus nets et plus précis à chaque instant.

« En me rendant compte de la situation des lieux, je me convainquis que cette maison, maintenant déserte et dans laquelle la jeune fille avait voulu chercher sa mère, était celle que j'avais visitée autrefois. C'était dans cette maison que Fouché et moi avions jadis cru trouver l'enfant à la recherche duquel nous étions tous deux.

« Une pensée subite germa dans mon cerveau : d'un même coup, je venais peut-être de rencontrer les principaux personnages que j'avais si grand intérêt à revoir. Je reconnaissais parfaitement les demoiselles de Niorres ; mais huit ans s'étaient écoulés depuis le jour où j'avais laissé une enfant de quatre ans à peine, malade et chétive, et où je retrouvais une jeune fille de douze ans. Je pouvais me tromper, être trompé dans mes calculs de probabilité. Cependant, je pris un parti décisif : je m'approchai vivement :

« — Mademoiselle d'Horbigny ! dis-je.

L'enfant se retourna ; les deux religieuses me regardèrent :

« — Vous connaissez cette enfant ? demanda mademoiselle Léonore.

« — Comme je vous connais vous-même, mademoiselle, répondis-je.

« J'avais deviné juste : une joie immense inonda mon cœur. J'ignorais encore ce que la rencontre de mademoiselle d'Horbigny pourrait ajouter à mes projets, mais j'augurais bien de ce favorable événement et je compris que le ciel, enfin, commençait à protéger mon entreprise. Cependant je ne savais quel parti prendre. Je ne voulais rien dire aux deux religieuses qui, ne me connaissant pas, devaient se méfier de moi. J'avais besoin d'être seul avec mes pensées.

« Croyant n'avoir rien à redouter pour le reste de la nuit, je laissai les deux jeunes filles et l'enfant seules dans la maison, et j'allai prendre possession de celle habitée, jadis, par la mère nourrice de mademoiselle d'Horbigny, remettant au lendemain toute explication avec mesdemoiselles Blanche et Léonore... »

— Mais, interrompit le vicomte, incapable de contenir plus longtemps son impatience, il y a plusieurs mois de cela... Depuis, que sont devenues Léonore et Blanche ? où sont-elles ?

— Je l'ignore ! répondit Jacquet en baissant la tête.

— Quand donc les avez-vous quittées ?

— Je les ai pas revues depuis cette soirée dont je vous parle, et durant laquelle j'avais à peine échangé avec elles quelques paroles.

— Comment ?

— Trois heures après que j'avais laissé mademoiselle d'Horbigny avec les deux demoiselles de Niorres, comme je venais d'arrêter un plan nouveau, comme, accablé par la fatigue, je prenais quelques instants de repos, Saint-Nazaire fut attaqué par un parti de l'armée républicaine. Je me réveillai au bruit des coups de feu et des cris... Je m'élançai dans la rue ; le combat était furieux... Les bleus étaient maîtres des abords de la maison qui me servait d'asile. Mon costume de paysan breton pouvant me faire considérer par eux comme un ennemi, je fus obligé de fuir par un verger... Un cadavre de soldat, que je rencontrai sur ma route, me donna les moyens de changer de costume. Endossant l'uniforme, je revins à Saint-Nazaire, dont les Vendéens commençaient à fuir... Je fouillai la maison, le quartier, la ville, sans rien trouver. Les demoiselles de Niorres et leur petite protégée avaient disparu. Avaient-elles été tuées ? avaient-elles pu fuir ? Aucun renseignement ne put m'être donné à cet égard. Je venais de perdre en quelques heures le fruit de toutes mes peines. Il me fallait entreprendre d'autres recherches.

Jacquet s'arrêta. Le vicomte de Renneville secoua douloureusement la tête.

— Que vous dirais-je que vous ne puissiez maintenant deviner ? reprit Jacquet. Je parcourus la Bretagne et la Vendée sous tous les déguisements et au milieu de tous les dangers sans rencontrer aucune trace. Désespéré et sur le point de renoncer à mon entreprise, je résolus de visiter Brest et ses environs, les seuls points que j'eusse laissés de côté de toute la Bretagne ; car, étant au pouvoir des républicains, je ne pouvais supposer que les fugitives, si elles existaient encore, s'y fussent réfugiées. Cependant, poussé par un secret pressentiment, sans doute, je m'embarquai à Lorient et j'arrivai à Brest.. il y a quelques jours à peine. Le lendemain même de mon arrivée, vous passâtes devant moi. J'eus comme un éblouissement. En dépit de votre costume, de votre barbe, de votre transformation enfin, je vous avais reconnu. Mais, quand je voulus vous suivre, vous étiez perdu dans un inextricable dédale de rues et de ruelles. Néanmoins, je sentis une nouvelle lueur d'espérance briller à l'horizon; votre vue avait ranimé tout mon courage prêt à s'éteindre.

« Chaque jour, j'entendais parler de quelque action étrange, de quelque grand acte de générosité et de dévouement accompli par un seul et même homme, et chaque fois le signalement de cet homme se rapportait avec celui que j'avais eu le temps de prendre de votre personne et de graver dans ma mémoire. Malheureusement, aucun de ceux qui racontaient vos hauts faits ne vous connaissait. Tous ignoraient le nom de celui dont ils chantaient les louanges. Cependant je ne désespérais pas. Je mis en pratique toutes mes ruses d'autrefois, je mis en mouvement tous les ressorts les plus secrets de mon intelligence...

« Ce soir même, je vis mes efforts couronnés de succès. Un matelot provençal, dont vous avez sauvé la vie, un artilleur de marine, dont vous avez sauvé le père, avaient juré de retrouver, avant la fin de la nuit, celui auquel ils voulaient prêter un serment d'éternelle reconnaissance. Je me joignis à eux, profitant de leur connaissance de la ville et de ses habitants. Ce ne fut qu'avec une peine inouïe que nous découvrîmes votre domicile; encore cette découverte menaçait-elle de devenir nulle, car la maison semblait inhabitée, et les voisins affirmaient que celui que nous cherchions ne rentrait chez lui qu'à des intervalles éloignés et irréguliers. Souvent même les jours, les semaines s'écoulaient sans qu'ils vous vissent apparaître.

« Le matelot et l'artilleur renonçaient déjà à leur recherche. Moi seul résolus de la poursuivre, car je comprenais que le vicomte de Renneville, devant sans cesse craindre une double persécution comme noble et comme condamné, ne pouvait acheter une sécurité relative qu'en s'entourant de mystères. Je devinai que cette maison, sans autre issue apparente que celle de la rue, devait cependant posséder des moyens de fuite inconnus du public. Il fallait forcer des secrets pour pour parvenir jusqu'à vous. Je recommandai à ceux qui m'accompagnaient de ne faire aucun bruit, en leur disant de m'attendre et leur promettant de leur donner bientôt de vos nouvelles. Alors j'entrai seul et j'entrepris mon œuvre... Cette fois, j'ai réussi au-delà de mes vœux.

— Ainsi, dit le vicomte, vous ne savez rien de Léonore ni de Blanche depuis six mois?

— Rien absolument!

— Et vous êtes certain que le comte de Sommes s'était fait leur ami?

— Parfaitement certain. Oh! j'ai su démêler fil à fil toute cette infernale intrigue. Aujourd'hui, je vois clair au milieu de ce réseau embrouillé. Il y a là tout un dédale d'infamie et de perversité capable de tromper les esprits les plus sérieux, et il m'a fallu des années de réflexions, de recherches et de patientes investigations, de subtiles déductions, pour en arriver à établir la vérité. Malheureusement, si je suis convaincu moi-même, les preuves matérielles me manquent encore pour convaincre les autres, et là est le danger.

Le vicomte ne répondit pas à cette observation; il paraissait réfléchir profondément.

— Parmi nos ennemis, dit-il, vous avez cité, tout à l'heure, un homme portant le titre étrange de : *Roi du bagne?*

— Cet homme est, sans contredit, le chef de l'association mystérieuse qui a agi contre nous, répondit Jacquet.

— Vous êtes donc certain que ce titre n'est pas une fiction, que celui qui le porte existe?

— J'en suis sûr.

— Et vous ne savez pas quel est cet homme?

— Je l'ignore.

— Nous aurions un grand intérêt à le savoir, cependant.

— Un intérêt immense. Remontant ainsi d'un seul

coup à la source du mal, nous en suivrons facilement le cours.

— Eh bien ! dit le vicomte en se levant, je le saurai !

— Vous ? dit encore Jacquet avec l'étonnement qu'il avait manifesté précédemment en entendant son interlocuteur faire déjà cette assertion.

— Oui, répéta M. de Ronneville, je le saurai !

— Quand ?

— Cette nuit... dans une heure.

— Quoi ! s'écria Jacquet au comble de la surprise. Vous découvririez un secret que, depuis vingt ans, la police de France n'a pu découvrir ? Vous saurez quel est ce Roi du bagne ?

— Je saurai qui il est, où il est, ce qu'il a fait et veut faire !

— Impossible !

— Avant une heure, je le répète, vous aurez la preuve de ce que j'avance.

Jacquet demeurait incrédule. Le vicomte lui lança un regard rapide, puis se rapprochant, il lui saisit les mains.

— Quand je rentrai en France, lui dit-il, quand je fus jeté sur les côtes du Finistère, quand je trouvai à Brest un asile, je dus vivre isolé, ignoré, dans le silence et dans l'oubli. Devant qui eussé-je osé prononcer mon nom ? Pour tous, ce nom n'était-il pas flétri à jamais ? Je ne songeais pas alors à mes titres de noblesse, qui pouvaient me faire monter sur l'échafaud, je ne voyais que la honte et la souillure sur le nom que je portais. Je vécus seul, loin du bruit de la foule, trop heureux d'obtenir, comme ouvrier, une place dans les chantiers de construction. Là j'étais en contact perpétuel avec deux classes de la population : les hommes libres et les forçats. La justice humaine m'avait relégué dans la société de ces derniers, et j'exécutai moi-même sa sentence. D'ailleurs je n'avais rien à craindre de ceux-là et ils ne pouvaient un jour me mépriser. Je vis de près ces hommes dégradés par le vice, et, chez quelques-uns d'entre eux, je reconnus, avec étonnement, avec joie, que tout bon sentiment n'était pas absolument éteint. Alors le ciel m'envoya une pensée de miséricorde. Je me dis que, peut-être, il serait possible de ramener dans la bonne voie quelques-unes de ces natures égarées. Je me mis à l'œuvre, oubliant ce que ma mission pouvait avoir de repoussant. M'appuyant sur la divine morale du Christ, j'entrepris des conversions bien autrement difficiles que celles des sauvages de l'Amérique. Dieu fut pour moi : je réussis. Je ramenai vers lui ces natures insoumises, et j'eus la joie ineffable d'arracher, au vice et aux instincts les plus ignobles, quelques hommes que ces passions mauvaises avaient dominés jusqu'alors. Aucun de ceux auxquels j'apprenais à aimer le travail et à détester le crime ne connaissait ni mon nom ni ma position sociale. Ils me surnommèrent Bonchemin, parce que je les ramenai dans la route du devoir, et ils m'aimèrent parce que je fus toujours juste et loyal envers eux. Ces hommes sont les miens. Et je voulais aller aux Antilles, à la recherche de Charles, jusqu'à ce que j'aie la conviction profonde de sa mort. Je croyais Léonore et Blanche à jamais perdues pour nous...

— Mais maintenant ? dit Jacquet.

— Maintenant je poursuivrai ce projet ; mais, avant, je retrouverai les jeunes filles, et elles partiront avec nous.

— Mais votre réhabilitation ; mais la vengeance ?

— Avant tout, dit le vicomte, le bonheur de celles qui ont tant souffert !

Des cris furieux retentirent tout à coup dans la rue, et une lueur rougeâtre monta jusqu'aux fenêtres.

Les deux hommes regardèrent vivement au dehors : une troupe nombreuse de sans-culottes arrivait à la hauteur de la maison habitée par le vicomte, brandissant des torches enflammées et poussant des hurlements sinistres.

— Qu'est-ce que cela ? dit Jacquet.

Un coup violent fut frappé à la porte.

— Caramba! Troun de l'air!... Eh! citoyen, ouvre donc! cria une voix au dehors.

— C'est le Provençal que vous avez sauvé! dit vivement Jacquet.

XXI

LA MAISON DE LA RUE DES CARMES

Le vicomte ouvrit lui-même la porte : le *Maucol* se précipita dans la chambre.

— Ah! tonnerre! s'écria-t-il en sautant au cou du vicomte. Je te croche enfin! Eh qué! C'est donc toi qui sauves les amis et qui, après, largues l'amarre sans tirer tant seulement un coup de partance.

— Mais qu'y a-t-il? demanda M. de Renneville avec impatience.

— Qué! reprit le Provençal, c'est donc toi qui as joué la farce à Ance de le tatouer sur le bras? Troun de l'air, tope là! je suis ton ami, bagasse! Et ces troun de l'air de sans-culottes qui veulent te crocher!

Le vicomte haussa les épaules.

— Si ce n'est que cela qui t'inquiète, dit-il, tu peux calmer tes craintes. Laisse-les monter, ils ne me tiennent pas!

Il n'achevait pas ces mots que la porte par laquelle il avait pénétré dans le logement de la rue des Carmes s'ouvrit vivement, et Papillon parut sur le seuil.

— Qu'est-ce donc? fit le vicomte avec surprise.

Papillon lui fit signe de venir à lui. Le vicomte obéit et renouvela sa question.

— La rue de la Chiourme est envahie par les sans-culottes qui veulent venger Ance et ont juré de te massacrer! dit le colosse à voix basse.

Le vicomte fronça les sourcils.

— Cerné ! murmura-t-il, et une lutte peut tout perdre !

En ce moment, Jacquet, qui s'était penché sur l'appui de la fenêtre pour regarder dans la rue, fit précipitamment un bond en arrière.

— Pick est à la tête des sans-culottes ! dit-il en saisissant le bras du vicomte.

Un silence empreint d'une anxiété profonde régna dans la pièce.

— Où sont donc ceux qui vous accompagnaient ? demanda Jacquet au *Maucot*.

— Petit-Pierre, la Rochelle et les autres sont dans l'escalier ! répondit le Provençal.

— Combien êtes-vous en tout ?

— Cinq, moi compris.

— Il y a là plus de deux cents sans-culottes ! murmura Jacquet en désignant la fenêtre.

Les cris des forcenés montaient plus menaçants et plus formidables. Le vicomte, toujours immobile, paraissait plongé dans une méditation dont les vociférations du dehors ne pouvaient l'arracher.

— Pour cerner la rue de la Chiourme, dit-il enfin, il faut que l'on possède notre secret. Qui l'a livré ? Quel est le traître ?

Et en parlant ainsi, il interrogeait Papillon du regard.

— S'il y a un traître, il n'est pas parmi nous ! répondit vivement le colosse. Suivant tes instructions, nous nous sommes tous et toujours surveillés : nous pouvons répondre les uns des autres.

— Cependant il existe ! notre secret a été livré !

Papillon fit un signe indiquant qu'il était bien de cet avis, mais qu'il ne pouvait donner aucun renseignement.

Les cris des sans-culottes arrivaient plus furieux de moment en moment, et leurs coups ébranlaient la porte d'entrée de la maison donnant sur la rue des Carmes.

— Il est temps de prendre un parti, dit Jacquet.

Résisterons-nous ? fuirons-nous ?

Le vicomte ne répondit pas.

— Qui donc conduit les sans-culottes de la rue de la Chiourme ? demanda-t-il à Papillon. Le sais-tu ?

— Oui, répondit l'hercule. J'ai vu celui qui marchait en tête de la bande et qui attaquait la trappe.

— Le connais-tu ?

— Non.

— Mais tu l'as vu. Comment est-il ?

— Dame !... il est comme les autres... vêtu comme eux... il est mince, pas très grand... des yeux verts...

— Un nez crochu, interrompit Jacquet, une face pâle, des lèvres serrées, un menton pointu ?

— C'est cela ! dit Papillon.

— Le citoyen Sommes ! murmura Jacquet à l'oreille du vicomte. Il est à Brest ! vous êtes perdu !...

Le vicomte haussa les épaules. Un grand bruit retentit en bas de l'escalier : c'étaient les sans-culottes qui montaient et qui rencontraient au premier étage Petit-Pierre, La Rochelle et deux autres matelots, lesquels faisaient mine de ne point se déranger pour les laisser passer.

— Allons ! dit le vicomte en se parlant à lui-même, il le faut !

Puis se tournant vers le *maucot* :

— Toi et tes amis vous m'êtes dévoués ? demanda-t-il.

— A la vie, à la mort ! répondit le Provençal avec un accent qui ne permettait pas de douter de ses paroles.

— Eh bien ! tu vas descendre rejoindre tes amis, leur dire de laisser passer les sans-culottes...

— Hein ? fit le *Maucot*, avec surprise.

— Vous leur laisserez envahir la maison, continua le vicomte. Ne vous inquiétez pas, ils ne trouveront personne. Puis vous sortirez à votre tour ; vous filerez vers la rue de la Chiourme. Appelez à vous sur votre passage tous ceux qui vous sont dévoués, et soyez rue de la Chiourme dans dix minutes. C'est là que j'aurai besoin de vous. Est-ce compris ?

— Arrimé dans la boussole comme une consigne de commandant! s'écria le Provençal en se tapant sur le front.

— Alors, va!...

Le *matelot* s'élança au dehors... Un commencement de lutte existait déjà entre les sans-culottes et les matelots.

— Venez! dit le vicomte à Jacquet et à Papillon.

Tous s'élancèrent et prirent la route qu'avait parcourue Bonchemin en quittant le cabaret mystérieux.

Le vicomte et Papillon marchaient dans l'obscurité avec l'aisance de gens connaissant admirablement les êtres. Jacquet les suivait en homme habitué à passer partout.

— Mais ces maisons que nous traversons sont désertes? dit l'ex-agent de M. Lenoir en s'adressant au vicomte.

— Absolument, répondit celui-ci; c'est une suite d'hôtels appartenant autrefois aux officiers du *grand corps*. Ils ont tous émigré, et leurs habitations ont été mises sous le séquestre.

Ils atteignaient alors le sommet de l'escalier, dont les dernières marches aboutissaient à la salle précédant le cabaret.

— Descends! dit le vicomte à Papillon.

Puis, lorsqu'il eut vu le colosse obéir:

— Mais pourquoi cet homme, ce de Sommes, me poursuivrait-il avec cet acharnement? reprit-il en s'adressant à Jacquet. Que lui importe que je sois vivant ou mort, prisonnier ou libre?

Jacquet haussa les épaules.

— Il lui importe, dit il, qu'un obstacle soit ou ne soit pas sur sa route.

— Un obstacle? répéta le vicomte en regardant Jacquet. Comment puis-je être un obstacle aux projets du comte de Sommes? Jamais nous n'avons poursuivi un même but, jamais nous n'avons été placés vis-à-vis l'un de l'autre en antagonistes. Quelle raison aurait-il pour me poursuivre? Quel motif aurait il pour me nuire?

Il était évident que, depuis quelques instants, une hésitation nouvelle s'était emparée de l'esprit du vicomte. Dans le premier moment, frappé par les paroles de Jacquet, entraîné par la force des souvenirs, voyant arriver à lui, tout à coup, un secours inespéré pour sortir de l'affreuse situation dans laquelle il se trouvait, il avait accueilli la main qui se tendait vers la sienne et ajouté foi à ce qu'il avait entendu.

Mais la souffrance morale, l'habitude de la déception résultant si fréquemment du contact des hommes, avaient développé la méfiance du vicomte, et il se demandait alors s'il devait croire à ce qu'il avait entendu, si ce Jacquet était bien réellement ce qu'il disait être, s'il ne cherchait pas à l'égarer en lui montrant, pour ennemi, ce comte de Sommes qu'il avait toujours regardé comme un cœur loyal et pur. En ayant confiance en cet homme, n'allait-il pas commettre une faute?

Jacquet, avec sa perspicacité étrange, devina d'un seul coup d'œil ce qui se passait dans l'âme de son compagnon, et il comprit qu'il fallait, par un coup décisif, détruire cette méfiance et donner des preuves irrécusables de sa bonne foi.

— Vous me demandez quel motif le comte de Sommes a pour vous nuire, pour vous poursuivre? dit-il. Mais ignorez-vous donc ce qui s'est passé depuis votre départ de France en 85? Ne savez-vous donc pas quelle conduite a été celle du comte de Sommes?

— Que puis-je savoir et comment aurais-je su? répondit le vicomte. Je vous ai expliqué ma vie. Depuis mon retour en France, je n'ai rien pu apprendre? Qui m'aurait instruit? Qui aurais-je interrogé? N'ai-je pas dû vivre éloigné de tous, cachant mon nom et ma personne? Je ne sais rien!

— Mais vous savez cependant que le conseiller de Niorres avait un fils issu d'un mariage secret?...

— Le fils de la Madone? Oui, oui, je le sais!

— Eh bien! ce fils, c'est le comte de Sommes!

— Le comte de Sommes! s'écria le vicomte avec étonnement.

— Oui, le comte de Sommes est le fils du conseiller de Niorres, bien que lui-même ait caché soigneusement son origine. Or il existait un acte fait, par le conseiller, au profit de ce fils presque illégitime, et par lequel il lui réservait toute sa fortune dans le cas où aucun des enfants de son premier mariage n'existerait plus lors de sa mort.

Le vicomte se frappa le front en poussant une exclamation sourde.

— Ah! fit Jacquet, vous commencez, peut-être, à comprendre maintenant la cause de cette série de crimes qui a désolé l'hôtel de Niorres?

— Quoi!... le comte de Sommes... serait?...

— L'assassin de la famille de Niorres! Lui et ses complices ont commis ces odieux forfaits! Mais, pour triompher, il fallait rejeter sur d'autres têtes la culpabilité dont ils voulaient recueillir le profit. Par malheur, vous vous trouvâtes, vous et le marquis d'Herbois, sur la route de ces hommes; par malheur, votre position de futurs époux des nièces du conseiller vous désignait comme devant recueillir les profits de cette succession de morts violentes. Comprenez-vous tout à fait?

Le vicomte étreignait, de ses doigts crispés, son front humide de sueur.

— Oh! poursuivit Jacquet, vous ne savez pas tout encore! Il m'a fallu des années, je vous le répète, pour arriver au fond de ce dédale d'infamies! En même temps que des mains inconnues faisaient passer aux juges preuves sur preuves de votre culpabilité; en même temps que des agents du comte de Sommes et de ses amis se prétendaient vos complices, se laissaient arrêter avec vous, avouaient leurs prétendus crimes et, se cramponnant à vous, vous entraînaient avec eux dans l'abîme, le comte de Sommes captait la confiance du conseiller, celle de Blanche et de Léonore.

— Et la nôtre! interrompit le vicomte en se rappelant les visites reçues par lui et le marquis dans leur prison.

— Ah! cet homme est habile et fort, réellement fort! Après votre condamnation, qui fit un tel bruit, après votre départ, le comte laissa étouffer l'affaire; il disparut même, durant plusieurs mois, de la scène du monde... Durant cette absence, qui, pour moi, n'était qu'une ruse, le conseiller de Niorres et sa belle-sœur moururent...

— Empoisonnés aussi, n'est-ce pas? demanda le vicomte.

— C'est ma conviction, répondit Jacquet; mais aucune action, cependant, ne fut intentée. Ces deux morts passèrent pour naturelles. Paris avait tout oublié, lorsqu'un jour un bruit rapide se répandit : un héritier se présentait pour recueillir l'immense fortune des Niorres, à laquelle mesdemoiselles Blanche et Léonore avaient renoncé.

— Elles avaient renoncé à l'héritage de leur oncle. s'écria le vicomte.

— Oui; elles repoussaient cette fortune colossale venue à elles par la voie du crime !

— Oh! nobles et saintes filles!...

Le vicomte essuya deux larmes qui coulaient le long de ses joues pâles.

— Et cet héritier, reprit-il, c'était le comte de Sommes!

— Non pas! dit vivement Jacquet; le comte est trop habile pour avoir agi ainsi. Se présenter, lui, avouer ses titres, c'eût été soulever toute la poussière du procès passé. On établit, par actes, que le fils du conseiller et de la Madone de Brest était mort depuis quelques semaines. Lui, vivant après ses frères et son père, avait donc joui du bénéfice de la loi, et s'il n'avait pas réclamé la succession des Niorres, après la mort de son père et l'extinction de ses frères du premier lit, il aurait eu le droit de le faire néanmoins, et ses propres héritiers pouvaient revendiquer ce même droit, agissant au nom du défunt. Or ce fils de la Madone n'avait pas d'enfant, et il avait institué, pour son unique héritier, le comte de Sommes, auquel il reconnaissait, par acte des plus authentiques, devoir de grandes sommes d'argent. L'intendant du comte se présentait donc au nom de son maître pour réclamer l'héritage.

— Mais Blanche? mais Léonore? dit l'interlocuteur de Jacquet qui frémissait en entendant le récit de ces machinations.

— Elles n'avaient aucun droit, car elles n'étaient pas héritières directes ; puis elles avaient renoncé à l'héritage. Cependant cet acte de l'intendant de Sommes causa un véritable scandale. Ce fut alors que le comte déploya une habileté réellement merveilleuse. Il était absent ; il accourut à Paris. Il déclara hautement n'avoir donné aucun ordre ; il chassa publiquement son homme d'affaires, et, se rendant au couvent où étaient les demoiselles de Niorres, il les supplia de ne pas croire à la connaissance qu'il aurait eue des actes de son intendant, ajoutant que jamais, dût-il se trouver dans la plus honteuse misère, il ne voudrait se servir de ses droits au détriment des deux orphelines. Cette conduite lui rallia aussitôt tous les esprits. Blanche et Léonore remercièrent chaleureusement le comte ; mais elles déclarèrent de nouveau renoncer à cet héritage, et elles laissèrent leur ami libre d'agir suivant ses intérêts.

— Après, après? demanda le vicomte en voyant Jacquet s'arrêter.

— En présence de la déclaration des jeunes filles, qui montrait que le comte n'agissait aucunement contre elles, reprit Jacquet, M. de Sommes rassembla dans le salon de son hôtel, un certain nombre de ses amis portant les plus beaux noms de France, et il érigea là une sorte de tribunal de point d'honneur. Il expliqua la situation présente de chacun, il fit voir les actes par lesquels le fils du conseiller de Niorres l'instituait son unique héritier ; il montra la renonciation des deux demoiselles de Niorres à l'héritage de leur oncle, et il demanda ce que l'honneur lui permettait de faire, déclarant formellement s'en rapporter au conseil qui allait lui être donné. Les avis furent unanimes. En présence de la renonciation des jeunes filles, et comme l'instance du comte pour être mis en possession de l'héritage de son défunt créancier ne pouvait nuire à personne, on lui conseilla de poursuivre l'affaire et de réclamer cette fortune à laquelle il avait droit. C'était ce que voulait le comte de Sommes et ce qu'il avait su amener d'une façon si extraordinairement ingénieuse. Il avait désormais pour lui l'opinion publique, sa conduite était portée aux nues, et rien ne pouvait, dans cette affaire, soulever un pan du voile qui couvrait le procès passé. Le jugement n'était pas douteux : le procès était gagné d'avance ; toute la cour était pour le comte ; les juges le mirent en possession de l'héritage réclamé. Mais, tout à coup, surgit un obstacle que n'avait pu prévoir le comte, en dépit de tout son esprit d'intrigue. Le procès fut attaqué par la communauté du couvent dans lequel s'étaient renfermées les deux demoiselles de Niorres. Une main puissante faisait naître cette attaque et cette main était celle du bailli de Suffren. Le vieux marin n'avait jamais voulu croire à la culpabilité de ses jeunes officiers. Il espérait qu'un jour à venir leur innocence serait reconnue, qu'ils pourraient épouser les deux demoiselles de Niorres, et il voulait que la fortune leur fût conservée. Ne pouvant rien faire par lui-même, il poussa la communauté à agir. Les demoiselles de Niorres étaient alors mineures et n'avaient pas pris le voile...

— Mon Dieu ! interrompit le vicomte, ont-elles donc, depuis, prononcé leurs vœux ?

— Non ; la Révolution, en brisant les autels, les a laissées libres au moment où elles allaient devenir les épouses du Christ !

Le vicomte joignit les mains, et ses lèvres murmurèrent une action de grâces.

— Etant mineures, reprit Jacquet, la communauté était dans son droit en veillant sur elles. En conséquence, elle déclara les deux novices incapables, et, se faisant leur tutrice, elle demanda que les actes de renonciation fussent nuls, et que le procès, venant de mettre le comte de Sommes en possession de l'héritage des Niorres, fût revisé. Cette fois, le comte avait pour antagoniste le clergé tout entier. L'affaire prenait des proportions gigantesques. La demande de la communauté fut reçue et accueillie : les actes de renonciation furent annulés, et, en dépit de leur volonté, Blanche et Léonore se présentèrent comme héritières du conseiller de Niorres. Des vices de forme furent facilement trouvés dans le procès récemment jugé : ce procès fut cassé et l'affaire renvoyée par ordonnance à la *grand'chambre*. Le comte de Sommes ne se découragea pas. Il avait entamé le procès, cette fois, il était de son honneur de faire maintenir le premier jugement rendu. Toute la noblesse, au reste, était pour lui. On était alors à la fin de 90... Le procès menaçait d'être long : il le fut en effet, et si long même que la Révolution le surprit encore inachevé...

— Et les biens du conseiller de Niorres? demanda le vicomte.

— Ces biens, répondit Jacquet, sont restés et demeureront sous séquestre jusqu'à l'heure où un nouveau jugement choisira entre les héritiers du conseiller, et en paraissant se dévouer pour les demoiselles de Niorres le citoyen Sommes a fait encore merveille en prévision de la reprise du procès ; mais je ne crois pas que ce procès ait lieu jamais...

— Pourquoi?

— Parce que le citoyen Sommes a adopté une autre route, j'en suis convaincu, et c'est sur cette route nouvelle que votre présence deviendrait, pour lui, un sérieux obstacle...

— Je ne vous comprends pas, dit le vicomte.

— Vous me demandiez tout à l'heure en quoi il importait au citoyen Sommes que vous fussiez mort ou vivant, prisonnier ou libre?

— Oui.

— Le vicomte de Renneville, vivant et libre, reprit Jacquet, ne peut-il pas retrouver enfin Blanche et Léonore? Le procès ne peut-il pas être repris, ne peut-il pas être perdu par le comte? En tout cas, d; longtemps, peut-être, il ne pourrait être jugé. Blanche et Léonore sont libres en ce moment, et un mariage entre l'une d'elles et le citoyen Sommes trancherait la difficulté du procès à venir au profit de celui-ci, surtout si l'autre sœur mourait comme sont morts les autres membres de la famille ! Est-ce clair ?

Le vicomte fit entendre un rugissement sourd.

— Je tuerai cet homme ! s'écria-t-il en faisant un mouvement pour bondir en avant.

Jacquet le retint.

— Laissez-le libre ! dit-il.

— Lui !...

— En fait d'intrigues, dit Jacquet de sa voix la plus calme, le citoyen Fouché, l'ancien oratorien, a un principe excellent : *savoir utiliser ses ennemis*. Or, si vous tuez le comte de Sommes, comment pourrons-nous atteindre notre but ?

Le vicomte réfléchit. On entendait un bruit sourd parvenir jusqu'au sommet de l'escalier.

— Je vous crois ! dit tout à coup M. de Renneville dont l'œil sombre lançait des éclairs ; je vous crois et j'ai confiance en vous !

— Alors, reprit Jacquet, sachez vous mettre à l'abri des poursuites de Sommes !

— Venez ! répondit le vicomte.

Tous deux descendirent. En atteignant la première salle, ils entendirent un vacarme abominable régner dans celle qui la précédait.

Papillon était là, attendant les deux hommes.

— Les sans-culottes sont dans la cour, dit-il. Toutes les issues sont gardées par eux. Les camarades demandent ce que tu veux qu'ils fassent.

— Ils sont prêts à tout ? demanda le vicomte.

Papillon fit un signe affirmatif.

— Eh bien ! je vais leur dire moi-même ce qu'ils doivent faire ! Le moment est venu, d'ailleurs, où je dois voir si je puis compter sur eux.

Et, entraînant Jacquet, il entra, avec lui, dans la salle du cabaret.

XXII

UN PROGRAMME DE FÊTE EN 1794

La nuit même où s'accomplissaient, à Brest, ces événements, trois des fenêtres du second étage de l'hôtel de ville du premier port maritime de France étaient splendidement éclairées. Ce second étage avait été mis à la disposition de Prieur de la Marne pour y installer ses appartements, et ces trois fenêtres éclairées étaient celles de son cabinet.

Prieur de la Marne, le collègue de Jean-Bon-Saint-André, envoyé, comme lui, par la Convention, pour représenter l'autorité nationale dans le département du Finistère, était alors un homme de trente-quatre ans. Doué d'une instruction suffisante, il avait été avocat à Châlons-sur-Marne, sa ville natale. Prieur n'avait pas les instincts féroces que l'on peut reprocher à la plupart des hommes de son époque, mais son intelligence, peu développée, sa conception lente, sa faiblesse d'esprit l'avaient laissé entraîner sur la pente sanglante, et, par manque d'énergie, plutôt que par méchanceté véritable, il était devenu cruel comme tous ses collègues.

Cette nuit-là, Prieur, qui avait fixé le jour d'une fête en l'honneur de l'*Être suprême*, travaillait au programme qu'il rédigeait, en recevant les rapports de ses agents sur la situation de la ville, car Jean Bon Saint-André, ne s'occupant que de la marine, avait laissé à son collègue le soin de l'administration intérieure de Brest.

— Ainsi, Agricola, dit-il sans cesser d'écrire, Ance s'est laissé prendre comme un imbécile?

— Oui, citoyen! répondit Agricola.

— « Le représentant du peuple, ayant à ses côtés la Liberté et l'Égalité, continua Prieur en se dictant ses phrases à haute voix, se placera au sommet de la montagne... » A propos, Tertullien, as-tu commandé la montagne ainsi que je te l'avais dit?

— Oui, citoyen, répondit l'autre homme; les planches de la charpente sont solides et les toiles furieusement bien peintes.

— Très-bien... « Le représentant prononcera un discours analogue à la circonstance. Ensuite deux vieillards chargés de cassolettes... » Et Ance n'a pu voir la figure du brigand?

— Non! dit Agricola.

— Il faut pourtant que Ance soit vengé publiquement, car la République est insultée... « Les vieillards poseront une main sur l'épaule de chaque enfant, tous fixeront leurs yeux vers le ciel et les enfants allumeront l'encens dont la fumée s'élèvera dans les nues... » C'est bien cela. L'effet sera joli.

— Très-joli! murmura Tertullien.

— « Aussitôt, continua Prieur emporté par le feu de la composition, les accords d'une musique harmonieuse se feront entendre : un chœur de pères, avec leurs fils, se groupera sur la partie de la montagne qui lui sera désignée. Un chœur de mères, avec leurs filles, se rangera de l'autre côté... » Et tu ajoutes, Agricola, que les braves sans-culottes se sont élancés sur les traces du coupable?

— J'espère qu'il est entre leurs mains à cette heure, et que la République sera vengée.

— Bravo!... « Première strophe chantée par les hommes, qui jureront de ne pas déposer les armes tant que la nation aura un ennemi... »

Un sans-culotte, servant d'huissier, ouvrit brusquement la porte de la salle :

— Citoyen! dit-il.

— Qu'est-ce? fit Prieur sans relever la tête.

— C'est un citoyen qui demande à te parler sur l'heure...

— « Les filles avec leurs mères chanteront la seconde strophe. » Qu'est-ce qu'il veut ? « Elles promettront de n'épouser jamais que des hommes qui auront servi la patrie... »

— Il dit qu'il est envoyé par le Comité de salut public de Paris.

— Hein ! fit Prieur, tressaillant au nom bien connu du tribunal sanguinaire. Il vient de Paris ?

— Oui, citoyen.

— Qu'il entre ! qu'il entre !... « Une troisième strophe sera chantée par les chœurs réunis, continua Prieur en écrivant, et les yeux fixés sur la voûte céleste... »

Un homme, qui entrait précipitamment dans la pièce, l'interrompit brusquement. Cet homme avait les vêtements en désordre et portait, sur toute sa personne, les traces d'une lutte récente.

— Le citoyen Sommes ! dit Prieur en levant la tête.

— Eh ! oui, moi-même, dit le nouveau venu, et heureusement pour la sécurité de la ville dont la République t'a confié l'administration !

— Hein ? fit Prieur.

— Causons seuls ! continua l'autre en désignant Tertullien et Agricola.

Le représentant fit signe aux deux hommes de quitter le cabinet. Ceux-ci obéirent.

— Vois ce tableau ! s'écria Prieur tout entier à son inspiration. « Les mères soulèvent, dans leurs bras, les plus jeunes de leurs enfants et les présentent en hommage à l'auteur de la nature ! Les jeunes filles jettent, vers le ciel, des fleurs qu'elles... »

— Qu'est-ce que cela ? interrompit de Sommes.

— Le programme de la fête de l'*Etre suprême*.

— Eh ! il s'agit bien de fêtes, quand les conspirateurs encombrent la ville.

— Les conspirateurs ?

— N'en sais-tu rien ? N'es-tu pas instruit de ce qui est arrivé à Ance ?

— Si fait ! mes ordres sont donnés !

— Et tandis que tu donnais des ordres, j'agissais, moi !

— Toi ! Que faisais-tu ?

— Je rassemblais tous les bons patriotes, et, me mettant à leurs têtes, je poursuivais les ennemis de la République.

— Mais ces ennemis, qui donc sont-ils ? s'écria Prieur avec impatience, mais sans toutefois oser se fâcher ouvertement, car il savait le citoyen Marcus-Tullius Sommes fort bien auprès des puissants du jour ; et la Convention ou plutôt le Comité de salut public avait pour habitude d'envoyer, auprès des représentants en mission, des agents secrets chargés de les espionner et qui, à un moment donné, produisaient leurs pouvoirs au grand jour.

A la question de Prieur de la Marne, le citoyen Sommes sourit railleusement.

— Tu ne devines pas ? dit-il. Les ennemis de la nation seront éternellement les mêmes : les aristocrates.

— Quoi ! celui qui a porté la main sur Ance est un aristocrate ?

— Oui ! Tu ne le savais pas ?

— Comment voulais-tu que je le sache, et comment le sais-tu toi-même, puisqu'il avait la tête enveloppée et que Ance n'a pu lui voir le visage ?

— Le signalement de son costume m'a suffi. Je l'avais rencontré, moi, quelques instants avant, à visage découvert. Et d'ailleurs, puisque je te dis que je le connais.

— Son nom ?

— Le vicomte de Renneville.

— Le vicomte de Renneville ? répéta Prieur comme s'il paraissait chercher dans ses souvenirs.

— Eh oui ! celui qui a été condamné jadis comme assassin par le parlement. Cet homme est doublement hors la loi, pour son titre d'aristocrate et pour sa condamnation passée. Il a insulté Ance ce soir : il faut que Ance se venge en l'attachant sur la bascule !

— C'est mon avis. Et tu t'es mis à sa poursuite ?
— Oui, tandis que tu rédigeais tes programmes de fêtes !
— Les fêtes sont utiles au peuple, dit Prieur avec emphase ; elles servent à lui élever l'âme et à inculquer la vertu dans son cœur. Vois ce que je veux faire : « La cérémonie se terminera par un mariage et par la présentation, sur l'autel de la nation, de deux nouveau-nés. L'un recevra le nom de *Théophile Marat* et l'autre d'*Unité Cornélie*... » Et puis, mon discours ! Ecoute : « La nation entière, trempée dans la vertu comme Achille dans le Styx, est devenue invulnérable... »

— Et pendant que tu t'occupes de tes fêtes, interrompit de Sommes, les ennemis de la nation se mettent à l'abri de nos poursuites !

— Celui dont tu parles n'est-il donc pas incarcéré ?

— Non !

— Comment cela !

— Les sans-culottes ont fait leur devoir, mais ils ont eu affaire à une bande de brigands qui a protégé la fuite de l'aristocrate... Des matelots survenus se sont joints à eux...

— Les sans-culottes ont été battus ? interrompit Prieur.

— Accablés par le nombre.

— Et le ci-devant vicomte ?

— A réussi à se sauver !

Prieur de la Marne laissa échapper un juron énergique.

— Mais il faut le poursuivre, le traquer, l'arrêter ! s'écria-t-il.

— C'est pour que tu donnes les ordres nécessaires que je viens te trouver.

— Sois tranquille ! il ne peut sortir de la ville, les portes sont bien gardées.

— Il faut faire des visites domiciliaires dans toutes les maisons suspectes.

— Veux-tu t'en charger ?

— Oui...

— Voici des ordres en blanc.

Et Prieur prit des papiers aux en-têtes imprimés et apposa au bas sa signature.

— Tiens! dit-il en les tendant à son interlocuteur.

De Sommes s'en empara avidement.

— Tu approuves d'avance tous mes actes? dit-il.

— Tous! répondit Prieur en se remettant au travail. Venge cette nuit la nation; je vais continuer, moi, à tracer le programme de la fête qui doit contribuer à régénérer les citoyens.

Et il reprit en écrivant, sans plus s'occuper de son interlocuteur :

« Des laboureurs marcheront ensuite, conduisant l'araire antique ombragée par un jeune chêne et suivis de fiancés, les bras enlacés, de mères allaitant leurs fils, de vieillards entourés d'orphelins... »

Le citoyen Sommes avait quitté le cabinet du représentant, emportant ses précieux papiers, ses pouvoirs en blanc. A la porte de l'hôtel de ville, il se heurta presque contre un homme qui se tenait immobile, appuyé le long de la muraille. Cet homme était Pick.

— Eh bien? demanda-t-il vivement.

De Sommes, sans lui répondre, le prit par le bras et l'entraîna dans une partie obscure de la place. Là il s'arrêta et présenta, à son compagnon, les papiers qu'il tenait à la main.

— Qu'est-ce? demanda encore Pick.

— Des blancs-seings!

— De Prieur de la Marne?

— Oui!

Pick regarda son compagnon avec admiration.

— Affaire à toi! dit-il. Avec cela, Brest est à notre merci. Il y a là de quoi guillotiner toute la ville, si nous le voulions.

— Crois-tu, cette fois, que nous réussissions? dit le citoyen Sommes avec un sourire à demi ironique.

Pick s'inclina.

— Avant demain soir, Auce sera vengé! dit-il; la

tête du vicomte sera dans le panier, et nous serons libres d'agir sur les petites !

— Qui as-tu mis sur les traces du vicomte ? reprit le citoyen Sommes après un léger moment de silence.

— Brutus et Léonidas, répondit Pick. Ils ont dû déjà fouiller une partie de la ville. Tous les sans-culottes sont sur pied. Grâce à cela (et il désigna les blancs-seings), je vais commencer les visites domiciliaires...

— Comment cet homme a-t-il pu nous échapper? nos précautions étaient cependant si bien prises !

— Pourvu qu'il ne puisse sortir de Brest !

— Oh ! quant à cela, je l'en défie ; les portes sont fermées depuis longtemps, et Prieur m'a dit avoir donné des ordres en conséquence.

— Alors, aussi vrai que je me nomme Pick, je l'aurai traqué avant qu'il soit vingt-quatre heures.

— Mais quels étaient ces gens qui étaient avec lui ?

— D'anciens forçats du bagne et des matelots déserteurs.

— Lui, au milieu de ce monde ! impossible !

— Cela est cependant.

— Et ces hommes l'ont défendu !... Pick, il y a là un mystère que nous ignorons et qu'il nous faut approfondir... Des galériens !... Camparini serait-il donc pour quelque chose dans cette intrigue?

— Camparini ! répéta Pick avec un mouvement de terreur involontaire.

Un nouveau silence régna entre les deux hommes.

— Je saurai cela ! reprit Pick ; je me charge de découvrir la vérité ; mais le plus important, en ce moment, est de nous emparer du vicomte ; quant aux matelots, je m'explique la part qu'ils ont prise à la lutte ; ce sera un témoignage de plus contre le vicomte : il a excité les bons citoyens à la rébellion... Laisse-moi faire ! avant vingt-quatre heures, nous serons maîtres du ci-devant !

— Tiens ! répondit le citoyen Sommes, voici la moitié des blancs-seings ; remplis-les, et agis de ton côté... moi, je vais là-bas ! Il est bien entendu que le vicomte, une fois entre tes mains, doit être jugé et exécuté sans que tu le quittes ?

— Rapporte-t'en à moi ; nos intérêts sont les mêmes... Maintenant que je sais qu'il est à Brest, que je l'ai vu, la police de la ville aura ses ordres avant une heure, et demain soir je te promets sa tête...

— Bon ! charge-toi de l'homme, je me charge des deux femmes...

— Et Camparini ?...

De Sommes cligna les yeux.

— J'ai mes projets ! dit-il ; l'attaque doit avoir lieu demain, dans la nuit...

Pick le regarda fixement.

— Tu n'oublieras pas ce que tu me dois à cet égard, dit-il ; sans moi, tu serais encore son esclave !

— Nous partagerons ! répondit de Sommes d'une voix brève.

— C'est entendu. Maintenant, à l'œuvre ! chacun de notre côté !

Les deux hommes se séparèrent brusquement, et, prenant chacun une rue différente, s'élancèrent à la fois vers les deux points opposés de la ville, Pick gagnant la rue des Sept-Saints et son interlocuteur se dirigeant vers la porte de Brest, s'ouvrant au nord de la cité.

Au moment où le citoyen Marcus-Tullius Sommes traversait diagonalement la place du *Triomphe-du-Peuple*, un homme se détacha de l'angle d'une maison, et, longeant les murailles pour demeurer caché dans l'ombre, prit la même direction que le nocturne promeneur, paraissant le suivre avec une extrême attention. Cet homme marchait pieds nus et était complètement vêtu de noir, de sorte que sa course n'était trahie par aucun bruit, et que ce costume, n'offrant aucun point lumineux, disparaissait absolument dans les ténèbres.

Deux heures du matin sonnaient alors à l'hôtel de ville, et le port et la rade étaient plongés dans un calme profond. Tout dormait à bord des bâtiments au mouillage, car si le ciel était noir, si la nuit était profonde, la mer était belle, et les lames, venant du *goulet*, roulaient mollement avec un bruit régulier.

Les vigies du port et celles des navires s'envoyaient, de quart d'heure en quart d'heure, leur appel monotone. Quelques oiseaux de nuit, voltigeant au-dessus des eaux avec de grands bruissements d'ailes, venaient se reposer sur les vergues en poussant leurs cris aigus.

C'était à l'instant même où l'ex-comte de Sommes quittait Pick et où tous deux partaient en sens opposé; un homme atteignait alors l'entrée du port, à un endroit où il ne se trouvait aucune sentinelle. Cet homme enjamba le quai, et, sans quitter ses vêtements, qui ne se composaient que d'un pantalon de toile et d'une chemise de laine, il se laissa glisser doucement dans l'eau.

La marée était haute, la mer bordait les quais, de sorte que la chute put s'opérer sans le moindre bruit. L'homme nagea entre deux eaux, se dirigeant vers le centre du port, là où étaient mouillés les deux gros vaisseaux sous la quille desquels avait failli périr le matelot provençal.

Le *Sans-Pareil* était le plus voisin du quai.

Le nageur longea le navire, passa sous son arrière et atteignit une embarcation isolée qui était amarrée à une bouée. C'était un petit canot, de ceux que les marins nomment *youyous* et qui font le service de va-et-vient entre la terre et les bâtiments au mouillage.

Le nageur posa la main droite sur le bordage. Au même instant, d'un paquet de toile à voile qui gisait au fond du canot, se dégagea une forme humaine.

— Papillon? dit une voix.

— Oui! répondit le nageur en se maintenant toujours après le *youyou*.

L'homme qui était couché au fond du canot avança doucement la tête. Un rayon de lune, qui glissa en

15.

ce moment entre deux nuages, éclaira les traits du vicomte de Renneville, ou pour mieux dire, du citoyen Bonchemin, car Papillon ne le connaissait que sous ce dernier titre.

— Eh bien ? dit-il. Tu viens de la ville ?

— Oui, répondit le colosse. Tout va bien. La Baleine a pris ton costume et s'est fait chasser par les sans-culottes. Il les mènera loin, car il connaît tous les détours de Brest, et il ne se fera prendre que quand il le voudra bien.

— Et l'homme qui était avec moi ?

— Personne ne l'a vu.

— Ainsi il a disparu ?

— Complètement.

— Mais à quel instant ?

— Au moment où les sans-culottes commençaient à se sauver. Jusque-là, et durant la bataille, il s'était tenu caché dans un coin. Je ne le perdais pas de vue mais tout à coup, j'ai cessé de l'apercevoir.

Le vicomte secoua la tête avec un signe de contrariété manifeste.

— Aurais-je donc encore été dupe ? Que peut être devenu ce Jacquet ? Pourquoi a-t-il refusé de me suivre ?

Et il ajouta, après un moment de silence :

— Rentrer en ville serait jouer ma tête sans aucune chance de la sauver ! Mon Dieu ! tout serait-il perdu ? N'aurais-je aperçu un moment une lueur d'espérance briller à l'horizon que pour que la déception fût plus douloureuse et plus amère ?

Papillon attendait, se tenant toujours appuyé sur le bordage, le corps aux trois quarts enfoui dans l'eau. Le vicomte regarda autour de lui. La rade et le port étaient calmes et silencieux : on était trop loin de terre pour que les sentinelles pussent apercevoir même le canot au milieu des ténèbres, et aucun des bâtiments au mouillage n'était assez près pour qu'un regard indiscret arrivât jusqu'à Papillon et à son compagnon.

Henri explora encore l'horizon et, bien certain qu'il n'avait aucun danger à redouter :

— Monte dans le *youyou!* dit-il à Papillon.

Celui-ci s'enleva à la force des poignets ; le canot pencha sur bâbord, à faire croire qu'il allait chavirer ; mais Henri fit contre-poids du côté opposé, et le colosse sauta dans l'embarcation. Henri lui tendit une gourde de rhum dont Papillon but avidement une gorgée.

— Ecoute! dit tout à coup le vicomte en paraissant prendre une détermination subite, toi et tes compagnons m'avez souvent répété que vous aviez, pour moi, un dévouement sans bornes, que vous abandonneriez tout pour me suivre...

— Nous t'avons dit la vérité! interrompit Papillon.

— Cependant vous avez tous gardé un secret pour moi, votre vieil ami !

— Un secret? répéta Papillon.

— Oui; vous m'avez caché, à moi, l'existence d'un chef auquel vous avez obéi, auquel vous obéissez peut-être encore... je veux parler du *Roi du bagne*.

— Le *Roi du bagne!* murmura Papillon.

— Ah! fit Henri, cet homme existe donc réellement? Et Jacquet ne me trompait pas!

Papillon paraissait interdit.

— Réponds-moi, et dis la vérité! reprit Henri après un moment de silence.

— Quand j'étais là-bas... avec les autres, fit Papillon avec un geste expressif, avant que tu ne nous aies ramenés dans le bon chemin, j'ai souvent entendu parler d'un chef que nous avions tous et qui était notre protecteur. Les anciens racontaient des histoires sur son compte, et on disait que ceux qui le serviraient bien, n'auraient jamais rien à redouter de la justice et arriveraient vite à la fortune. Mais ce chef, ce roi, comme on disait, je ne l'ai jamais vu ; c'étaient les anciens qui nous transmettaient ses ordres et nous faisaient passer ses récompenses.

— Et, parmi tes compagnons actuels, en est-il un qui ait vu ce *roi* dont tu parles?

— Pas un seul. Souvent nous nous sommes interrogés à cet égard, et personne n'a pu dire le connaître ; on ne savait qui il était ni où il était... Du reste, on disait... là-bas... que, depuis longtemps, on n'avait plus de nouvelles du roi... Les uns le croyaient mort, les autres devenu grand seigneur.... Et, depuis cinq ans que nous sommes avec toi, nous n'avons pu avoir aucun renseignement.

— De sorte que ni toi ni tes compagnons ne pouvez rien m'apprendre de précis sur cet homme ?

— Rien absolument. Ce que je puis te dire, c'est que ce nom de *Roi du bagne* était tellement connu et avait une telle influence que nous frémissions tous en l'entendant prononcer, et que jamais personne... là-bas... n'a osé refuser un ordre donné en ce nom-là.

— Et, reprit le vicomte, n'as-tu conservé aucune relation avec ceux qui sont encore... là-bas.

— Si, répondit Papillon. Je tâche de faire pour quelques-uns d'entre eux ce que tu as fait pour nous... je m'efforce de les ramener au bien.

— Ainsi, tu peux savoir, par eux, ce qui se passe ?

— Dame ! oui, facilement.

— Eh bien ! dit le vicomte d'une voix grave, tu as contracté envers moi une dette de reconnaissance, tu prétends m'aimer ? Fais en sorte, par quelque moyen que tu puisses employer, de savoir quel est l'homme qui se fait appeler le *Roi du bagne*, quel nom il porte dans la société, où il est, et je te tiens quitte de tout, et tu m'auras donné une preuve irrécusable de ton attachement pour moi.

Papillon parut réfléchir.

— Combien de temps me donnes-tu ? demanda-t-il.

— Le moins possible, mais je ne te fixe rien !

— J'y risque ma peau, murmura-t-il, car c'est la mort pour tous ceux qui ont cherché à pénétrer ce secret, et c'est pourquoi il est si bien gardé.. Mais n'importe ! cette mort-là rachètera peut-être mon passé... D'ailleurs j'ai promis de t'obéir en tout, et je tiendrai ma promesse ! Je ferai ce que tu me demandes ! ajouta-t-il à voix plus haute.

Le vicomte lui tendit la main. Papillon leva sur son interlocuteur, ses yeux subitement mouillés de larmes. Ce témoignage d'affection, que Bonchemin n'avait jamais encore donné à personne, le touchait profondément.

— Tu as dit, balbutia-t-il, que tu n'offrirais ta main ouverte qu'à l'homme qui aurait recouvré son honneur !... Je suis donc un honnête homme, maintenant ?

— Oui, dit gravement le vicomte.

Papillon lança vers le ciel un regard rayonnant d'une joie orgueilleuse, puis il saisit la main du vicomte, la porta à ses lèvres et la baisa avec une émotion sincère.

— Moi et Pâquerette, dit-il d'une voix vibrante, nous dirons merci le jour où nous nous ferons tuer pour toi !

Le vicomte était habitué à ces témoignages de l'ascendant extraordinaire qu'il avait pris sur ces natures à demi-sauvages, mais cette fois il parut touché.

— Vivez tous deux et restez toujours fidèles à l'honneur, et vous ne me quitterez jamais !

Un nouveau moment de silence régna entre les deux hommes.

— Maintenant, dit Henri, pars et va rejoindre tes compagnons.

Papillon s'élança d'un seul bond dans la mer ; il plongea, reparut presque aussitôt sur l'eau, et, revenant s'appuyer au bordage du *youyou* :

— Quels ordres dois-je transmettre en ton nom ?

Le vicomte réfléchit.

— Demain soir, dit-il, à la pointe de Roscanvel. Sortez tous de la ville à la tombée du jour et soyez réunis au moment où le second quart de nuit sera piqué.

Papillon fit un signe affirmatif, et, abandonnant le bordage, plongea dans la mer.

XXIII

GOUESNOU

Au nord de Brest, à sept ou huit lieues de la ville, sur la route de Plabennec et de Saint-Pol-de-Léon, s'élève une petit chaine de montagnes, rameau occidental des Côtes-du-Nord, et dont les versants abrupts donnent, au pays qu'elle traverse, un aspect sauvage et désolé. Au centre de ces montagnes, entre Bohars et Kersaint, sur le versant sud, se dresse le hameau de Gouesnou.

De pauvres cabanes, d'humbles masures construites en mortier, couvertes en chaume et disparaissant au milieu des genêts, se groupaient autour d'une petite église au clocher aigu et à l'aspect gothique. En dehors du village, du côté de Kersaint, s'élevait une habitation qui, mieux construite que ses voisines, mieux entretenue et plus soignée, appartenait, depuis près de quarante années, à l'un des bienfaiteurs inconnus de l'humanité, à un médecin de Brest, nommé le docteur Harmant, et qui avait fait, de ce petit castel isolé, une maison hospitalière pour les malades atteints d'aliénation mentale.

Avant la Révolution, le docteur avait donc une magnifique clientèle, et l'émigration enleva ses meilleurs malades. Accueillant tous ceux qui souffraient sans s'inquiéter de leur opinion politique, il avait des amis dans les deux partis en présence.

La guerre de l'Ouest étendait ses ravages, et l'escadre anglaise gardait les côtes sans laisser entrer ni sortir les plus petites embarcations.

La Convention avait ordonné que des camps fussent formés autour de Brest, afin de défendre les accès de la ville, et que des batteries fussent établies sur les falaises.

Ces camps organisés et les batteries terminées, on laissa avancer, en toute confiance, les navires anglais qui venaient donner la chasse à nos bâtiments marchands jusqu'à l'entrée du goulet de Brest, puis tout à coup on ouvrit le feu, et, le premier jour, deux frégates furent démâtées.

Mais les chouans répandus dans le pays s'avançaient parfois vers Brest.

Les malheureux paysans étaient plongés dans une inquiétude constante par ces guerres intérieures, ces camps et ces batteries qui désolaient le pays.

A Gouesnou, on disait que la flotte anglaise allait tenter un débarquement sur les côtes, que les chouans du Morbihan arrivaient pour se rallier à l'armée ennemie, et que les patriotes de Brest et une partie des troupes républicaines occuperaient les montagnes pour dominer la position. Au moment du coucher du soleil, la population entière de Gouesnou avait gravi le sentier aboutissant à la maison du docteur, car la porte principale s'ouvrait, précisément, sur une plate-forme d'où la vue s'étendait sur les deux versants de la colline.

Quatre promeneurs, au milieu des groupes de paysans bretons, attiraient sur leur passage l'attention générale, le respect de tous et une sorte de vénération imposante.

C'était le docteur Harmant accompagnant deux religieuses et une jeune fille de dix à douze ans.

Les deux religieuses étaient jeunes encore, et elles avaient dans leurs gestes, dans leurs allures, une élégance et une distinction décelant des femmes de l'aristocratie.

La jeune fille, gracieuse dans tous ses mouvements, fine et élancée, blonde de cheveux retombant en boucles soyeuses, avait son mignon visage empreint d'une émotion pénible.

— Ma bonne sœur Blanche, dit la jeune fille en levant ses beaux yeux, est-ce que c'est vrai que l'on va se battre?

— Prions Dieu que cela n'arrive pas, Berthe! répondit la religieuse.

— Mais si on se battait, vous et ma bonne sœur Léonore n'auriez rien à craindre, n'est-ce pas?

— Le Seigneur nous protégerait sans doute, Berthe!

— Et qu'attendons-nous ici?

— Rien, mon enfant; nous interrogeons la campagne dans l'espoir de ne voir aucun ennemi.

— Oh! mais je vois quelque chose, moi!

— Qu'est-ce donc? fit la sœur Léonore en se tournant vers Berthe.

— Là-bas!... là-bas!... un tourbillon de poussière...

Tous les regards se tournèrent vers l'endroit que désignait la jeune fille.

— C'est sur la route de Brest! dit une paysanne en se rapprochant des religieuses.

— C'est un cavalier! dit une autre.

— Serait-ce quelqu'un chargé de nous annoncer l'arrivée des soldats? dit le docteur.

Le cavalier avançait rapidement, et déjà l'on pouvait distinguer nettement les formes de l'homme et celles de la monture. En ce moment un cri aigu, déchirant, d'une expression furieuse, retentit dans l'intérieur de la maison.

— Mademoiselle de Morandes est malade! murmurèrent les paysans.

Le docteur fit un geste de commisération profonde et se dirigea vers la porte de la maison; mais les deux religieuses, s'avançant vivement, le retinrent du geste.

— Restez, docteur, dit sœur Blanche; nous allons auprès de mademoiselle Laure. Vous savez que nous parvenons souvent seules à calmer ses crises. Demeurez pour veiller sur nous tous; nous allons prier Dieu et soigner vos malades.

Les deux religieuses et la jeune fille se dirigèrent vers l'intérieur de l'habitation d'où les cris partaient plus furieux encore. Le cavalier avançait vers Gouesnou avec la rapidité de la foudre.

Les deux religieuses traversèrent une petite cour, au centre de laquelle s'épanouissait un frais tapis de verdure.

La façade de la maison se dressait derrière cette pelouse, et derrière la maison s'étendait le jardin. L'habitation du docteur avait, de ce côté, deux autres sorties, l'une donnant sur un bouquet de bois qui s'étendait sur la crête de la colline, et l'autre sur un champ en friche qui longeait le mur extérieur.

Blanche, Léonore et Berthe franchissaient le seuil du vestibule, quand une grosse servante accourut vers elles.

— Ah! mes bonnes sœurs... cria-t-elle d'une voix essoufflée, c'est-il vrai que les ennemis nous arrivent?

— Non, Mariic, tranquillisez-vous! répondit Léonore ; les ennemis n'arrivent pas ; mais mademoiselle de Morandes est donc en proie à une crise nouvelle?

— Ah! la pauvre chère dame! elle est quasiment plus furieuse que la tempête quand souffle le vent d'ouest.

— Nous allons près d'elle! ajouta Blanche.

— Eh ben! fit la grosse servante, et l'homme, qu'est-ce qu'il faut en faire?

— Quel homme? demanda Léonore avec étonnement.

— Eh ben! l'homme qui est venu tout à l'heure! Le pauvre malheureux! il tombait de faim, quoi!

Les deux religieuses se regardèrent ; elles ne comprenaient rien à ce que leur disait Mariic.

— Expliquez-vous, ma fille, dit Léonore de sa voix douce. De quel homme parlez-vous?

— De celui qui est arrivé, il y a dix minutes, par la porte du petit bois... Il tombait, que je dis! Il n'avait pas la force tant seulement de tirer la chaî-

nette de la cloche... Heureusement que j'étais aux légumes... je l'ai entendu et j'ai ouvert. Ah! pauvre chère âme du bon Dieu! que je lui ai dit : « Qu'est-ce que vous avez, dà? — J'ai faim! qu'il m'a répondu d'une voix qui m'a remué le cœur ; j'ai faim et je suis épuisé de fatigue... — Eh ben! entrez! que j'y ai répondu ; la maison du docteur Harmant a toujours ses portes ouvertes pour ceux qui souffrent...
— Le docteur Harmant?... qu'il a dit. Ah! sainte Vierge! c'est donc ici que sont les deux bonnes sœurs? — Mais, oui! — Sœur Blanche et sœur Léonore?... — Oui! oui! » que j'y ai dit encore...

— Cet homme savait nos noms? dit Blanche avec étonnement.

— Dame! oui, répondit Mariic.

Les deux religieuses se regardèrent avec un sentiment d'inquiétude. Mariic surprit ce regard et en comprit l'expression.

— Oh! dit-elle, n'ayez pas peur! Qui est-ce qui voudrait faire du mal à des saintes créatures du bon Dieu comme vous? D'ailleurs le pauvre malheureux a l'air d'une bonne âme...

— Mais enfin, que veut-il? demanda Léonore.

— Oh! rien, ma sœur; il ne voulait qu'un peu de pain pour manger et un peu de paille pour dormir : je lui ai donné une miche et je l'ai mis dans la grange. Seulement il a dit comme ça que s'il voyait tant seulement un coin de vos jupes, il serait bien heureux... Et je lui ai promis que vous l'assisteriez avec de bonnes paroles, et j'allais envoyer Yvonne vous quérir, quand vous êtes venues...

En ce moment, les cris, que l'on n'avait pas cessé d'entendre, redoublèrent de violence.

— Va auprès de mademoiselle de Morandes, dit Blanche à sa sœur; efforce-toi de la calmer. Moi, pendant ce temps, je vais savoir quel est cet homme qui nous connaît par nos noms... Hélas! ne devons-nous pas être toujours en défiance?...

Et tandis que Léonore et Berthe gravissaient le premier étage de l'escalier, se rendant dans la cellule de la folle, Blanche traversa la maison et, descendant au jardin, se dirigea vers les communs.

Ouvrant la porte de la grange, elle aperçut, à l'intérieur, un homme étendu sur un lit de paille sèche et qui paraissait dormir d'un profond sommeil.

Cet homme portait le costume des paysans bretons. De longs cheveux rouges, plats et tombants, descendaient sur les épaules du dormeur; de gros sourcils roux ombrageaient ses yeux alors fermés. L'expression de la physionomie était stupide.

L'homme fit un mouvement, entr'ouvrit les yeux et, apercevant la religieuse, il se dressa vivement avec un empressement respectueux. Blanche l'examinait encore, semblant attendre que le paysan lui adressât, le premier, la parole.

— Vous avez désiré me voir? dit-elle.

— Pour vous donner un bon avis, mademoiselle! répondit le paysan.

Et, fouillant dans la poche de sa veste, il en tira un fragment de médaille rompue par le milieu.

— Vous devez avoir l'autre moitié, dit-il.

— Vous êtes envoyé par le comte de Sommes? dit Blanche à voix basse.

Le paysan, ou du moins celui que en portait le costume, fit un signe affirmatif.

— Où est le comte en ce moment? demanda la religieuse avec une extrême vivacité.

— A Brest, mais il sera ici cette nuit! répondit le paysan.

— Cette nuit? répéta Blanche avec surprise.

— Oui, Gouesnou sera attaqué cette nuit par les bleus. Le comte en a acquis la certitude, et c'est pourquoi il m'a envoyé vers vous.

— Mon Dieu!... que dois-je croire? murmura la jeune religieuse.

Le paysan sourit.

— Ah! fit-il, je devine votre pensée. On vous aura dit que le comte de Sommes était devenu le citoyen Sommes, que le soldat vendéen s'était fait sans-culotte, que le loyal gentilhomme, devenu traitre à son parti, avait abandonné sa cause. Beaucoup le répètent, beaucoup le croient, car les apparences sont là pour l'accuser, car, en ce moment même où je vous parle, le citoyen Marcus-Tullius Sommes est à Brest, au milieu de ses amis les sans-culottes.

Blanche fit un geste de dégoût.

— Cependant, ce n'est pas à vous à l'accuser ; car si le comte joue ce rôle odieux, s'il consent à devenir un objet de malédiction pour ses amis, s'il a l'air de prendre sa part du drame sanglant qui se joue, c'est pour vous sauver plus sûrement, vous et votre sœur.

— Nous sauver ! s'écria Blanche.

— Sans doute ! Pouvez-vous demeurer plus longtemps dans ce pays, sans être exposées à une mort hideuse, si vous êtes prises par les bleus, et à une existence de misère et de souffrance, s'il vous faut suivre l'armée royale ? Gouesnou a été respecté jusqu'ici, mais ce sol, vierge encore de sang, va être, cette nuit, couvert de cadavres. Pour vous sauver en écartant toutes chances mauvaises, on a obtenu des passe-ports, les uns signés par un chef vendéen, les autres visés par les représentants de la République. Le comte de Sommes a obtenu les premiers, et le citoyen Sommes a eu les autres.

Le paysan tendit, à la religieuse, quatre feuilles de papier aux en-têtes opposés.

— Voilà la cause de l'apostasie que l'on reproche au comte !

Blanche tenait les papiers et les parcourait du regard.

— Que le comte nous pardonne ! dit-elle, la souffrance rend parfois injuste !

— Le comte vous recommande une extrême prudence ! dit le faux paysan. L'heure est propice, sans doute, pour agir, mais le danger est grand ! Le double jeu que joue le comte, pour vous arracher à une mort certaine, le place entre deux périls aussi imminents l'un que l'autre. Les bleus et les chouans peuvent l'accuser de trahison, car chacun des deux partis le croit dévoué à sa cause.

Blanche devint pâle comme le voile qui lui couvrait la tête.

— Pour vous sauver, il faudra abandonner vos costumes religieux et vous habiller en paysannes du pays. Un bâtiment tout préparé vous attendra à Saint-Pabu, et demain, à pareille heure, vous serez sur les côtes anglaises à l'abri de tous dangers.

— Mais pourquoi n'avoir pas employé plus tôt ces moyens de salut ?

— Parce que le comte n'a pu obtenir que ce matin les précieux papiers, et que les troupes républicaines bordant le littoral, la partie où se trouve Saint-Pabu sera dégarnie cette nuit. Donc, vous pouvez vous embarquer !

— Oh ! dit Blanche, j'ai confiance en ce que M. de Sommes nous propose, mais, cependant j'hésite à fuir, en laissant derrière moi ceux que j'abandonne dans le péril qui les entoure : et la petite fille que nous avons recueillie, et qui nous aime comme ses sœurs aînées, et le bon docteur qui nous a offert un asile que notre proscription rendait dangereux à donner.

— Qui vous dit d'abandonner ceux que vous aimez ? reprit son interlocuteur.

— Quoi ! ceux-là pourraient fuir avec nous ?

— Sans doute. Le bâtiment qui vous attend est assez spacieux pour vous recevoir tous.

— M. de Sommes vous a autorisé à nous promettre...

— Le comte m'a ordonné de vous obéir en toutes choses.

— Oh ! fit Blanche avec un air convaincu, M. de Sommes est le plus généreux des hommes !

Le faux paysan s'inclina profondément.

— Mademoiselle ! il faut que je vous quitte. Les moments sont précieux. Changez de costume, tenez-vous prête à tout ; mais ne quittez pas cette maison, renfermez-vous-y, attendez les événements, et, quoi qu'il arrive, que le comte puisse vous trouver dans cette demeure!

La religieuse fit un geste d'assentiment. Il ramassa un grand feutre qu'il enfonça sur sa chevelure rouge, et, quittant la grange, il ouvrit la porte donnant sur le petit bois. Mais, au moment de s'élancer au dehors, il s'arrêta.

— Mademoiselle, peut-être serai-je tué cette nuit. Si je meurs, de Sommes aura perdu son meilleur ami!

Et, sans ajouter une parole, il s'élança, par la porte ouverte, disparaissant derrière le premier bouquet de bois.

Demeurée seule, Blanche s'agenouilla, et tirant de son sein un petit médaillon renfermant une boucle de cheveux :

— Charles! Vous, auquel l'évêque de Vannes m'avait fiancée, vous que j'ai pu considérer comme l'époux que me réservait le Seigneur ; soyez témoin des sentiments que mon cœur éprouve. Charles! je vous aime et je n'aime que vous! L'amour que vous m'avez inspiré ne sera remplacé que par celui que je voue à notre divin Maître. Charles! si vous fûtes coupable, si vous fûtes criminel, que le Seigneur me prenne en sa sainte pitié, car je vous aime encore!... Si vous fûtes innocent, vous êtes auprès de Dieu, et vous voyez mes souffrances! Charles! priez pour moi!...

En achevant ces mots, Blanche se releva en s'avançant dans la direction de la porte où le docteur Harmant fut devant elle.

— Ah! mon enfant, dit-il d'une voix altérée par une forte émotion, je vous cherchais !

— Qu'y a-t-il donc, docteur? demanda Blanche.

— Il y a que, cette nuit même, Gouesnou sera probablement détruit, pillé, incendié, ruiné! Les bleus et les chouans se rencontreront ici! J'ai reçu l'ordre de faire armer le village pour résister à l'ennemi. Mais cet ennemi, quel est-il? J'aime mon pays et j'aime mon roi!

— Espérez en Dieu, docteur!

— C'est que l'ordre du comité est précis. Le cavalier qui me l'a apporté, tout à l'heure, à l'air d'un véritable forcené! Qu'allons-nous devenir avec nos pauvres malades? Refuser d'obéir, c'est risquer ma tête!

— Prévenez les habitants : qu'ils se dispersent dans la campagne en emportant leurs objets les plus précieux...

— Eh, ma chère enfant, c'est déjà fait. Le village entier est désert à cette heure. Nous demeurons seuls.

— Dieu nous protégera! répondit la religieuse en levant ses mains vers le ciel.

XXIV

ROQUEFORT

En quittant le jardin du docteur Harmant, l'envoyé mystérieux du comte de Sommes s'était enfoncé dans ce bois touffu qui bordait le mur.

S'enfonçant dans des fourrés épais, il arriva dans une clairière et il s'arrêta en regardant autour de lui.

Un léger bruit retentit dans l'écartement d'un buisson et un homme apparut :

— Qu'as-tu fait, Roquefort? demanda le nouvel arrivé.

— J'ai réussi, monsieur le comte, au delà de toute espérance!

— Elles consentent à partir?

— Oui ! et elles ont foi en ce qui concerne le comte de Sommes ! Ainsi tout est convenu et tout est arrêté, comme vous désirez que ce soit.

— Je suis content de toi ! répondit de Sommes.

— Et le vicomte ? demanda Roquefort.

— Aucune nouvelle !

— Pick a perdu la trace ?

— Complètement ; mais demain la mer sera entre elles et lui.

— Ah ça ! si le vicomte de Renneville a pu se sauver et revenir en France, qui nous dit que le marquis d'Herbois n'a pu en faire autant et que nous ne le reverrons pas, l'un de ces jours, surgir devant ous ?

— Le marquis est mort, et bien mort !

— Hé ! hé ! on croyait le vicomte mort, et bien mort aussi ! et cependant il existe ?

— Raison de plus : la Providence fait un miracle, mais elle n'en fait pas deux. D'ailleurs, que m'importe ? J'enlève, cette nuit, Blanche et Léonore ; j'épouse Blanche, j'attends des temps plus calmes ; puis je reviens en France, et j'entre en possession de la fortune de ma femme. Double avantage : plus de bruit, plus de scandale, et j'échappe à Camparini...

Roquefort secoua la tête.

— Camparini a la main longue !

— Bah ! le crains-tu ?

— Si je le craignais, je ne serais pas près de toi.

— Je le combattrai en face, cet homme qui s'est servi de moi comme d'un instrument utile !

— Camparini est bien fort ! mais nous lutterons !... Cependant, il y a dans l'affaire une chose qui me préoccupe.

— Qu'est-ce que c'est ?

— La fortune des Niorres revient par moitié à Blanche et à Léonore ; or, tu ne peux épouser les deux sœurs, donc tu n'auras jamais que la moitié des biens.

— Léonore restera au couvent, elle prononcera

ses vœux, et sa renonciation à l'héritage sera maintenue.

— Mais si le vicomte de Renneville échappe à Pick, c'est lui qu'elle aime... Tu aurais dû jeter ton dévolu sur Léonore ?...

— Blanche me plaît davantage.

— Alors... pense au vicomte...

— Demain nous serons en mer. Qui peut prévoir les accidents d'une traversée ?... un faux pas en s'embarquant ou en débarquant.... une vergue qui se brise... un cordage qui se rompt... une lame qui vous emporte...

Roquefort lança à son compagnon un coup d'œil incisif.

— Tu as réellement beaucoup d'esprit, dit-il.

— Quelle heure est-il? demanda brusquement le comte en rompant la conversation.

— Cinq heures ! répondit Roquefort.

— L'attaque doit avoir lieu à dix heures. As-tu prévenu le commodore que les batteries du goulet seraient, cette nuit, gardées par un seul bataillon?

— Oui.

— Et qu'a-t-il répondu?

Roquefort ouvrit sa veste et tira de sa poche une liasse de billets de la banque anglaise.

— Bien! dit le comte de Sommes dont les yeux étincelèrent. Et le sloop?

— Sera cette nuit à la pointe de Saint-Pabu. Les hommes de l'équipage tiendront un canot à notre disposition.

— Alors toutes les précautions sont bien prises ?

— Toutes !

— Quelle marche suivront les chouans?

— Les bruyères, les genêts, et ils attendront, à dix heures, le passage des bleus.

— Les républicains partiront à huit heures de Brest; la colonne est forte de cinq cents hommes; ils suivront la route pour gagner Gouesnou : ils croient trouver l'ennemi de l'autre côté du village. Tu vas retourner au Placis, prévenir les chouans de la marche des bleus, et moi, je rentre à Brest pour dire à Prieur que l'ennemi sera blotti dans les genêts qui bordent la route. Puis, cette nuit, ici, à neuf heures ! C'est compris ?

— Parfaitement.
— Alors, en route !
— Pense au vicomte !
— Sois tranquille ! Pick ne se lasse pas ; tous les sans-culottes ont son signalement. D'ailleurs, que nous réussissions cette nuit, et le vicomte deviendra ce qu'il pourra.

Les deux hommes se séparèrent ; de Sommes partit le premier, et, quittant sa clairière, s'engagea dans le sentier qui, contournant le village, descendait par une pente rapide, jusqu'à la route de Brest. Roquefort attendit, puis, s'enfonçant dans un taillis, il disparut à son tour.

À cet instant, les branches d'un buisson d'aubépine s'écartèrent doucement, et une tête apparut dans l'ombre projetée par le feuillage épais. Cette tête s'avança lentement ; des yeux ardents interrogèrent la clairière devenue libre, et un homme se glissa doucement sur le gazon. Cet homme était, de même que Roquefort, costumé en paysan breton.

— Roquefort ! murmura-t-il d'une voix frémissante, Roquefort ! le Roger de Niorres ! celui qui a osé prendre mon nom ! Mon ennemi ! l'agent de Pick ! Ah ! cette fois, je crois que j'ai bien dans mes mains tous les fils de l'intrigue ! à l'œuvre !...

Et quittant la clairière, il s'élança, mais avec des précautions infinies, dans la direction qu'avait suivie le séide du comte de Sommes.

XXV

LE COMBAT DE NUIT

Au moment où neuf heures du soir sonnaient, le ciel noir était couvert de nuages sombres. Aucun feu ne brillait à Gouesnou, que toute la population avait abandonné.

Seule la maison d'Harmant était encore habitée.

Le docteur, se dévouant à ses malades, avait refusé de partir, et Blanche, Léonore, Berthe et Mariic étaient restées avec lui.

Blanche avait raconté, à sa sœur, la visite de l'envoyé mystérieux du comte de Sommes, et il avait été convenu qu'elles préviendraient le docteur.

— Je partirai avec vous, répondit-il, si mes malades peuvent partir avec moi ; sinon je demeurerai avec eux.

— Nous fuirons tous ! répondit Blanche. Le comte m'a fait dire qu'il pouvait protéger notre départ.

Alors on avait procédé aux préparatifs de fuite. Blanche et Léonore prirent des vêtements de Mariic, et, quittant leurs habits religieux, elles se costumèrent en paysannes. Berthe, vêtue comme les enfants de la Bretagne, n'avait point besoin de déguisement. Le docteur paraissait vivement inquiet et préoccupé, car, parmi ses malades, il avait des représentants de vieilles familles nobles, à commencer par cette demoiselle Laure de Morandes, folle depuis de longues années.

Si les chouans triomphaient, ces malades n'avaient

rien à redouter, mais si les bleus avaient l'avantage, tous seraient tués ou livrés aux tribunaux.

Le docteur, assis dans la cellule de mademoiselle de Morandes, qui dormait d'un sommeil bienfaisant, était là absorbé dans ses pensées.

Un léger bruit retentit dans le couloir, la porte s'ouvrit, et un groupe apparut sur le seuil. C'étaient mesdemoiselles Blanche et Léonore costumées en paysannes bretonnes, et tenant chacune Bertha par la main. Marlie se montrait dans l'ombre sur le second plan.

— Eh bien ! docteur, demanda Léonore en pénétrant dans la cellule, qu'avez-vous résolu pour mademoiselle de Morandes ?

— Rien ! répondit le médecin. Transporter mademoiselle de Morandes serait impossible ; attendons, et que la volonté de Dieu soit faite !

— La miséricorde divine ne fera pas défaut à ceux qui souffrent ! dit Blanche.

— D'ailleurs, ajouta Léonore, je ne puis croire que lors même que mademoiselle de Morandes tomberait entre les mains des bleus, elle courût un véritable péril. Qui oserait frapper une pauvre folle ?

— Ma chère enfant, dit le vieux docteur, si nous étions en temps ordinaire, si nous avions, en face de nous des ennemis étrangers, je ne craindrais rien, car un soldat ne frappent les malades, ni les femmes, ni les enfants. Mais, malheureusement, nous sommes en temps de guerre civile ; mais, malheureusement, chaque parti répond à des cruautés par d'autres cruautés plus grandes encore. Ces soldats de l'armée républicaine, ces soldats de l'armée royaliste sont presque tous des hommes de cœur et des hommes honnêtes. Je suis impartial, moi, et je ne hais ni les uns ni les autres. Certes, ces hommes séparés, en temps de paix, sont tous généreux ; ils secourront la veuve et l'orphelin ; mais alors que le souffle empoisonné de la guerre civile les anime, alors que tout s'efface en eux pour faire place au désir de vaincre, au besoin de tuer, ces

ces mêmes hommes, dans leur fureur, égorgent sans pitié l'enfant qu'ils auraient secouru, la femme qu'ils auraient défendue dans toute autre circonstance. Hélas ! depuis que chouans et bleus se combattent, les massacres ne se comptent plus ! Puis, à côté de ces hommes, qui donnent leur vie pour une cause qu'ils croient bonne, ne voyez-vous pas surgir ces créatures abjectes qui suivent les combattants comme le requin suit le navire en détresse, comme l'hyène suit l'animal blessé ? Oubliez-vous donc que les religieuses, vos compagnes, ont été assassinées, sous vos yeux, par les sans-culottes nantais ?

Léonore et Blanche joignirent les mains avec effroi.

Le docteur secoua la tête.

— Si le comte de Sommes ne peut tenir sa promesse, dit-il, s'il ne vous sauve pas cette nuit, peut-être périrons-nous tous dans cette maison ! Pourquoi avez-vous refusé de m'obéir ? Pourquoi n'avoir pas fui avec les paysans ?

— Parce que nous ne vous abandonnerons pas ! dit Blanche d'une voix ferme.

— Et moi, mes enfants, je n'abandonnerai pas mes malades qui, eux, ne peuvent fuir.

— Alors nous demeurerons tous ici ! fit Léonore. Que Dieu nous protège ! Mais le Seigneur sera avec nous, et j'ai foi en la promesse du comte. Il nous sauvera !

Le docteur détourna la tête pour ne pas répondre.

— Ah ! fit Marlie en s'avançant vivement, n'avez-vous pas entendu ?

— Qu'est-ce donc ? demanda le docteur.

— Les cris des chouans ! répondit la vieille femme.

Chacun prêta l'oreille.

— J'entends un bruit de pas dans le jardin ! dit vivement Blanche.

Le docteur leva les mains au ciel. Léonore saisit Berthe dans ses bras. Dix heures venaient de sonner.

Un silence profond régnait, et tout à coup une fusillade vive éclata.

16.

Il y eut un moment de stupéfaction.

— Prions! dit Blanche d'une voix ferme.

Debout sur le seuil de la porte, le docteur se tenait immobile, l'œil animé, le front pâle, une main appuyée sur son cœur, l'autre étendue, en avant, comme pour bénir, et protéger celles qui ne possédaient que lui pour défenseur. Les deux religieuses, la petite fille et Marie, agenouillées dévotement, élevaient leurs âmes vers le Dieu de clémence. Blanche récitait, à haute voix, les prières, et ses compagnes lui répondaient. Sur le lit, la folle, immobile et calme, sommeillait.

Puis on entendit des cris furieux, des hurlements féroces entremêlés des éclats successifs des détonations qui éclairaient par une fumée rougeâtre.

Tous ceux qui étaient dans la cellule savaient que c'étaient les deux attaques des bleus et des chouans, mais ils ignoraient comment ce combat de nuit avait commencé.

C'était une heure avant, sur la route de Brest à Gouesnou, qui se dessinait, vaguement, en contrebas d'un double champ de genêts, que se dirigeait, sans bruit, une colonne de soldats conduite par le colonel et un chef de bataillon.

Deux files d'éclaireurs, le fusil en main et l'œil au guet, longeaient, prêts à tirer, les deux côtés de la route.

Arrivée au pied de la colline de Gouesnou, sans avoir été attaquée, la colonne s'arrêta sous le commandement fait à voix basse du colonel :

— Halte-là !

Les soldats s'arrêtèrent immobiles, sans échanger un mot.

— Dis donc, Brune, fit le colonel en s'adressant au chef de bataillon, c'est ici que nous devons nous arrêter pour éviter l'embuscade.

— Oui, colonel, répondit le commandant, si toutefois celui qui nous a donné l'avis de la position des chouans ne nous a pas trompés.

— Bah! tu crois qu'il aurait osé se moquer des soldats de la République?

— Je crois cet homme capable de tout!

Cette conversation avait eu lieu à voix basse.

— Hum! murmura le colonel, si je savais que le chien nous trahit, je lui mettrais du plomb dans la tête; fais-le venir!

Le commandant Bruno appela un soldat et lui donna un ordre. Quelques minutes après, le citoyen Sommes apparaissait entre deux grenadiers.

— Citoyen Augereau, dit-il sans attendre qu'on l'interrogeât, tu répondras au comité du traitement que tu as osé me faire subir!

— Ta! ta! ta! fit le colonel sans paraître ému le moins du monde de cette menace, les traîtres ne sont pas rares par le temps qui court, et j'ai dû prendre mes précautions en conséquence. D'ailleurs, qu'as-tu à dire? Tu as fait route en compagnie de bons enfants, de vrais patriotes...

— Qui me gardaient à vue!

— Pour t'empêcher de tomber dans quelque embuscade; plains-toi donc!

— Oh! fit le citoyen Sommes en lançant un mauvais regard au commandant, je sais de qui je dois me plaindre.

Bruno tourna le dos avec un geste de mépris écrasant. Les yeux du ci-devant comte de Sommes lançaient des éclairs.

— Nous ne sommes pas ici pour nous amuser à causer, dit le colonel d'une voix impérative. Ecoute, citoyen, tu t'es chargé de nous renseigner sur la position de l'ennemi; tiens tes promesses, sinon, quoique j'aie un bien bon caractère, je te passe mon sabre au travers du corps; tu comprends?

De Sommes regarda fixement Augereau.

— Ta menace est inutile, dit-il; ce que j'ai promis de faire, je le ferai, non parce que tu m'inspires de la crainte, mais parce qu'il me plaît d'agir ainsi!

— Alors marche en avant et éclaire la route, dit

Augereau. Et vous, grenadiers, attention ! ne quittez pas le citoyen et rappelez-vous la consigne !

De Sommes, sans daigner ajouter une parole, se plaça de lui-même entre les deux soldats et se dirigea lentement vers le village. Le colonel et le commandant le suivirent à quelque distance, guidant la petite colonne.

— Je ne crois pas que cet homme trahisse, dit Augereau en se penchant vers Brune.

Le commandant fit un geste de doute.

— Rappelle-toi tout ce que Fouché nous a dit du comte de Sommes en 1785, après notre voyage à Saint-Nazaire, alors que nous allions chercher la *Jolie Mignonne*, la fille du teinturier Bernard, cette enfant dont nous n'avons jamais pu avoir de nouvelles. Rappelle tes souvenirs, et dis-moi ensuite si tu as grande confiance dans le citoyen Sommes !

— Ah bah ! fit Augereau avec insouciance, il y a si longtemps, que je ne me souviens plus. D'ailleurs, autre temps, autres mœurs ! Fouché a pu se tromper... et puis, est-ce que toi et moi pensions alors à marcher sur la route de la gloire ? Eh bien ! il pouvait bien ne pas penser à faire une étape dans la voie des honnêtes gens, tandis que maintenant...

— Attention ! interrompit Brune.

De Sommes revenait avec les deux soldats.

— Les chouans ? demanda Augereau.

— Veux-tu être maître de Gouesnou dans deux heures ? dit Sommes au colonel.

— Parbleu ! Les chouans sont donc là ?

— Consens à sacrifier vingt hommes, et je te promets une victoire complète.

Augereau réfléchit un moment.

— Soit ! mais je commanderai moi-même ces vingt hommes-là. Brune, prends le commandement de la colonne, et toi, citoyen, marche à mon côté. Allons ! vingt hommes de bonne volonté pour aller se faire tuer avec leur colonel !

Quoique cet appel au dévouement eût été fait à

voix basse, une cinquantaine de soldats sortirent vivement des rangs. Augereau n'eut qu'à choisir.

— A la première lueur d'incendie que vous apercevrez sur la colline, dit de Sommes au commandant, avancez au pas de charge, car nous aurons tourné les chouans et nous les prendrons ainsi entre deux feux.

Le commandant fit un signe affirmatif. Le colonel, l'espion et les vingt soldats disparurent dans les bruyères. Un quart d'heure s'écoula, puis une demi-heure, et le silence le plus profond régnait sur la colline. Brune et ses soldats, cachés dans les bruyères, attendaient avec une anxiété profonde.

Au milieu du silence, un coup de feu retentit, mais seul, isolé et paraissant venir de l'autre côté du petit bois auquel était adossée la maison du docteur. A ce coup de feu en succéda un second... Brune, frémissant d'impatience, se tourna vers ses soldats... Il n'osait agir, car les ordres de l'espion avaient été sanctionnés par le colonel... Enfin une fusillade vive, serrée, éclata brusquement, et des cris bien connus, ceux des chouans, retentirent au sommet de la colline. Au même instant, un jet de flammes s'élança dans les airs.

— En avant! cria Brune en se précipitant le sabre à la main.

Les soldats bondirent avec ardeur sur les traces de leur chef, mais une grêle de balles les assaillit presque aussitôt. Les chouans, éparpillés dans les bruyères et sur la colline, embusqués dans les cabanes abandonnées, firent pleuvoir un feu meurtrier sur les troupes républicaines. Alors commença une de ces luttes d'extermination où les chouans et les républicains combattaient avec une même rage, une même ardeur, une même bravoure.

Les chouans, cependant, soit qu'ils reculassent par calcul, soit qu'ils cédassent aux efforts de leurs ennemis, perdaient du terrain et gagnaient le sommet de la colline, là où se dressait la maison du docteur. Bientôt cette maison devint le point principal de la lutte. Les chouans avaient escaladé les murailles et s'étaient retranchés dans la cour, comme dans un poste fortifié. Bruno, à la tête de ses soldats, arrivait alors devant la porte.

Un temps d'arrêt permit aux adversaires de prendre un léger repos. D'un coup d'œil rapide, le commandant examinait les murailles et la porte, cherchant vers quel point il devait diriger l'attaque. En ce moment, une voix sonore poussa un cri de ralliement. C'était Augereau, qui, noir de poudre et couvert de sang, revenait à ses soldats.

— Et celui qui l'accompagnait? demanda vivement Bruno.

— Mort ou blessé! répondit Augereau.

— Mais disparu, n'est-ce pas? dit Bruno avec colère.

— Je l'ai vu tomber à mes côtés. Quant à trahir, il ne trahissait pas, car il nous a fait prendre les chouans à revers; donc, quoi qu'il arrive, j'ordonne qu'il soit respecté. Maintenant, il s'agit de forcer cette bicoque; fais former les colonnes d'attaque et en avant! Vive la nation!

— Vive la nation! hurlèrent les soldats en brandissant leurs armes.

La fusillade recommença plus vive.

En ce même instant où il était dix heures et demie, le docteur courait de cellule en cellule, essayant de calmer ces malheureux, attaqués de folie, qui subissaient un accès furieux causé par le bruit, les cris, les détonations et le tumulte.

Seule, mademoiselle de Morandes continuait à dormir.

En ce moment terrible, un pas pressé retentit dans le corridor, et la porte s'ouvrit brusquement, donnant passage à un homme au visage noirci par la poudre, aux vêtements déchirés et ensanglantés.

— Monsieur de Sommes! dit Blanche.

— Oui, c'est moi, répondit le comte d'une voix rapide. Ne craignez rien, je vous sauverai! Les bleus vont être vainqueurs, mais toutes mes précautions sont prises!... Attendez-moi, ne bougez pas! ils ne parviendront pas jusqu'ici. Ne poussez pas un cri ! attendez !...

Il fit un mouvement pour s'élancer au dehors, mais, au même instant, mademoiselle de Morandes se réveilla de son sommeil léthargique. Ses regards, vagues, se promenèrent autour d'elle; elle écouta: les cris, la fusillade retentissaient avec un acharnement effroyable.

Tout à coup ses yeux hagards devinrent fixes ; sa physionomie, jusqu'alors sans expression, s'anima soudain, et, avant qu'aucun des assistants eût pu s'apercevoir de son réveil ni prévenir son action, elle bondit de son lit, renversa, par la force de l'impulsion, le comte qui se trouvait debout entre elle et la porte, et elle s'élança dans le corridor. Blanche et Léonore poussèrent un même cri et voulurent se précipiter vers elle, mais le comte, se redressant vivement, leur saisit les mains et les rejeta en arrière.

— Ne sortez pas ! dit-il, où vous êtes perdues !

Et, sans leur laisser le temps de répondre, il bondit dans le corridor; courant, il atteignit l'extrémité du couloir. Une fenêtre s'ouvrait sur le jardin, et les rameaux d'un chêne magnifique, planté le long de la muraille, arrivaient jusqu'à cette ouverture. Le comte enjamba la barre d'appui, sauta sur une branche, gagna le tronc et se laissa glisser jusque sur le sol. Une fois dans le jardin, il reprit sa course et ne s'arrêta qu'à la porte de la grange donnant sur le petit bois. Là, il explora les taillis d'un regard rapide :

— Roquefort ! fit-il à demi-voix.

Aucune voix ne lui répondit.

— Roquefort ! répéta-t-il.

Le bruit de la fusillade, entremêlé des vociférations des vaincus et des plaintes des blessés et des mourants, parvint seul jusqu'à lui.

— Roquefort ! s'écria-t-il pour la troisième fois avec une colère sourde.

Puis, comme rien encore ne répondait à son appel :

— Damnation ! dit-il avec rage ; que signifie ceci ?... Les chouans n'ont pas été prévenus de l'attaque des bleus... Jonas ni Rubis n'ont pas paru dans la bruyère !... Roquefort ! où est-il ? Malédiction ! cet homme trahirait-il ?...

Et ses regards anxieux se portaient, du petit bois désert, aux fenêtres du premier étage de la maison où était située la cellule de mademoiselle de Morandes.

De l'autre côté de l'habitation, le combat continuait sans se ralentir. La cour et les fenêtres de la façade étaient encombrées par les chouans ; les soldats avaient forcé la porte, d'autres escaladaient les murailles : c'était un véritable assaut. Augereau, la figure animée, les yeux brillants, respirant, avec une joie fiévreuse, l'odeur de la poudre, excitait ses hommes, et, toujours en tête, toujours le premier au feu, les entraînait bravement sur ses pas.

Les chouans se battaient toujours, mais ils faiblissaient sensiblement.

— Brune ! cria Augereau au commandant qui luttait à ses côtés, prends deux compagnies avec toi, tourne la maison et coupe la retraite à ces brigands-là !

Brune, s'élançant, rallia une centaine d'hommes et se précipita dans la direction indiquée.

Là, il trouva le bois, et s'arrêtant sur la lisière, il éparpilla ses hommes avec ordre de se replier les uns sur les autres au premier signal ; puis il s'avança seul au milieu des taillis et des fourrés pour explorer plus sûrement la position.

Le bois était sombre, et Brune, un pistolet d'une main, son sabre nu de l'autre, s'avançait avec la précaution que nécessitait sa mission aventureuse. S'habituant peu à peu aux ténèbres, ses yeux commençaient à discerner les objets principaux... Le bruit du combat, qui se livrait à quelques centaines de pas, semblait se rapprocher encore et indiquait que les chouans perdaient du terrain devant les bleus.

Brune s'arrêta : il venait d'apercevoir, au pied d'un arbre, une masse confuse et inerte : on eût dit le corps d'un homme attaché au tronc... Le commandant écarta, avec la lame de son sabre, quelques branches qui le gênaient, et avança doucement la tête... Il ne s'était pas trompé. C'était un homme garrotté qui gisait au pied d'un vieux chêne. Prenant une énergique et subite détermination, Brune fit un pas en avant.

Au même instant, un homme surgit entre le commandant et le corps attaché à l'arbre.

— Qui vive? dit enfin Brune d'une voix ferme. Pour la nation ou pour le roi?

— Pour la justice! répondit l'inconnu en évitant ainsi une réponse précise qui pouvait être compromettante.

— Ton nom?

— Que t'importe! Peux-tu dire le tien?

— Le mien est celui d'un bon Français! qui ne craint pas de résonner aux oreilles de ses ennemis comme à celles de ses amis : Brune!

— Brune! répéta l'inconnu en abaissant vivement le canon de son arme; Brune! l'ancien étudiant de la rue Saint-Sulpice!

— Oui! répondit le commandant fort étonné de s'entendre, en telle circonstance, rappeler un passé oublié depuis longtemps par lui-même. Mais qui es-tu, toi-même?

— Jacquet! ancien employé de M. Lenoir!

— Jacquet! répéta Brune à son tour, comme quelqu'un qui cherche à réveiller ses souvenirs.

— Oui, Jacquet! Rappelez-vous Saint-Nazaire! rappelez-vous Fouché, Augereau, Jean et Nicolas... et votre voyage à la recherche de la fille de Bernard le teinturier!...

— Oh! s'écria Brune, je me souviens! Jacquet! celui qui a tout fait d'abord pour entraver notre mission, et qui, reconnaissant qu'il était joué lui-même, s'est allié à nous à Saint-Nazaire pour poursuivre le même but!

— C'est cela! c'est cela!

— Mais, dit Brune, rappelé à la situation présente

par la fusillade qui retentissait à ses oreilles, nous ne sommes pas à Saint-Nazaire, ici, et nous poursuivons autre chose que la découverte de la *Jolie Mignonne*... Es-tu ami ou ennemi, citoyen Jacquet? Bleu ou chouan? Parle vite, car le temps presse.

— Ami! répondit vivement Jacquet.

— Alors, quitte ce bois et viens près de mes grenadiers!

Et Brune, se tenant toujours sur la défensive, fit signe à Jacquet de passer devant lui, mais l'ex-agent de police ne bougea pas.

— Allons! répéta le commandant avec impatience.

— Citoyen! s'écria Jacquet, es-tu toujours le même homme qu'autrefois? Te souviens-tu encore du serment que tu as fait au pauvre Bernard : de tout faire pour retrouver sa fille?

— Oui! dit vivement Brune.

— Alors, je te confie cet homme, mon prisonnier; tu m'en réponds sur ton honneur!

Et, s'écartant brusquement, Jacquet découvrit l'homme qui gisait, attaché au pied du chêne.

— Quel est celui-là? demanda Brune.

— Roquefort! celui qui a voulu vous empoisonner dans l'auberge... celui qui avait pris mon nom... M. Roger, enfin!

Brune arracha une poignée d'herbes sèches, fit jouer la détente de son pistolet et alluma la torche qu'il venait d'improviser. Une lueur rougeâtre éclaira aussitôt le taillis et fit baisser les paupières à l'homme garrotté et bâillonné que Brune avait devant lui.

— Vive Dieu! s'écria le commandant, tu as fait deux fois bonne capture, car cet homme est un espion royaliste!

Puis, élevant la voix :

— A moi, grenadiers! ajouta-t-il.

Un bruit d'armes se fit aussitôt entendre, les branches des buissons craquèrent, et une vingtaine de soldats apparurent auprès de Brune.

— Sergent, dit le commandant à l'un d'eux, garde

ce prisonnier, et, quoi qu'il arrive, ne le laisse pas fuir.

Et, tandis que les grenadiers s'empressaient d'exécuter l'ordre reçu, de détacher Roquefort de l'arbre et de le placer entre deux soldats qui lui lièrent les mains, Brune se rapprocha de Jacquet.

— Tu m'expliqueras plus tard comment tu t'es emparé de cet homme, dit-il. Maintenant il faut que tu rendes un service à la République. Ta présence ici me prouve que tu dois connaître les lieux : il faut que nous coupions la retraite aux chouans ; indique-nous les issues que cette maison a de ce côté.

Jacquet regarda fixement le commandant.

— Il y a là, dit-il en désignant l'habitation du docteur, trois personnes qu'il faut préserver de tout danger. L'une est la fille du teinturier Bernard : son salut te regarde, puisque tu n'as pas oublié ton serment. Les deux autres sont des religieuses, ajouta-t-il à voix basse. Jure-moi de les laisser libres, et je ferai ce que tu me demandes.

— Ces femmes sont-elles innocentes de tout crime envers la nation ? demanda Brune.

— Je te le jure !

— Alors, je te jure aussi qu'elles demeureront libres et qu'il ne leur sera fait aucun mal.

Un éclair de triomphe jaillit des petits yeux de l'ex-agent de police.

— Ah ! fit-il, c'est la Providence qui t'a envoyé vers moi... Appelle tes hommes et suivez-moi tous... Aucun chouan n'échappera.

— En avant ! cria Brune à ses grenadiers.

Tous s'élancèrent à l'exception du sergent et des deux hommes qui demeurèrent à la garde du prisonnier.

Jacquet marchait en tête, guidant les soldats vers la porte du jardin donnant près de la grange... Déjà on apercevait dans l'ombre la toiture de chaume du petit bâtiment, lorsqu'un effroyable tumulte éclata dans le jardin. C'étaient les chouans qui, abandonnant la maison du docteur, cherchaient leur salut dans la fuite et s'élançaient pour gagner le petit bois.

— Feu! cria Brune en bondissant au-devant de l'ennemi.

Un tourbillon de fumée, que déchiraient des éclairs rapides, enveloppa les grenadiers. Les chouans, surpris, et voyant leur retraite coupée, répondirent à cette attaque imprévue avec la rage du désespoir. Une horrible mêlée s'engagea sur la lisière du petit bois.

— Courage, enfants! cria Brune à ses hommes dont le nombre était bien inférieur à celui des chouans! Les brigands sont pris entre deux feux! le colonel leur taille des croupières! Hardi! en avant!...

Et ces taillis, tout à l'heure calmes et solitaires, retentissaient d'un horrible tumulte, le sang rougissait l'herbe, les feuilles et les branches étaient lacérées par les balles, arrachées par les doigts crispés des mourants.

Cependant ni Augereau ni ses hommes n'arrivaient. On eût dit que les soldats, qui avaient débusqué l'ennemi de la maison de santé, se fussent arrêtés dans leur course victorieuse sans oser pénétrer dans le jardin. Brune étonné, inquiet, ne savait comment expliquer cette conduite du colonel.

Les chouans, ne se sentant plus poursuivis et ne voyant en face d'eux qu'une troupe peu nombreuse, combattaient avec une ardeur nouvelle. Les grenadiers tenaient ferme, mais ils ne gagnaient pas une ligne de terrain : tout ce qu'ils pouvaient faire était de résister au choc.

Tout à coup, Brune, qui combattait à l'extrême gauche, fit un pas en arrière et prêta l'oreille avec une extrême attention. Le galop précipité d'un cheval se faisait entendre dans la direction de Gouesnou.

— Est-ce un renfort qui arrive à l'ennemi? murmura-t-il. Le colonel serait-il tombé dans quelque embuscade? Serions-nous pris entre deux feux?...

Ces pensées achevaient à peine de lui traverser

l'esprit, qu'un cavalier, portant l'uniforme républicain, arrivait à toute bride sur le lieu du combat. En un instant il fut près de Bruno.

— Commandant! dit-il, ralliez vos hommes, et au pas de course jusqu'à la côte! Les Anglais viennent de débarquer!

— Hein? fit Bruno ; il faut fuir devant l'ennemi?

— Il faut sauver nos batteries menacées! Le colonel vient de recevoir l'ordre du général, et, en partant, il m'a chargé de courir vous prévenir. En route, sans perdre un instant!

Bruno poussa un juron énergique.

— Un roulement! cria-t-il au tambour qui se tenait près de lui ; rallie nos hommes. Grenadiers, à vos rangs!

— Commandant, dit Jacquet, qui, n'ayant pas quitté Bruno depuis le commencement de l'action, avait entendu la nouvelle apportée par l'officier d'ordonnance ; commandant, rappelez-vous votre promesse! votre honneur me répond du prisonnier que je vous ai confié!

Et, sans attendre la réponse de Bruno, il s'élança au milieu du feu, vers le jardin du docteur.

XXVI

BERTHE

Le jour, naissant, éclaira le désastre de ce village de Gouesnou, si calme la veille et dont les maisons, ravagées par l'incendie, ne formaient plus qu'un monceau de ruines : les arbres étaient brisés, renversés, jetés sur la route et formant encore des barricades à demi-carbonisées, et les cadavres des bleus et des chouans gisaient côte à côte, sur la terre encore humide de sang.

Un homme, marchant lentement, allant de cadavre en cadavre, s'arrêtait, se penchait en interrogeant un cœur qui ne battait plus. C'était le docteur Harmant, accomplissant son généreux ministère et cherchant ceux que la mort pouvait avoir épargnés. Il était sur la gauche du village, là où avait commencé le combat et du côté opposé au bois.

Or, près de la lisière de ce bois, il y avait, assis au pied d'un grand orme, deux hommes qui causaient.

— Ainsi, Jonas! disait l'un, d'une voix sifflante, ni toi ni Rubis n'avez vu Roquefort depuis la soirée d'hier?

— Je t'affirme, Bamboula ou comte de Sommes, comme tu voudras, que nous n'avons pas vu Roquefort.

— Les chouans n'avaient donc pas été prévenus de l'attaque des bleus à Goucsnou?

— Ils n'avaient été prévenus de rien !

— Cela m'explique leur défaite alors. Mais Roquefort? qu'est devenu Roquefort?

Jonas fit signe qu'il ne pouvait répondre à cette question. De Sommes se frappa le front avec une rage convulsive.

— Qu'a-t-il fait? où peut-il être? Tout mon plan détruit!... Rien de préparé pour la fuite... Il devait se charger de tout... Maintenant que les Anglais ont été repoussés, que les côtes sont mieux gardées que jamais, comment fuir avec les deux femmes?... Et cette folle qui va se faire blesser et qui se jette au travers de mes projets!...

Le citoyen Sommes se promenait de long en large devant Jonas immobile, paraissant en proie à la plus violente surexcitation morale.

— Allons! hésiter plus longtemps sur le parti à prendre serait une sottise irréparable... Il faut agir...

Si je n'ai pu jouer cette nuit mon rôle de sauveur, je le jouerai plus tard !...

Puis, se retournant vers Jonas :

— Tu vas courir à Brest, tu iras trouver Prieur, tu lui diras que tu as une dénonciation à lui faire. Tu lui annonceras que j'ai découvert, cette nuit, à Gouesnou, deux religieuses servant d'intermédiaire entre les chouans et les Anglais, que je n'ai pu les arrêter faute de monde. Tu ajouteras que je reste seul ici pour surveiller toutes leurs démarches, et qu'il envoie, sans tarder, une troupe de sans-culottes... Tu comprends bien ?

— Parfaitement.

— Tu verras Pick. Qu'il s'arrange pour commander cette troupe et qu'il soit ici, aujourd'hui même, avant la nuit.

— C'est facile. Est-ce tout ?

— Absolument. Fais vite, prends le cheval que j'ai laissé dans la grange. Si Prieur est absent de Brest, adresse-toi à Jean-Bon Saint-André.

Le comte de Sommes, demeuré seul, reprit sa promenade.

La pâleur qui envahissait son front avait fait place à une rougeur ardente, sa bouche souriait, ses yeux brillaient, sa physionomie enfin rayonnait d'espérance joyeuse.

— Morbleu ! comment n'ai-je pas pensé à cela plus tôt ! Que m'importent maintenant Roquefort, Pick et les autres ? Je n'ai besoin que de moi seul pour agir ! Que le vicomte de Renneville existe ou n'existe pas, la réussite de mes projets n'en est pas moins certaine ! Allons ! ce que je prenais pour un échec, n'est qu'un pas de plus vers une victoire assurée. Faire arrêter ces deux femmes est ce qu'il y avait de plus simple. J'aurais dû y songer plus tôt ? Une fois sous les verrous, elles sont à ma merci. Je sauverai Blanche quand je voudrai !... Et Léonore, je la laisserai juger ; dans vingt-quatre heures, j'en serai débarrassé

Quittant le bois, il se dirigea vers les premières maisons de Gouesnou, où il trouva M. Harmant.

— Eh bien ! mon bon docteur, dit-il en s'approchant du médecin qu'il salua avec une courtoisie toute gracieuse, avez-vous pu arracher à la mort quelques-unes de ces malheureuses victimes des passions politiques ?

— Ma science ne peut rien, hélas ! Oh ! quelle nuit horrible !... Pourquoi ai-je assez vécu pour voir de semblables temps ?

— Si la nouvelle de l'attaque des Anglais n'était survenue aussi rapidement, le nombre des cadavres que vous contemplez serait triplé peut-être à cette heure !

— Oui, monsieur le comte, fit le vieux médecin en regardant son interlocuteur, votre plan était bon, mais, vous le voyez cependant, il n'a réussi qu'en partie...

— Hélas ! docteur, que peut la volonté humaine contre la force des circonstances ?... J'ai tout fait pour sauver cette nuit celles auxquelles je serai dévoué jusqu'à la mort, et cependant tout m'a trahi !... et je n'ai point osé me présenter à elles... Mais, elles sont occupées en ce moment, de mademoiselle de Morandes. Comment va-t-elle ?

— Bien mal ! Dieu l'aura rappelée à lui avant la fin du jour !

— En de telles circonstances, son état de folie doit être affreux à contempler.

— Les balles des bleus ont accompli, cette nuit, un miracle ; elles ont fait ce que je n'ai pu faire avec toute ma science et tous mes soins ; elles ont guéri le cerveau de la malade ; mademoiselle de Morandes n'est plus folle !

— Mademoiselle de Morandes n'est plus folle ! s'écria le comte en saisissant le bras du médecin.

— Elle a recouvré toute sa lucidité d'esprit. Un pareil phénomène, au reste, est moins rare que vous ne pouvez le supposer. J'ai vu, bien souvent, de pauvres fous revenir à la raison, à l'approche de leurs derniers moments. Surtout lorsque la folie a été déterminée par quelque cause violente. Ainsi, ce qui est arrivé à mademoiselle de Morandes ne m'étonne nullement. Elle était folle lorsqu'elle s'est échappée de sa cellule, elle était folle lorsqu'elle s'est précipitée au milieu des combattants, elle était folle lorsqu'elle s'est jetée en face des balles, elle était folle, enfin, lorsqu'elle est tombée... Eh bien! quand nous l'avons relevée, et que nous avons pu la transporter dans sa chambre, je suis parvenu à arrêter le sang qui coulait de ses blessures et à lui faire rouvrir les yeux. Elle avait toute sa raison...

— Mais ce moment de lucidité sera court?
— Il durera autant que la vie durera en elle.
— Et vous pensez qu'elle vivra?
— Jusqu'à ce soir!
— Si je lui parlais, m'entendrait-elle et me comprendrait-elle?
— Sans aucun doute.
— Docteur! docteur! s'écria le comte en pressant, dans les siennes, les mains du médecin, conduisez-moi chez mademoiselle de Morandes!
— Pourquoi?
— Parce qu'il faut que vous entendiez ce que j'ai à lui dire!
— Mais elle va mourir!
— Elle m'entendra avant que le dernier soupir ne s'échappe de ses lèvres!
— Voulez-vous donc troubler ses derniers instants?
— Je veux qu'elle meure heureuse, en sachant qu'elle sera vengée!... Venez, venez!

Et pendant que le comte entraînait le docteur vers la maison de santé, mademoiselle de Morandes dormait avec ce même calme qui l'avait bercée la veille au soir, jusqu'au moment où les cris et les fusillades l'avaient brutalement réveillée.

Mais, ce matin-là, le silence absolu qui régnait dans sa cellule ne troublait pas son sommeil.

Blanche, et Léonore, assises toutes deux à son

17.

chevet, concentraient, sur elle, leurs regards avec la plus touchante sollicitude. Mariic et Berthe lisaient, à voix basse, la prière des agonisants.

— Mon Dieu! dit Blanche en se penchant vers Léonore, ce sommeil prolongé m'inquiète!

— Le docteur a dit de ne rien faire! répondit Léonore.

— Hélas! il n'espère plus! les blessures sont mortelles! Oh! c'est une sainte martyre que le Seigneur rappelle à lui!...

Et Blanche, en achevant ces mots, se baissa vers cette main diaphane et amaigrie que mademoiselle de Morandes retira doucement, en s'appuyant sur l'épaule de Blanche.

La jeune religieuse obéit à la pression qu'elle ressentait, et mademoiselle de Morandes, dont le sommeil venait de cesser, baisa le front de sa charmante garde-malade.

— Ne pleurez pas! dit-elle d'une voix douce et en contemplant le visage de Blanche tout inondé de larmes; Dieu daigne m'appeler à lui et faire cesser mes souffrances... Que sa bonté infinie soit bénie par ceux qui m'aiment... N'ai-je pas trop vécu? Hélas! en recouvrant la raison, j'ai pu sonder toute la profondeur de l'abîme dans lequel j'avais roulé... Voici quarante années que je vis au milieu de douleurs incessantes... La mort peut-elle me paraître cruelle? Non! non! Je vais mourir heureuse; car le Seigneur, dans sa miséricorde, a placé près de moi deux de ses anges!... Hélas! cette consolation suprême m'était bien due!... Ne pleurez donc pas et remerciez Dieu!... Moi! là-haut, je veillerai sur vous et je prierai pour que les souffrances soient écartées de votre route!...

Et mademoiselle de Morandes, prenant les mains des deux jeunes femmes, les attira toutes deux près d'elle.

En ce moment un léger bruit retentit dans le couloir, la porte s'ouvrit et le docteur pénétra, avec précaution, dans la cellule.

— Entrez, mon ami ! dit mademoiselle de Morandes. Je suis éveillée.

— Mademoiselle, répondit Harmant en s'approchant du lit, vous sentez-vous assez forte pour recevoir une visite ?

— Une visite ? répéta la malade avec étonnement ; et qui donc veut me voir ?

— Une personne qui insiste pour être reçue par vous et qui attend chez moi.

— Le nom de cette personne ?

— Le comte de Sommes.

— Le comte de Sommes ! dit mademoiselle de Morandes, sans que ce nom parût lui causer la plus légère impression.

Le comte de Sommes ! répétèrent d'une même voix Blanche et Léonore avec un vif sentiment de surprise.

— Quel est cet homme ? demanda mademoiselle de Morandes.

— Notre ami le plus fidèle ! dit Léonore ; un brave et excellent gentilhomme. Oh ! mademoiselle, s'il demande à vous voir, laissez-le venir près de vous !...

— Mais je ne sais ce qu'il peut me vouloir ; je ne le connais pas...

— Il veut, dit le docteur, vous parler au nom de la famille d'Horbigny.

— La famille d'Horbigny ! s'écria mademoiselle de Morandes en se dressant sur son lit ; oh ! qu'il vienne ! qu'il vienne !... Que je puisse le voir avant de mourir !

Et, comme si l'effort qu'elle venait de faire l'eût épuisée, elle retomba sur son oreiller ; Blanche la soutint et lui fit respirer des sels. Le docteur était retourné vers la porte et avait appelé, de la main, le comte de Sommes, qui entra aussitôt dans la cellule.

En entendant le docteur prononcer le nom de la famille d'Horbigny, Berthe, qui priait dans un angle de la pièce, avait bondi vers le lit de mademoiselle de Morandes.

— La famille d'Horbigny ! Vous connaissez ma famille !... Vous avez peut-être connu mon père ? Vous savez où est ma mère ?...

— Que dis-tu, mon enfant ? dit la mourante en se penchant vers Bertha et en fixant, sur elle, ses regards ardents.

— Je parle de ma mère, de mon père ! répondit la jeune fille.

— Le marquis d'Horbigny ?

— C'était mon père !...

— Ton père ? Oh ! mon Dieu ! permettriez-vous donc un tel miracle ?

— Ce serait en effet un miracle ! dit le comte de Sommes en s'approchant doucement. Mais, malheureusement, Dieu ne saurait permettre qu'il s'accomplisse, mademoiselle !

Tous les yeux s'étaient tournés vers celui qui venait de prendre, si inopinément, part à la scène qui avait lieu.

— Le marquis d'Horbigny avait effectivement une fille, continua le comte au milieu d'un profond silence, mais cette fille est morte. C'était, précisément, pour vous parler de la mort de cette enfant, mademoiselle, que je sollicitais un moment d'audience.

En entendant les paroles prononcées par le comte, Berthe, subissant une émotion terrifiante, resta, un moment, sans pouvoir parler. Puis, pâlissant et rougissant, elle s'écria :

— Morte ! La fille du marquis d'Horbigny est morte !...

Il y avait, dans le cri poussé, un tel accent d'indignation et de colère, que Léonore et Blanche coururent vers la jeune fille et la pressèrent dans leurs bras, comme pour la mettre sous leur protection.

— Qui suis-je ? qui suis-je ? répétait Berthe dont les yeux étaient noyés de larmes.

Le comte secoua tristement la tête. Puis, s'approchant de mademoiselle de Morandes :

— Cette malheureuse enfant, dit-il à voix basse, est l'instrument innocent d'une machination horrible à l'aide de laquelle la fortune que vous avez laissée à votre excellent ami, le marquis d'Horbigny, est passée entre les mains d'une femme infâme et d'un homme souillé de tous les crimes !

Berthe poussa un cri et, se renversant en arrière, elle tomba évanouie entre les bras de Léonore.

— Monsieur le comte, dit Blanche en s'avançant, prenez garde ! cette enfant est la fille du marquis d'Horbigny ; nous l'avons recueillie dans l'endroit même où elle a été élevée, et les témoignages les plus certains ne nous permettent pas de douter de son identité.

— Mademoiselle répondit le comte, bien d'autres que vous, et cette enfant elle-même, ont été abusés par ceux dont je vous parle. Mais la véritable fille du marquis d'Horbigny est morte, il y a dix ans maintenant, et cette jeune fille a été, je le répète, l'instrument d'un crime de substitution d'enfant. Les preuves de ce que j'avance, je suis prêt à les donner !

— Parlez ! parlez, monsieur ! dit vivement mademoiselle de Morandes. J'ai peu d'heures à vivre, mais Dieu me permettra d'avoir la force de tout entendre, car il faut que je connaisse la vérité entière avant de mourir !

Le comte de Sommes s'inclina en signe d'assentiment.

— Ah ! murmura-t-il, Camparini, tu as voulu te jouer de moi, mais je crois que je tiens ma vengeance !

Et reprenant :

— Mademoiselle, pardonnez-moi si les circonstances me contraignent à réveiller les plus poignants et les plus effroyables souvenirs ! Je ne viens point ici torturer une mourante, je viens accomplir un acte de justice et vous empêcher de vous présenter, à Dieu, la conscience chargée d'un crime involontaire...

En entendant cet exorde du comte, Blanche et

Léonore avaient fait un même mouvement dans l'intention évidente de quitter la cellule, et le docteur, appelant Mariic du geste et s'approchant de Berthe, à peine revenue à elle, pour l'emporter dans ses bras, se préparait également à laisser seuls mademoiselle de Morandes et son interlocuteur. La malade comprit le sentiment de discrétion auquel obéissaient ses amis.

— Restez ! dit-elle en étendant vers eux ses mains défaillantes. Restez ! Je n'ai aucun secret pour vous. D'ailleurs peut-être est-il utile que des témoins assistent à la conférence qui a lieu ; peut-être, moi morte, aurez-vous à agir en mon nom... Puis cette enfant (la malade désigna Berthe) doit avoir un intérêt égal au mien à écouter ce qui va se dire. Pauvre petite ! Elle, à peine aux portes de la jeunesse, et moi sur le seuil du tombeau ! Demeurez près de moi mes amis, et écoutez ce que monsieur va m'apprendre !

Blanche et Léonore vinrent s'asseoir près du chevet de la mourante. Le docteur se tint debout, appuyé sur le pied du lit. Mariic s'effaça dans l'ombre et Berthe, se tenant isolée, le front pâli, les yeux étincelants, les mains encore frémissantes, restait immobile au milieu de la chambre, rivant ses regards de flamme sur le comte de Sommes, qui reprit, après un moment de silence :

— Saviez-vous, mademoiselle, que le vieux marquis d'Horbigny, celui qui fut le seul ami fidèle qui vous restât dans votre détresse, alors que tous les vôtres quittaient la terre, saviez-vous que le marquis eût un fils ?

— Oui, dit mademoiselle de Morandes. Je me rappelle même avoir vu souvent cet enfant dans ma jeunesse : j'étais son aînée de plusieurs années, et, s'il existe toujours, ce doit être maintenant un homme de près de soixante ans... Il avait donc environ six ans alors que son père l'amenait dans ma famille... Autant que je puis me souvenir, cet enfant était malheureusement doté des plus déplorables instincts.

— C'est bien cela ! dit le comte. Et depuis cette époque, ne vous rappelez-vous plus rien qui le concerne ?

Mademoiselle de Morandes demeura quelques instants sans répondre.

— Je ne me rappelle rien de positif, dit-elle enfin, et cependant il me semble confusément avoir vu, devant moi, le vieux marquis d'Horbigny pleurer sur ce fils qui aurait fait son malheur... Oui ! continua-t-elle comme se parlant à elle-même. Le marquis n'avait que des larmes à répandre quand il était question de cet enfant... Je crois le voir encore et l'entendre !... Maintenant, ce souvenir est-il réel !... Plusieurs fois, durant la longue période de ma douloureuse maladie, j'ai eu des éclairs de lucidité... Plusieurs fois, je suis revenue à la raison et quoique chacun de ces instants eût été court...

— A quatre époques différentes, interrompit le docteur Harmant, dans l'espérance d'aider les efforts de mademoiselle de Morandes, vous avez eu des moments de lucidité complète. C'étaient comme des repos de la maladie, qui cessait de sévir pour reprendre, ensuite, avec plus de force. La première fois que ce mieux passager se fit sentir, vous recouvrâtes la raison durant deux heures à peine, la seconde se prolongea un jour et demi, la troisième quatre jours et la cinquième près de huit...

— Oui, dit mademoiselle de Morandes. Ce fut quand je pus me rendre à Nantes avec M. Fouché.

En entendant prononcer ce nom, le comte de Sommes tressaillit violemment.

— Peut-être, continua la malade, les souvenirs qui me reviennent, en ce moment, proviennent-ils de ces accès de lucidité...

Le marquis d'Horbigny, répondit le comte, a pu croire, pendant de longues années, avoir échappé à la honte d'avoir un fils tel que le sien. Le jour vint, mademoiselle, où le malheur s'abattit sur vous et sur votre famille, où tous les vôtres moururent, où, pauvre insensée, vous devîntes orpheline d'abord, veuve ensuite, sans avoir conscience de votre situation ! Puis une immense fortune fut vôtre, sans que vous pussiez comprendre la différence entre la misère et la richesse. Aucun parent proche ne vous restant, le marquis d'Horbigny, votre cousin, fut nommé votre tuteur et appelé à la direction de tous les biens vous appartenant. Dans l'un de ces moments de lucidité dont vous parliez tout à l'heure, vous fîtes un acte authentique, par lequel vous assuriez toute votre fortune au marquis, dans le cas où la raison vous abandonnerait encore. Mais cette donation ne pouvait devenir définitive, en faveur du marquis ou de ses héritiers, que le jour même de votre mort, car vous vous réserviez le droit de rentrer dans vos biens, en cas de guérison de votre esprit malade.

— Oh ! je me souviens !... je me souviens ! Ce fut à propos de cet acte que le marquis d'Horbigny me confia tous ses chagrins à l'égard de son fils... mais, il me semble que tout ce que vous me répétez là... m'a été dit déjà par une autre personne... et que le fils du marquis...

Mademoiselle de Morandes s'arrêta soudain. Elle était devenue plus pâle que le drap qui la couvrait. Ses dents claquèrent et ses mains se tordirent convulsivement :

— Oh ! s'écria-t-elle, ce voyage à Nantes fait il y a quelques années, durant mes instants de calme... mes conversations avec M. Fouché... ce qu'il m'a révélé... ah !...

Les yeux de la malade s'ouvrirent démesurément. Le docteur et les deux sœurs, craignant une nouvelle crise, se précipitèrent vers elle, mais mademoiselle de Morandes les arrêta du geste. Par un effort suprême, elle venait de rappeler les forces qui l'abandonnaient.

— Continuez, monsieur, dit-elle d'une voix brève en se tournant vers le comte de Sommes. Je ne dois pas m'en rapporter à mes souvenirs. Je dois tout entendre ! Continuez ! Qu'est-il arrivé, après que le marquis eût été mis en possession de ma fortune par un nouvel accès de ma terrible maladie?

— Il arriva, mademoiselle, poursuivit le comte, que le marquis d'Horbigny, devenu subitement riche de pauvre qu'il était, vit, tout à coup, surgir à la lumière ce fils qu'il croyait mort ou tout au moins disparu à jamais dans les ténèbres. Ce qui se passa entre le fils et le père, il est inutile que je vous le dise; d'ailleurs, les détails me manquent, je ne connais que le résultat de ces scènes qui durent être effrayantes. Le fils du marquis força son père, par un moyen que j'ignore encore, à contracter une union disproportionnée avec une jeune femme qu'il lui présenta. Tout Nantes assista à la célébration du mariage, se moquant du vieillard devenu ridicule, et applaudissant à la beauté de la nouvelle marquise. Peu de temps après son mariage, le marquis d'Orbigny devint père d'une petite fille; puis, sentant sa fin approcher, il voulut régulariser la position de sa femme et celle de son enfant. Déclarant dans son testament la façon dont lui était venue sa fortune, reconnaissant que cette fortune vous appartenait, mademoiselle, dans le cas où vous recouvreriez la raison, il donnait, d'abord, les preuves de sa gérance scrupuleusement honnête et loyale. Et, prévoyant le cas où vous mourriez folle ou celui où vous ne prendriez pas de disposition nouvelle, il déclara sa fille être sa légataire universelle, ne laissant à sa femme qu'un usufruit qui devait cesser à l'âge de la majorité de l'enfant. En outre, par article spécial, il ajouta que si sa fille venait à mourir avant d'avoir atteint cet âge de sa majorité, la fortune entière passerait sur la tête de sa nièce. Donc la marquise d'Horbigny serait alors entièrement dépossédée, même de son magnifique usufruit. Le marquis mourut : son testament fut ouvert, et il fallut se conformer aux volontés qu'il indiquait.

— Après?... demanda mademoiselle de Morandes, en voyant le comte de Sommes s'arrêter.

— Une partie du plan des deux criminels était accomplie, continua le comte, car la femme du marquis et son fils étaient deux complices n'ayant en vue que la fortune du vieillard.

— Quelle horreur! dit Blanche en joignant les mains.

— Eh quoi! s'écria Léonore avec indignation, cette femme qui portait le nom du marquis d'Horbigny, cette créature devenue l'épouse d'un honnête homme auquel l'attachait encore le lien si cher d'un enfant...

— On a pu, dit le comte, contraindre le marquis à cette union; mais cet acte de violence accompli, le vieux gentilhomme en rentrant à son hôtel, au sortir de l'église, montra à sa nouvelle épouse l'appartement qui lui était réservé et s'en fut, lui, dans le sien, jurant qu'un des deux seuils ne serait jamais franchi par l'un des deux époux. Quant à l'enfant, le marquis savait bien qu'il n'était pas le sien...

— Et il a consenti à lui laisser sa fortune? dit le docteur avec étonnement.

— Encore, cette fois, il a obéi à la contrainte.

— Mais pourquoi le contraignait-on à cet acte?

— Parce qu'on avait tout prévu; parce que, par testament, le marquis pouvait déshériter sa femme, que la loi ne protégeait pas à cet égard, et qu'il ne pouvait déshériter sa fille. Détourner de l'enfant une partie de ses biens, aurait jeté le déshonneur sur son nom. Or, le marquis avait un culte profond pour ce nom si pur que lui avaient légué ses ancêtres. J'ai toujours pensé que c'était la menace de voir souiller ce nom qui l'avait contraint au mariage contracté.

— Oh! fit mademoiselle de Morandes, je comprends tout... Fouché avait raison!... Pauvre marquis!... Mon Dieu! mon Dieu! le malheur qui m'a frappée devait-il donc en écraser d'autres, et la fatalité devait-elle s'acharner sur tous ceux qui m'aimaient!...

— Qu'ajouterais-je encore, reprit le comte, que vous ne puissiez comprendre? Oh! la trame était bien ourdie! Il n'y avait plus que deux obstacles entre les deux complices et la fortune convoitée. Mais la folie persistante de mademoiselle de Morandes rassurait les complices, et la petite fille devant rentrer au couvent, tout serait dit !

Un même cri d'indignation fut poussé par les deux sœurs, et Berthe, immobile, écoutait sans prononcer une parole.

— Après ? après ? reprit mademoiselle de Morandes. Achevez !... je sens que mes forces s'épuisent !

— Après ? répondit le comte ; ne devinez-vous pas ? Berthe d'Horbigny mourut à quatre ans : tout était perdu ; il fallait un miracle ou un crime !... Le crime fut résolu et accompli. Une jeune fille du même âge fut enlevée et la substitution eut lieu !

— Mais la différence entre les deux enfants... dit mademoiselle de Morandes.

— Cette différence n'existait pas : même âge, même taille, même chevelure... D'ailleurs, Berthe était malade depuis longtemps : les femmes qui la soignaient la voyaient seules. Or, ces femmes appartenaient à la marquise ; elles prêtèrent les mains, et la véritable fille de madame d'Horbigny fut ensevelie dans l'ombre, tandis qu'une autre prenait sa place.

— Mais les parents de cet enfant volé, dit le docteur, ne tentèrent-ils donc pas de poursuivre les criminels ?

— Si fait ! Un homme même, celui dont vous parliez, mademoiselle, Fouché, prit l'affaire à cœur et poursuivit activement la solution. Il vint même jusqu'à Saint-Nazaire, où il vit la petite fille substituée...

— Et il la prit pour l'autre ?

— Il ne connaissait pas mademoiselle d'Horbigny.

— Mais il devait connaître l'enfant qu'il cherchait ?

— Oui, sans doute !

— Alors, il reconnut...

— Rien ! Une liqueur corrosive avait défiguré l'enfant volé.

Berthe poussa un cri déchirant et porta les mains à son visage.

— Cela est vrai ! dit le docteur. Ces cicatrices, je

l'ai déjà remarqué, proviennent de blessures faites à l'aide d'un acide violent.

La pauvre enfant poussait des sanglots déchirants. La douloureuse révélation qu'elle recevait brisait sa jeune âme encore vierge de souffrances.

Qui suis-je?... mais qui suis-je? répétait-elle avec un accent empreint du plus horrible désespoir.

Le comte eût pu facilement répondre à cette question, car c'était lui qui avait enlevé, le jour de la Saint-Jean 1785, la pauvre petite des bras de sa malheureuse mère, c'était lui qui avait causé la mort de madame Bernard et les atroces souffrances auxquelles avait succombé le teinturier de la rue Saint-Honoré.

Mademoiselle de Morandes, soutenue par une fièvre violente que ce récit avait allumée dans ses veines, sentait ses forces défaillir et les approches de la mort se manifestaient avec une rapidité effrayante. Réunissant toute la somme d'énergie qui lui restait encore, elle appela par un geste impératif le comte auprès de son chevet :

— Les preuves? dit-elle, les preuves, que tout ce que vous venez de me dire est vrai?

— Ces preuves, répondit le comte, je ne les ai point ; mais il existe un homme qui peut sanctionner mes paroles.

— Et cet homme ?...

— Fouché, le fils d'un ancien armateur nantais, lequel avait toute la confiance du marquis d'Horbigny. Fouché est aujourd'hui membre de la Convention nationale et en mission dans le département du Rhône.

La voix de la malade était brisée et saccadée et sa respiration sifflante s'embarrassait dans sa gorge.

— Ainsi, dit-elle, la fortune qui m'appartient est aujourd'hui la propriété de ces deux misérables qui ont fait mourir de chagrin mon vieil ami et qui ont causé le malheur de cette pauvre jeune fille?

— Oui, mademoiselle, mais il dépend de vous de la leur arracher.

— Est-ce que cet homme ose se faire nommer d'Horbigny ?

— Non, mademoiselle.

— Comment se nomme-t-il ?

— Le citoyen Camparini, tel est le nom qu'il porte aujourd'hui...

— Autrefois en portait-il donc un autre ?

— Oui, dit le comte en hésitant.

— Et ce nom était ?...

Le comte hésita encore, puis, par un mouvement rapide, il s'approcha de mademoiselle de Morandes :

— Il y a quarante ans, dit-il, cet homme était jardinier... et il se nommait Noël !

Mademoiselle de Morandes était immobile, assise sur son lit, la tête penchée, les yeux fixes, la bouche entr'ouverte, le visage blanchissant. On n'entendait plus la respiration siffler entre ses lèvres décolorées.

Le docteur était occupé près de Berthe qu'il s'efforçait de calmer. En se retournant vers mademoiselle de Morandes, il fut effrayé de l'état extraordinaire dans lequel elle se trouvait : il crut qu'elle touchait à cet instant suprême où le corps se roidit dans une dernière convulsion, où l'âme va s'échapper de son enveloppe charnelle pour remonter vers le Créateur.

Bondissant vers la malade, il lui saisit le bras. Le choc, résultant du contact de ses doigts, suffit pour arracher la mourante à son état de stupeur et pour ramener les fonctions de la respiration et celles de la circulation un moment suspendues. Mademoiselle de Morandes poussa un soupir, ses nerfs se détendirent, son regard reprit une étincelle de vie.

— Du papier !... une plume !... de l'encre !... Vite !.. je meurs !... balbutia-t-elle.

Le docteur se précipita au dehors, puis, rentrant presque aussitôt, il déposa, sur le lit, un petit pupitre garni de papier et présenta à la malade une plume pleine d'encre.

Mademoiselle de Morandes fit un effort, elle

traça rapidement quelques lignes sur le papier ; sa main, mal assurée, froissa la feuille.

— Peut-on lire?
— Oui ! répondit le docteur.
— Attestez que je jouis de toute ma raison !...

Le médecin prit la plume et écrivit, puis il montra la feuille de papier à la malade, qui se pencha et lut avidement ce que venait d'ajouter le docteur. Elle entr'ouvrit la bouche pour parler, un râle sourd s'échappa seul de ses lèvres ; elle voulut lever ses mains, mais ses mains demeurèrent inertes..

Le docteur la saisit dans ses bras : mademoiselle de Morandes obéit au mouvement qui la replaçait sur sa couche... ses yeux étaient fixes et sa bouche ne s'était pas refermée... Le docteur se retourna vers les spectateurs de cette scène attendrissante.

— Priez Dieu ! dit-il d'une voix émue. La pauvre martyre a cessé de souffrir sur cette terre ! Que Dieu reçoive son âme !...

Léonore, Blanche, Berthe et Marie tombèrent à genoux près du lit de la morte.

Le comte de Sommes s'inclina presque malgré lui, rendant un hommage involontaire à la majesté de la mort. Mais, chez le misérable, les instants d'émotion étaient courts. Ce qu'il lui importait de savoir, c'était ce qu'avait écrit mademoiselle de Morandes. Attendant impatiemment que les sanglots qui s'élevaient dans la cellule lui permissent de contenter son désir, il profita d'un moment de calme pour se rapprocher du médecin et l'entraîner dans un angle.

— Docteur, lui dit-il d'une voix qu'il s'efforçait de rendre émue, vous avez entendu ce que j'ai dit à mademoiselle de Morandes ? Je sais qu'en agissant ainsi, j'ai torturé ses derniers moments.... mais je devais faire ce que j'ai fait. Est-ce votre avis ?

— Oui, monsieur !
— Mademoiselle de Morandes n'est pas morte en doutant de mes paroles, n'est-ce pas ?

— En voici la preuve.

Et le docteur tendit au comte le papier qu'il tenait toujours entre ses mains.

Celui-ci s'en saisit vivement et le parcourut du regard avec une avidité fiévreuse.

— Oh ! murmura-t-il, pouvais-je espérer cela ! A moi... à moi toutes ces richesses!... La fortune des Niorres, celle des d'Horbigny!... Camparini dépouillé!... Allons! c'est trop de bonheur!

Le comte, pour calmer l'agitation extrême qu'il ressentait, fit quelques pas dans la cellule ; puis parvenant enfin à se maîtriser, il s'avança vers Blanche.

— Mademoiselle, dit-il du ton le plus grave, à vos prières pour la pauvre morte doivent s'ajouter des paroles de reconnaissance, car les dernières pensées de mademoiselle de Morandes ont été pour vous.

Et il présenta le papier tout ouvert à Blanche.

« Je lègue tous mes biens à mademoiselle Blanche
« de Niorres.

« Gouesnou, 21 mai 1794.

« LAURE DE MORANDES,

« veuve de JEAN-MAX DE SAINT-GERVAIS. »

Puis au dessous :

« *J'affirme que ce présent jour, où madame de Saint-Gervais a tracé ses volontés dernières, elle avait recouvré toute sa raison et jouissait de la plénitude de ses facultés morales.*

« Docteur HARMANT. »

Blanche fit un geste de refus.

— Oh ! dit de Sommes, les dernières volontés d'une mourante sont sacrées !

— J'accepte, dit Blanche ; mais cette enfant ne me quittera jamais.

— Et moi ! je jure de consacrer ma vie entière à faire triompher votre cause !

Et, lançant un regard vers la fenêtre :
— Maintenant, Pick peut venir !

A ce dernier mot, la porte s'ouvrit et un homme apparut, tenant un pistolet dont le canon menaçait Bamboula.

— Monsieur le comte, dit cauteleusement le nouvel arrivé, je vous remercie des renseignements que vous venez de me donner sur l'affaire d'Horbigny.

Cette entrée subite surprit les assistants.

— Jacquet ! murmura de Sommes.

Avec un geste rapide, il saisit la main qui tenait le pistolet, et la balle laboura le plafond.

Jacquet renversé par le choc, Bamboula s'élança vers la porte et, en l'ouvrant, il se trouva face à face avec un homme qui était sur le seuil.

Le bandit fit un pas en arrière et Léonore et Blanche poussèrent un cri plein d'émotion.

Puis, après un moment d'immobilité, Léonore s'élança en prononçant ce nom :

— Henri !...

Et s'arrêtant, elle baissa la tête :

— Léonore ! me croyez-vous donc coupable ? dit Renneville.

Bamboula, se glissant derrière le vicomte, pour l'attaquer sans défense, tira, avec un geste rapide, un poignard, en bondissant sur celui qu'il voulait tuer.

Mais, au moment où il fallait frapper, une main saisit son bras, et le serra avec la violence d'un étau.

Le poignard tomba et le bandit fut collé sur le mur.

— Ah ! Caramba ! vociféra le mascot. Tu n'es donc qu'un lâche assassin !

— Eh oui ! dit Papillon qui entrait. Celui-là a été mis au bagne pour empoisonnement !

— Au bagne ? dit vivement Jacquet.

— Il était le compagnon de Pâquerette. Et la preuve c'est qu'il a la marque ! Et je vais vous la faire voir !

Bamboula était livide, mais les deux mains du maucot le clouaient sur le mur sans qu'il pût faire un mouvement.

Quand Papillon s'avança, le bandit, faisant un effort, appuya ses pieds sur l'angle. Les mains cédèrent un peu. Bamboula redoublant son effort, le maucot le lâcha subitement.

De Sommes fit quelques pas en avant, sans pouvoir se retenir, et le matelot l'abattit d'un si vigoureux coup de poing sur le dos, que le visage s'écrasa sur le plancher. Appuyant ses genoux sur les jambes, il réunit les deux mains, et Papillon, déchirant l'habit et la chemise, dit :

— Voilà !

Tous s'étaient arrêtés et ils virent empreint, sur cette épaule, ce stigmate flétrissant des deux lettres T. F.

— Ah ! dit Jacquet, c'est ce forçat qui a détruit votre famille, mesdemoiselles, et qui vous a fait condamner, vous, monsieur de Renneville, et le marquis d'Herbois.

— Léonore ! Blanche ! Nous croyez-vous coupables ?

Blanche lui présenta une lettre, Henri la parcourut.

— Sur le Dieu mort pour nous ! Sur ma vie éternelle, je jure que nous sommes innocents ! Et qui vous a remis cette lettre ?

— Cet homme, dit Léonore en désignant Bamboula. Cette lettre est fausse ! dit-il d'une voix vibrante.

— Jurez sur ce Christ !

— Henri ! reprit Blanche. Et Charles est-il mort ?

— Je suis certain qu'il est vivant. Il y a entre nous une telle sympathie, que nos deux âmes sont réunies, et si Charles était mort, je ne serais pas vivant !

— Mais où croyez-vous qu'il soit ?

— Ou il est revenu en France, et alors nous nous retrouverons, dans un moment plus tranquille, ou il est resté aux Antilles ; car c'est dans cette mer, qui borde les deux Amériques, que nous avons fait naufrage.

— Ah ! dit Blanche. Si le bonheur pouvait nous revenir !

— Alerte ! cria brusquement Papillon qui s'était approché de la fenêtre.

— Qu'est-ce ? demanda Henri.

— Les sans-culottes !

Jacquet explorait le jardin.

— Nous sommes cernés, dit-il froidement, et c'est Pick qui commande ce détachement. Nous avons fait une faute en n'emmenant, avec nous, que ces deux hommes.

Henri redressa la tête : en présence du danger, sa résolution reprenait toute sa force.

— Attendez tous ici !

Il fit un mouvement pour sortir de la cellule.

— Monsieur, dit le docteur, je suis chez moi, et c'est à moi, seul, de protéger mes hôtes !

Se dirigeant vers la partie du mur derrière le lit mortuaire, il ouvrit une porte, dissimulée dans la boiserie, qui communiquait avec une chambre spacieuse, éclairée par une ouverture pratiquée dans le toit. Cette pièce était consacrée aux fous furieux.

— Entrez tous là ! dit le docteur, et laissez-moi seul avec cette femme morte !

Le bruit des voix montait jusqu'à la cellule.

Papillon et le maucot emportèrent Bamboula dans la chambre.

Blanche, Léonore et Berthe entrèrent et Mariic, s'approchant de son maître :

— Je ne vous quitte pas ! dit-elle.

Jacquet et de Renneville passèrent les derniers, et le docteur referma la porte.

Pick entra dans la cellule, accompagné des sans-culottes.

— Qui êtes-vous et que voulez-vous ? demanda le docteur.

— De bons patriotes, qui viennent arrêter les aristocrates, à commencer par la ci-devant chanoinesse.

— La femme dont vous parlez est folle...

— C'est ce que nous verrons. Ensuite la citoyenne ci-devant baronne de Saint-Gervais...

— Elle est morte!

— Morte? répéta Pick. C'est de la besogne toute faite pour Ance. Maintenant, il y a ici les citoyennes Niorres.

— Ces pensionnaires ne sont plus chez moi ; elles ont quitté Gouesnou il y a plusieurs heures.

— Hein?... fit Pick.

— Je suis seul, ici, avec cette fille, ce cadavre et quatre malades enfermés dans les cellules voisines!

Un sans-culotte venait d'entrer dans la cellule.

— Nous ne l'avons pas vu !dit-il.

— Pas de traces du citoyen?

— Aucune!

— De quel citoyen parlez-vous? demanda le docteur.

— Du citoyen Sommes !

— Le citoyen Sommes? Il est parti avec les deux religieuses que vous voulez arrêter?

— Léonidas ! dis à Brutus de fouiller le jardin, et toi fouille la maison des caves aux greniers, moi, je reste ici !...

Et, pendant que cette scène se passait, ceux qui étaient dans la chambre attendaient avec une vive anxiété.

— Quel parti prendre? dit Jacquet à voix basse. Ces misérables vont découvrir notre retraite !...

Henri ne répondit pas ; mais il vit un paquet de cordages, et, le déroulant rapidement, il leva la tête pour examiner l'ouverture pratiquée au plafond. Le vasistas était divisé en quatre par une croix de fer. Henri tourna le bout du cordage, et le lançant, il s'enroula au centre des quatre barres.

— Matelot ! dit-il au Provençal, en haut!

Le maucot s'enleva à la force des poignets, et il atteignait le toit, se glissant sur la pente inclinée.

Quelques instants après, il redescendait dans la salle.

— Le plan est tiré ! dit-il, la case est appuyée sur

la montagne à pic. Je me pomoie et avec un grelin, je m'amarre à un tronc d'arbre, et j'envoie l'autre bout pour hisser les demoiselles en haut!

— Mais les sans-culottes...

— As pas peur! Pour nous rejoindre, faut qu'ils fassent le tour par les sentiers, dont le plus voisin est à une demi-lieue! Par ainsi, tout va; à Dieu le reste!

Le vicomte, saisissant la corde, grimpa lestement sur la toiture.

— Elles peuvent être sauvées!

Henri retombant dans la chambre découpa son habit en larges morceaux, et se servit de ces bandes pour faire un siège qui ressemblait à ceux des balançoires; il l'attacha des deux côtés, par trois cordes.

— En haut! dit-il au Provençal. Il y a sur le toit un crochet de fer, passe dedans la corde.

En deux brasses, il fut sur le toit.

— Blanche, dit Henri, venez!

— Je ne partirai pas la première! dit mademoiselle de Niorres.

— Pas un instant à perdre!

— Cette enfant d'abord!

Henri, saisissant la jeune fille, l'attacha sur la sangle.

Berthe, enlevée, atteignit l'ouverture pratiquée sur le toit. Henri se retourna vers Blanche :

— Léonore! Sauvez Léonore! dit l'héroïque jeune fille.

Henri, l'enlevant dans ses bras, la plaça sur la sangle et Léonore fut montée après sa sœur.

— A vous! montez! dit Renneville à Jacquet.

En cet instant, des hurlements féroces éclatèrent dans le jardin et deux coups de feu retentirent... et la porte de la salle craqua sous les coups de crosse des fusils.

La porte se fendait et les fers des piques, les pointes des baïonnettes apparaissaient menaçants. Papillon s'élança d'un seul bond sur Bamboula.

— Ne tuez pas cet homme! s'écria Jacquet.

Mais la porte, attaquée par les sans-culottes et arrachée de ses gonds, s'écroula avec fracas.

— En haut! sauvez-les! cria Henri en poussant Jacquet vers la corde.

Pick et les sans-culottes entraient dans la salle... Renneville était seul en face d'eux. Papillon poussa un cri sourd, et, lâchant Bamboula qu'il avait à demi étranglé, il sauta auprès de celui pour lequel il était si dévoué.

— Tuez-les! Feu! cria Bamboula.

— Bandit! dit le vicomte en déchargeant son pistolet.

Une secousse imprimée au bras d'Henri, par Jacquet, changea la direction de la balle :

Puis l'agent s'élançant en haut :

— Venez! cria-t-il.

Renneville vit tous les fusils s'abaisser vers lui.

Blanche, Léonore et Jacquet, le visage penché vers la salle, poussèrent un cri d'épouvante... Le maucot, d'un seul élan, sauta sans toucher la corde.

Comme il tombait près d'Henri, toutes les détonations éclatèrent, mais, dominant ce bruit, un rugissement furieux éclata avec des vociférations, des exclamations de rage, et des râles d'agonie.

Renneville debout, sans blessure, avait, devant lui, le maucot, qui s'était placé pour le protéger, par son corps, contre les balles.

Celui qui les avait sauvés, c'était Papillon. Au moment où les fusils s'abaissaient, le colosse avait saisi de ses mains la porte massive détachée de ses gonds, et d'un seul élan il avait relevé cette porte. La rapidité et la vigueur de ce redressement avaient relevé les fusils, et les sans-culottes, repoussés par une force irrésistible, avaient été rejetés dans la cellule voisine. Trois, renversés par le choc, avaient été écrasés sous le poids du battant de chêne.

— Sauve-toi, Bonchemin! je tiens bon!

— En haut! cria le maucot.

— Henri! Henri! appelaient Léonore et Blanche heureuses de ne pas l'avoir vu tuer.

Henri grimpa lestement près des deux sœurs.

— Venez! dit-il à Papillon et au maucot.

Les deux matelots soutenaient la porte que les sans-culottes attaquaient.

Henri, comprenant l'horrible situation, sauta, et d'un seul bond il fut près de la porte. Se baissant, il introduisit par l'ouverture, en bas, sa poire à poudre dont il dévissa le bout de cuivre; puis étendant ses pieds, le dos appuyé contre la boiserie servant de barricade, il prit un morceau d'amadou et l'approcha de la batterie d'un pistolet qu'il tenait de l'autre main.

— En haut! dit-il aux deux hommes; fuyez, et vivement!

Papillon ni le maucot ne bougèrent.

— En haut! Je l'ordonne! Obéissez!

Il y avait, dans sa voix, un tel accent de commandement que Papillon et le Provençal n'hésitèrent plus.

Le maucot regagna son poste et Papillon le suivit.

Henri, versant, dans sa main gauche, la poudre contenue dans le bassinet de son pistolet, la plaça sur le plancher à côté de la poire ouverte. Il résistait, par un effort suprême, aux secousses de la porte, et, secouant la mèche allumée, il la laissa tomber sur le petit tas de poudre. Puis, d'un même élan, il saisit la corde où quatre mains vigoureuses l'étreignirent à la fois.

La porte roulait; un éclat retentit; un nuage de fumée encombra la salle; les sans-culottes, tués ou renversés, tombèrent en poussant des hurlements horribles.

Le maucot attira la corde à lui, et les trois hommes, les deux femmes et la jeune fille se couchèrent sur le toit, pour éviter l'atteinte des balles envoyées du jardin et de la cour.

— Tous les pistolets à Papillon, dit Henri, il va défendre cette ouverture. Et toi, maucot, escalade la montagne.

— En deux temps! répondit le matelot.

Rampant avec agilité sur le pignon, sa corde enroulée autour du bras, il avançait avec rapidité. Atteignant le pan de rocher qui se dressait à pic, il jeta un regard sur ses compagnons. Ceux-ci avançaient plus lentement, Jacquet se glissait en tête, et Blanche, courageuse, le suivait.

Léonore soutenue par Henri qui, d'une main, conservait son équilibre, et de l'autre portait Berthe que ses forces auraient trahie.

Le maucot avait atteint l'extrémité du toit, mais, se redressant pour examiner le rocher... il reconnut que ce qu'il croyait praticable était impossible à accomplir, et des balles s'aplatirent autour de lui.

Henri comprenait ce qui se passait dans le cœur du matelot; il allait s'élancer, quand deux coups de pistolet éclatèrent derrière lui. Papillon saisissait les deux montants d'une échelle et la rejetait dans la salle... mais une autre échelle se redressa et une tête de sans-culotte apparut.

Papillon écrasa cette tête d'un coup de son poing, mais une autre lui succéda, l'échelon supérieur de la première échelle surgit de nouveau. Papillon reprit ses pistolets et les déchargea.

Henri s'élançait vers lui, mais, tout à coup, Blanche poussa un cri en sentant le toit trembler sous elle.

— Henri! nous sommes perdus!

Les sans-culottes, dans les cellules, attaquaient la toiture.

— De la poudre! dit Henri.

— En voici! répondit Jacquet.

Henri se saisit d'un sac de cuir.

— Matelot! Le feu! mets le feu au toit!

Et, bravant la grêle de balles qui était dirigée sur lui, il revint près de Papillon.

— Cours aux femmes! dit-il en arrachant les tuiles...

Les sans-culottes atteignaient le toit.

Henri en assomma un d'un coup de crosse de son pistolet déchargé, et l'autre roula sur le toit, renversé par un second coup: vidant une partie du sac de poudre sur la charpente de la toiture, il l'alluma avec l'amadou. Un tourbillon de flammes s'élança.

Cette charpente sèche offrait à l'incendie un aliment qu'augmentait la couche de chaume.

— En avant! cria Henri, en jetant le reste du sac à Papillon. Mets le feu ici!

— Ne tirez plus! cria le citoyen Sommes effrayé de cet incendie, qui pouvait faire mourir Blanche. De l'eau! de l'eau! de l'eau! Éteignez le feu!

Il était trop tard : l'incendie, allumé sur trois endroits différents du toit, faisait des progrès tels sous le vent, que les flammes, poussées vers les montagnes, rendaient l'escalade impossible.

Les deux sœurs, retrouvant les forces que leur rendait la religion, s'étaient agenouillées et priaient avec ferveur.

Les flammes les entouraient de toutes parts, et Henri, parcourant ce toit, cherchait une issue.

En descendant sur une pente, il aperçut une lucarne qui était fermée. Évidemment les sans-culottes n'étaient pas entrés dans cette pièce élevée.

Atteignant la lucarne, il étendit le bras pour l'ouvrir avec ses doigts, et le châssis se souleva.

Henri leva la main pour frapper, mais ce fut une tête de femme pâle qui apparut :

— Venez! venez! je vous sauverai! dit-elle d'une voix émue.

— Marie! dit Blanche. Et ton maître?

— Il est prisonnier! et il a pu, au milieu du tumulte, m'envoyer vous arracher à la mort!

Les flammes, activées par la brise, se rejoignaient et roulaient, en tourbillons, sur la montagne dont elles suivaient la pente abrupte.

FIN DU TOME PREMIER

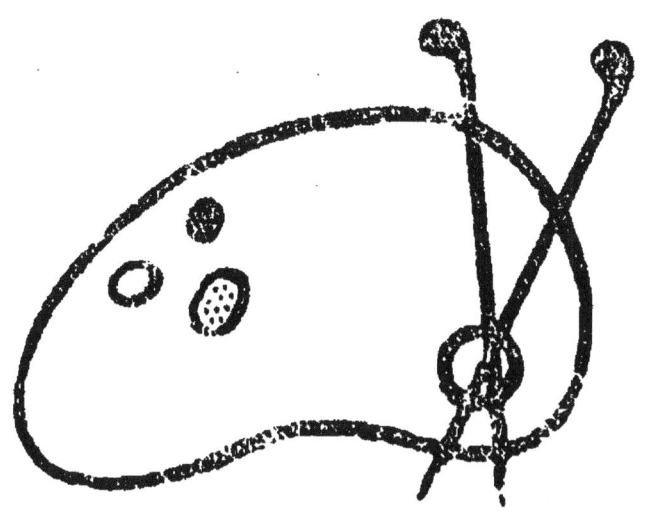

Original en couleur

NF Z 43-120-8

www.ingramcontent.com/pod-product-compliance
Lightning Source LLC
Chambersburg PA
CBHW060401170426
43199CB00013B/1954